Nördlicher Polarkreis
St. Lorenz-Insel
RUSSLAND
18
Moskau
Astana
KASACHSTAN
Ulan-Bator
MONGOLEI
Kurilen
Pazifischer
Ozean
Peking
NORDKOREA
SÜD-KOREA
20
Tokyo
JAPAN
GEORGIEN
ARM
AZ
Ankara
USBEKISTAN
KIRGISISTAN
TURKMENISTAN
TADSCHIKISTAN
Kabul
Teheran
SYRIEN
Bagdad
IRAK
16
AFGHANI-STAN
19
CHINA
Midway-Inseln
ISRAEL
JOR-DANIEN
17
KUWAIT
IRAN
PAKISTAN
Neu-Delhi
NEPAL
BHUTAN
Nördlicher Wendekreis
Taipeh
SAUDI-
BAHRAIN
KATAR
UAE
Riad
Maskat
BANGLA-DESCH
Hanoi
TAIWAN
ARABIEN
INDIEN
MYANMAR
LAOS
VIETNAM
Nördliche Marianen
OMAN
PHILIPPINEN
ERITREA
Sana
JEMEN
THAI-LAND
Bangkok
KAMBO-DSCHA
Manila
Guam
MARSHALL-INSELN
Sokotra
Addis Abeba
DSCHIBUTI
Lakkadiven
Andamanen
Nikobaren
ÄTHIOPIEN
SOMALIA
Colombo
SRI LANKA
Kuala Lumpur
MALAYSIA
BRUNEI
PALAU
MIKRONESIEN
MALEDIVEN
SINGAPUR
KENIA
Mogadischu
Nairobi
NAURU
BURUNDI
TANSANIA
Dodoma
Tschagos-Inseln
Diego Garcia
INDONESIEN
Jakarta
PAPUA-NEUGUINEA
SEYCHELLEN
OST-TIMOR
KOMOREN
SALOMONEN
MALAWI
MOSAMBIK
Indischer
Ozean
MADAGASKAR
MAURITIUS
Réunion
VANUATU
Neu-kaledonien
FIDSCHI
Maputo
SWASILAND
AUSTRALIEN
Südlicher Wendekreis
14
15
Canberra
NEUSEELAND
12
13
Crozet-Inseln
Prinz-Eduard-Inseln
Kerguelen
Heard-Inseln
Macquarie-Inseln (austr.)

Wohnmobil-Highlights
der Welt

Torsten Berning, Norbert Blank, Thomas Cernak,
Norbert Eisele-Hein, Bernd Hiltmann, Petra Lupp,
Wiebke Reißig-Dwenger, Sönke Dwenger

WOHNMOBIL-HIGHLIGHTS DER WELT

Die schönsten Ziele rund um den Globus

BRUCKMANN

INHALT

Im Nordwesten Floridas findet man immer wieder schöne Stellplätze direkt am Wasser.

VORWORT

DIE HIGHLIGHTS DER WELT – MIT DEM WOHNMOBIL

Ganz egal, woher sie kommen: das, was so gut wie alle Wohnmobilisten miteinander verbindet, ist die Lust an Freiheit, am Ungebundensein und natürlich – am Abenteuer. Wer weiß schon, was ihn nach der nächsten Kurve erwartet? Was der nächste Gebirgspass bietet? Oder wo man diese Nacht wieder den leuchtenden Sternenhimmel genießen kann? Nein, Abenteurer wissen es nicht – und wollen es auch gar nicht wissen.

ÜBER GRENZEN HINWEG DENKEN

Gebirgszüge, Fjorde, Schluchten oder reißende Flüsse sind für Sie keine Hindernisse. Im Gegenteil: Sie lieben Herausforderungen! Und genau das finden Sie in diesem Buch. Wir liefern Ihnen die perfekten Inspirationen für Ihre individuelle Reise mit dem Wohnmobil, ganz weit ab von der Norm. Natürlich muss es nicht immer gleich in den südwestafrikanischen Busch gehen – wobei wir auch dafür die passende Route für Sie haben.

ABSEITS AUSGETRETENER PFADE

Auf unserer wunderbaren Welt gibt es unzählige Highlights der Kultur und Natur. Alle im Laufe eines Lebens zu sehen, ist wahrscheinlich unmöglich. Unsere Auswahl soll dabei aber das Beste jeder Region vorstellen und vor allem immer darauf achten, dass auch wirklich für jeden, ob Anfänger oder geübter Reisemobilist, die passende Route dabei ist. Viel Wert wurde natürlich darauf gelegt, die Reise so abwechslungsreich wie möglich zu halten und auch die gewohnten Pfade zu verlassen.

VOM EINEN ZUM ANDEREN ENDE DER ERDE

Islands Vulkan- und Gletscherwelt erkunden. Durch den Westen und Osten Kanadas fahren. Zwischen den Mega-Cities Los Angeles und Las Vegas berauschende Natur erleben und am Grand Canyon in Ehrfurcht erstarren. Den spannenden Kontrast zwischen tropischem Marschland und Weltraumtechnik erfahren. In Mittel- und Südamerika in die faszinierende Welt untergegangener Kulturen eintauchen. Einzigartige Naturerlebnisse finden sich noch im entferntesten Winkel der Welt, und Sie gelangen mit dem Wohnmobil dorthin – und noch viel weiter: nämlich bis zum Ende der Welt in Feuerland. Oder bevorzugen Sie doch lieber Australien und Neuseeland?

FREMDE WELTEN HAUTNAH ERLEBEN

Auf dem Weg dorthin können Sie jedoch noch allerhand spannende Abenteuer erleben. Jeder Kontinent bietet so eine unglaublich große Vielfalt. Zelebrieren Sie die köstlichen Speisen in Marokko. Lassen Sie sich in Namibia von den Überlebenskünsten der Wüstenfauna begeistern und staunen Sie über die berühmten »Big Five« Afrikas. Aber Wüste gibt es ja auch woanders: Tauchen Sie bei einer Tour durch den Iran, Dubai und Oman ein in fremde Welten. Spüren Sie in der mongolischen Steppe auf dem Rücken der Pferde das Glück der Erde!

SPIRITUALITÄT UND LEBENSFREUDE

Die Herzlichkeit von Menschen, über die man sagt, sie besäßen gar nichts, wird Sie erstaunen. Genießen Sie überall die Begegnungen mit den Leuten und lassen Sie sich durch deren Sichtweise auf die Welt und das Leben inspirieren. Tief von Spiritualität geprägte Orte wie in Tibet oder der berühmteste japanische Pilgerweg sind einen ausgiebigen Besuch wert. Diese spannenden und sicherlich tief beeindruckenden Erfahrungen werden Sie bestimmt nachhaltig prägen, sodass Sie auch im entlegensten Winkel Sibiriens noch wahre Wunder erkennen können.

Sardinien im farbenprächtigen Frühsommer

Weites Land, dazu Schönwetterwölkchen: Australiens wilder Westen

ALTE UND NEUE HIGHLIGHTS NEU ENTDECKEN

Aber natürlich muss man nicht immer gleich eine halbe Weltreise unternehmen, um das Gute zu finden. Oft liegt es auch ganz nah. In Sardinien zum Beispiel, wo Sie das Flair karibischer Strände und spannende Geschichte fast vor der Haustür haben. Aber auch eine Balkantour durch Albanien und Mazedonien kann eine tolle Idee sein. Noch näher liegt vielleicht nur die Deutsche Alpenstraße – ein weiteres Highlight, dem wir durchaus globalen Rang zusprechen würden. Lassen Sie sich dabei in die Welt märchenhafter Schlösser entführen!

ALLE TOUREN SIND ERPROBT

Durch die Mongolei mit dem Wohnmobil – das geht doch gar nicht, sagen Sie? Das geht sehr wohl, sagen wir, oder besser: unsere erfahrenen Autoren und Wohnmobilisten, die alle Routen für Sie vorgefahren sind. Die einzelnen Kapitel sind grob nach Kontinenten zusammengefasst, damit Sie sich im Buch so einfach wie möglich zurecht finden. Von Nord- geht es nach Mittel- und Südamerika, in Afrika können Sie sicherlich viel Neues entdecken. Die Touren in Australien und Neuseeland entführen Sie ebenfalls auf die andere Seite der Welt. Ganz exotisch wird es im fernen Asien. Und vielleicht wird Sie ja doch noch das ein oder andere Unbekannte in Europa überraschen.

DIE WICHTIGSTEN INFOS AUF EINEN BLICK

Die Infokästen zu den einzelnen Touren enthalten die Länge der Strecke, den Routenverlauf, alle Highlights sowie Angaben zu Camping- und Stellplätzen. Wo es erforderlich war, werden diese Infos noch mit weiteren Angaben, das spezifische Land betreffend, ergänzt – denn die Welt ist ja zum Glück groß und vielfältig, sodass es doch einige Besonderheiten gibt, auf die es zu achten gilt. Und um sich das alles noch besser vorstellen zu können, schwelgen Sie einfach in den wundervollen Bildern, die dieser Band für Sie bereithält!

Wir glauben: Jetzt hält Sie nichts mehr davon ab, sich selbst mit dem Wohnmobil zu den Highlights dieser Welt zu begeben.

Noch detailliertere Informationen zu den einzelnen Ländern und Städten bekommen Sie übrigens in vielen unserer anderen Reiseführer, die ebenfalls im Bruckmann Verlag erschienen sind.

Fahren Sie gut und genießen Sie das einmalige Erlebnis, auf Rädern die schönsten Flecken des Planeten zu erkunden. Alle Autoren wünschen Ihnen eine gute Reise mit unvergesslichen Erlebnissen,

Charlotte von Schelling

NORDAMERIKA

Links: Strand – Meer – Ruhe an der Küste von Florida
Rechts oben: Direkt neben dem Tamiami Trail in Florida liegen die Alligatoren in der Sonne.
Rechts unten: Die alte spanische Mission in der kalifornischen Küstenstadt Santa Barbara

1 DURCH DEN OSTEN KANADAS

Wilde Natur und traditionsreiche Städte

Der Osten Kanadas ist geprägt durch seine Vielfalt. Neben den faszinierenden Metropolen Toronto, Ottawa, Montréal und dem französisch anmutenden Québec City sind es vor allem auch die vielen Natur-Highlights wie die Niagara Falls oder die etwas weniger bekannten Hopewell Rocks, die den Reiz dieser Region bestimmen.

Unsere Tour durch den Osten Kanadas beginnt in der Hafenstadt Halifax. Die Stadt ist für viele europäische Wohnmobilisten, die ihr eigenes Fahrzeug verschiffen, die erste Adresse in Kanada. Aber auch die Anmietung eines Wohnmobils ist hier möglich. Einige der großen Vermietungsgesellschaften sind vor Ort präsent.

STARTPUNKT HALIFAX

In Halifax dreht sich alles um den Hafen. Er ist nach Sydney in Australien der zweitgrößte Naturhafen der Welt. Nicht immer hat er der Stadt Glück gebracht. Am 6. Dezember 1917 explodierte im Hafen das französische Munitionsschiff Mont Blanc. Die größte bis dahin von Menschen verursachte Explosion kostete tausenden Einwohnern das Leben, die halbe Stadt lag in Schutt und Asche.

Heute ist Halifax eine moderne, überschaubare Großstadt mit einem hohen Niveau an Lebensqualität. Die wichtigsten Sehenswürdigkeiten der Stadt kann man gut auf einem Spaziergang erreichen. Ausgangspunkt ist der Fußgängerbereich Waterfront mit seinen alten Lagerhallen, schmucken Geschäften und Restaurants. Sehenswert ist das Maritime Museum of the Atlantic mit Sonderausstellungen zur Halifax-explosion, zu Schiffskatastrophen und zum Untergang der Titanic. Westlich der Waterfront liegt Downtown, danach erreicht man nach einem kleinen Anstieg die sternförmig angelegte Zitadelle aus dem

Das kleine Ausflugsboot »Maid of the Mist« fährt ganz nahe an die Niagara Falls heran – Dusche inklusive.

Jahre 1856. Sie ist die touristische Hauptsehenswürdigkeit der Stadt.

Sie verlassen Halifax dann nordwärts auf dem Highway 102 und erreichen bei Truro den Trans-Kanada-Highway, dem Sie über Moncton bis Rivière-du-Loup am Saint Lawrence River (Sankt-Lorenz-Strom) folgen. Der Sankt-Lorenz-Strom ist hier so breit, dass man das gegenüberliegende Ufer nur erahnen kann. Oft liegt der Fluss, entlang dem Sie nun auf der linken Seite stromaufwärts bis Québec City fahren, im Nebel.

QUÉBEC – FAST WIE IN EUROPA

Québec City, die Hauptstadt der gleichnamigen französischsprachigen Provinz, gilt als die europäischste Stadt Nordamerikas. Die fast vollständig erhaltene Altstadt aus dem 17. und 18. Jahrhundert zählt seit 1985 zum UNESCO-Weltkulturerbe. Verwinkelte, kopfsteingepflasterte Gassen, historische Steinhäuser, eine gut erhaltene Stadtmauer und über allem das stadtbildprägende Luxushotel Fairmont Le Château Frontenac: Dieses Ensemble vermittelt einen Charme, der in Kanada seinesgleichen sucht. In der Unterstadt, der Basse-Ville, finden Sie einen Parkplatz für das Wohnmobil und starten dann Ihre Stadtbesichtigung. Ganz zentral in Basse-Ville liegt die Place Royale. Es ist der älteste Teil der Stadt. Hier siedelten sich 1608 die ersten französischen Einwanderer an. Lassen Sie sich durch die engen Altstadtgassen treiben, die mit Straßenkünstlern, kleinen Galerien, Läden und Cafés ein einzigartiges Flair besitzen. Die Oberstadt, Haute-Ville, erreicht man über eine Treppe – oder man benutzt die 1879 erbaute, einzige Standseilbahn Kanadas, die Funiculaire. Hier sind vor allem die Zitadelle mit Wachablösung, die Kathedralbasilika Notre-Dame und natürlich das Luxushotel Château Frontenac zu empfehlen. Nicht verpassen sollte man auch einen Spaziergang durch die Rue du Trésor, eine kaum drei Meter breite Gasse, in der Straßenmusiker die Gäste unterhalten und Maler ihre Kunstwerke anbieten.

Nur zehn Kilometer von Québec entfernt stürzen die gewaltigen Wassermassen des Montmorency Fall

Links: Bei Ebbe kann man zu den Hopewell Rocks laufen.

Rechts: Die Altstadt von Québec hat einen ganz besonderen Charme.

83 Meter in die Tiefe. Es ist ein beeindruckender Vorgeschmack auf die Niagara Falls am Ende dieser Tour.

Die Strecke geht auf der Route 138 in Richtung Montréal weiter. Die Straße verläuft oft in Flussnähe und führt durch angenehme Landschaften und kleine Orte. Immer wieder gibt es Gelegenheiten für ein Picknick oder eine kleine Pause. Hinter Trois-Rivières erreichen Sie den Lac Saint-Pierre, einen See von 35 Kilometern Länge, der vom Sankt-Lorenz-Strom durchflossen wird. Im See, der seit dem Jahr 2000 als Biosphärenreservat der UNESCO anerkannt ist, liegen dutzende kleiner Inseln, auf denen Reiher nisten. Es ist die größte Population dieser Vögel in Nordamerika.

MONTRÉAL MIT SEINER UNTERGRUNDWELT

Im Osten Montréals liegt, direkt an der Route 138, der Olympiapark. Schon von weitem sieht man den imposanten Observation Tower, der mit Seilen das Dach des Olympiastadions hält. Mit der außen angebrachten Seilbahn erreicht man in wenigen Minuten die Aussichtsplattform in 166 Meter Höhe. Von hier hat man einen tollen Ausblick über Montréal und den Sankt-Lorenz-Strom. Neben dem Stadion steht das Biodôme, ein absolut sehenswertes Museum für Natur und Ökologie. Auch der gegenüber dem Olympiastadion liegende Botanische Garten ist einen Besuch wert. Für die Besichtigung der City empfiehlt es sich, das Wohnmobil beim Olympiastadion stehen zu lassen und mit der U-Bahn ins Zentrum zu fahren.

Montréal, die 1,7-Millionen-Metropole, präsentiert sich als eine moderne, multikulturelle Stadt. Einen Stadtspaziergang durch die Altstadt Vieux-Montréal beginnen Sie am besten vom alten Hafen aus, dem Vieux-Port. Das Ziel ist die Basilika Notre-Dame mit ihrem kunstvollen, prächtigen Innenraum. Auf dem Weg dorthin liegen das Château Ramezay, ehemalige Residenz der französischen Gouverneure, das im Neorenaissance-Stil erbaute Hôtel-de-Ville und der 1856 fertiggestellte Justizpalast Vieux Palais de Justice.

Die moderne Innenstadt Centre-Ville steht im Kontrast zur beschaulichen Altstadt. Hier befindet sich der Business District mit Hochhäusern, Hotels und Einkaufsstraßen. An der Place Ville-Marie begann in den 1960er-Jahren mit dem Bau des kreuzförmigen Hochhauskomplexes die Umgestaltung des Stadtbildes. 1962 wurden hier auch die ersten Untergrundpassagen eröffnet. Heute besteht die »Underground City« aus einem weitverzweigten System von Wegen, Kreuzungen und Plätzen mit Geschäften, Restaurants, Hotels, Kinos, Kaufhäusern, Büros und Shopping Malls. Mit über 33 Kilometern Länge ist die-

DIE HOPEWELL ROCKS

Ein kurzer Abstecher vom Trans-Canada Highway führt Sie ab Moncton über die Main Street (Highway 114) zum Hopewell-Rocks-Park. Die Hopewell-Rocks sind Felsformationen, die durch gezeitenbedingte Erosion entstanden sind. Die auch als sogenannte »Flowerpots« bezeichneten Felsen sehen bei Niedrigwasser wirklich wie große Blumentöpfe aus, die mit Sträuchern und Bäumen bewachsen sind. Bei Ebbe kann man über Treppen zu den Felsen absteigen und zwischen den kuriosen Gebilden spazieren gehen. Dabei muss man jedoch sehr genau die Hinweise und Gezeitentabelle beachten. In der Bay of Fundy erreicht der Pegelunterschied zwischen Ebbe und Flut mit bis zu 16 Metern den weltweit höchsten Wert. Von den »Flowerpots« sind dann nur noch die Spitzen zu sehen.

se »Ville Souterraine« die größte Shopping-Unterwelt weltweit!

OTTAWA, DIE LIEBENSWERTE HAUPTSTADT

Folgen Sie dem Highway 148, den Sie nordwestlich von Montréal erreichen, bis nach Ottawa. Die Straße verläuft immer nahe am Ottawa River und bietet eine interessante Streckenführung. Wenn man aus Montréal kommt, dann erscheint Ottawa, die Hauptstadt Kanadas, auf den ersten Blick schon fast provinziell, aber dennoch durchaus liebenswert. Vor 150 Jahren war es noch ein Holzfällercamp, und auch heute stehen noch kleine Holzhäuschen aus der alten Zeit neben modernen Botschaftsgebäuden und Hochhäusern. Dominiert wird das Stadtbild vom Parlamentshügel, auf dem sich das Parlamentsgebäude, der 92 Meter hohe Peace Tower, die runde Nationalbibliothek und weitere Regierungsgebäude befinden. Der im neugotischen Stil errichtete Gebäudekomplex wirkt wie eine Burg, die hoch über der Stadt und dem Ottawa River thront. Eine Besichtigung des Parlaments ist täglich möglich und sehr zu empfehlen. Neben dem kanadischen Regierungssitz ist in Ottawa vor allem Kunst und Kultur zu Hause. Hervorragende Museen wie die futuristisch gestaltete National Gallery of Canada, das Canadian Museum of Civilization mit der weltweit umfangsreichsten Sammlung an Totempfählen der nordamerikanischen Ureinwohner, das Canadian Museum of Contemporary Photography oder das Canadian War Museum zeigen exklusive Sammlungen. Darüber hinaus hat sich Ottawa zu einer Festivalstadt entwickelt, die Kunstliebhaber aus aller Welt anzieht.

Die Strecke verlässt Ottawa in südlicher Richtung und führt dann am nördlichen Ufer des Lorenz-Stroms weiter nach Westen. Hier können Sie sich zwischen der flussnahen Country Road 2 und dem Highway 401 entscheiden. Hinter Brockville wechseln Sie dann auf den Thousand Islands Parkway mit schönen Picknick- und Viewpoints am Ufer. In Rockport besteht die Möglichkeit für eine Bootstour zu den vielen kleinen Inseln, von denen einige auch mit sehr schönen Häusern bebaut sind. Während der weiteren Fahrt ent-

Oben: Blick vom Hafen auf die moderne City von Montréal

Linke Seite oben: Vor der National Gallery of Canada in Ottawa steht die größte Spinnenskulptur der französischen Künstlerin Louise Bourgeois.

Linke Seite unten: Picknickpause auf dem Weg nach Toronto in Port Hope

Links: Das stadtbildprägende Luxushotel Fairmont Le Château Frontenac in Québe

Rechts oben: Die fischreichen Flüsse sind bei Anglern sehr beliebt.

Rechts unten: Von der 447 Meter hohen Aussichtsplattform des CN Towers in Toronto wirkt die Stadt wie Spielzeug.

lang des Ontariosees bieten sich immer wieder Möglichkeiten, den Highway zu verlassen und in kleinen Orten das ursprüngliche Leben in Ontario kennenzulernen. Im Sandbanks- und im Presquile Provincial Park kann man Campen und dabei den Strand und den Ontariosee genießen.

TORONTO – GRÖSSTES BALLUNGSGEBIET IN KANADA

Schon bei der Anfahrt nach Toronto wird deutlich, wie dicht dieser Ballungsraum besiedelt ist. Toronto ist mit 2,6 Millionen Einwohnern nicht nur die größte Stadt, sondern auch das Finanz- und Wirtschaftszentrum Kanadas. Rechnet man den Ballungsraum um Toronto, die Greater Toronto Area, mit dazu, dann kommt man auf über sechs Millionen Menschen. Die moderne Skyline erinnert an Manhattan und tatsächlich hat Toronto nach New York City die zweithöchste Anzahl an Hochhäusern auf dem nordamerikanischen Kontinent. Allein in Downtown Toronto gibt es weit über 100 Wolkenkratzer, die höher als 100 Meter sind. Den besten Überblick hat man vom CN Tower, der bekanntesten Attraktion in Toronto.

Über die Yonge Street, eine der beliebtesten Einkaufsstraßen der Stadt, erreicht man die Dundas Street und Chinatown. In diesem Stadtbezirk wohnen über 300 000 chinesische Einwanderer. Das Viertel hat seine Ursprünge im Jahr 1878, als hunderte eingewanderte Chinesen am Bau der Canadian Pacific Railway beteiligt waren. Hier in Chinatown findet man authentische chinesische Lebensart. Durch dieses Viertel zu spazieren ist ein Genuss für alle Sinne.

Nur noch etwas über 100 Kilometer sind es jetzt bis zum Abschluss und gleichzeitigen Höhepunkt dieser Tour, den Niagara Falls.

DIE NIAGARA FALLS

Über 5700 m^3 Wasser fließen in jeder Sekunde über die 50 Meter hohen und fast 1000 Meter breiten Niagara Falls, eines der größten Naturwunder der Welt.

Diese nüchternen Informationen aus dem Infoflyer des Travel Information Centre können nicht einmal ansatzweise ausdrücken, welches einmalige Naturschauspiel hier geboten wird. Man muss es einmal gesehen und erlebt haben! Den Besuchern stockt der Atem, wenn sie an den kanadischen Horseshoe Falls aus dem Shuttlebus steigen und unmittelbar neben den tosend und donnernd herabstürzenden Wassermassen stehen. Viele von ihnen können sich von diesem Anblick kaum losreißen. Diese unbändige Kraft, diese Dimension und Mächtigkeit der Natur beeindruckt tief. Noch intensiver und aus einer ganz anderen Perspektive erlebt man die herabstürzenden Wassermassen auf der »Maid of the Mist«. Das kleine Ausflugsboot kämpft sich gegen die Kraft des herabfließenden Wassers bis fast unter die Horseshoe Falls heran – Regenponchos schützen vor der ärgsten Dusche.

TOUR-INFO KOMPAKT

KILOMETER
2200

STRECKENVERLAUF
Halifax – Moncton – Rivière-du-Loup – Québec – Trois-Rivières – Montréal – Ottawa – Rockport – Toronto – Niagara

HIGHLIGHTS
Halifax: Hafen, Waterfront und Zitadelle, Hopewell-Rocks und Bay of Fundy, Altstadt von Québec, Luxushotel Château Frontenac, Montréal: Olympiapark, Altstadt, Basilika Notre-Dame und Underground City, Ottawa: Parlamentsgebäude und Nationalgalerie, Toronto: Downtown, CN Tower, Einkaufsstraße Yonge Street und Chinatown, Bootsfahrt Niagara Falls

CAMPING- UND STELLPLÄTZE
Shubie Campground Halifax-Dartmouth, 30 John Brenton Drive, Halifax, Tel. 001/80 04 40 84 50, www.shubiecampground.com
GPS: N44°42'26.1" W63°33'12.1"
Campingplatz am Shubie Park, am Rande von Halifax-Dartmouth gelegen.

Ponderosa Pines Family Campground Hopewell Cape, 4325 Route 114, Lower Cape, Tel. 001/80 08 22 88 00, www.ponderosapines.ca
GPS: N45°49'07.1" W64°35'43.2"
Für Wohnmobile aller Größen geeignet, Gratis-Internet-Zugang.

Québec City KOA Québec, 684 Chemin Olivier, Saint-Nicolas, Tel. 001/8005623644, www.koa.com
GPS: N46°41'57.5" W71°18'04.7"
Platz in der Nähe des Sankt-Lorenz-Stroms, gegenüber der Stadt Québec.

Camping Parc National Des Îles-de-Boucherville Montréal, 55 Île Sainte-Marguerite, Boucherville, Tel. 001/45 09 28 50 88, www.sepaq.com
GPS: N45°34'57.4" W73°29'01.0"
Campingplatz auf einer Insel im Sankt-Lorenz-Strom.

Wesley Clover Parks Campground Ottawa, 411 Corkstown Rd, Ottawa, Tel. 001/61 38 28 66 32, www.wesleycloverparks.com
GPS: N45°19'45.6" W75°51'59.4"
Rund 15 Minuten von Ottawa entfernt in einem Park gelegen.

Glen Rouge Campground Toronto, 7450 Kingston Rd, Toronto, Tel. 001/85 58 11 01 11, www.trca.ca
GPS: N43°48'16.0" W79°08'14.0"
Im Osten von Toronto. 87 Plätze mit Versorgung für Wohnmobile.

Riverside Park Motel & Campground Niagara Falls, 13541 Niagara River Parkway, Niagara Falls, Tel. 001/90 53 82 22 04, www.riversidepark.net
GPS: N42°59'05.5" W79°01'34.3"
Rund 12 km von den Niagarafällen entfernter Platz.

TOURIST-INFO
Offizielle Website der Destination Canada
https://de-keepexploring.canada.travel

Tourismusinformation Kanada
www.tourismus.de/nordamerika/kanada
www.kanada-info.at
www.faszination-kanada.com

Website des Ontario Tourism Marketing
www.ontariotravel.net

Website Québec Tourism
www.quebecoriginal.com

Website Nova Scotia Tourism
www.novascotia.com

Der Sommer im Banff Nationalpark ist kurz und intensiv.

2 WESTKANADA

Durch die Rocky Mountains bis in den Yukon

Eine Reisemobiltour vom Süden in den Norden Kanadas ist ein ganz besonderes Erlebnis. Auf Traumstraßen werden die Nationalparks Banff und Jasper durchquert. Über den legendären Alaska Highway, dessen Reiz in der Einsamkeit, im Naturerlebnis und in der Beobachtung der sich langsam verändernden Landschaft liegt, geht es dann bis nach Whitehorse.

Diese Tour in den hohen Norden beginnt in Calgary. Hier besteht neben Vancouver die beste Möglichkeit, ein Wohnmobil anzumieten. Die Stadt hat sich ihren ureigenen Westerncharme erhalten. Das zeigt sich nicht zuletzt auch im Cowboylook, der für viele Calgarians zur Normalität gehört. Besonders im Juli während der Calgary Stempede, der größten Western-Show der Welt, sind Stadt und Umland im kollektiven Ausnahmezustand. Seit 1922 ist die Stempede das alljährliche Großereignis.

TRAUMHAFTE BERGSEEN

Verlassen Sie die Stadt und fahren Sie die 130 Kilometer über den Trans-Canada Highway AB1 nach Banff. Die kleine Stadt im gleichnamigen Nationalpark scheint im Sommer aus allen Nähten zu platzen. Die nur 7500 Einwohner müssen in der Hochsaison bis zu 50 000 Besucher täglich verkraften. Die zentrale Banff Avenue mit ihren unzähligen Restaurants, Souvenirläden und Sportbekleidungsgeschäften ist völlig überlaufen. Trotzdem gebührt Banff ein fester Platz auf dieser Reiseroute. Die bevorzugte Lage der Stadt zwischen den alpinen Gipfeln des Cascade Mountains (2998 Meter) im Norden, des Mount Rundle (2948 Meter) im Südwesten und des Sulphur Mountains (2451 Meter) im Süden ist wohl einmalig in Kanada. Für die Weiterfahrt nach Lake Louise wählen Sie am besten den beschaulichen Bow Valley Parkway 1A. Er ist wenig befahren und verläuft sehr naturnah. Man kann Hirsche und Rehe beobachten und mit etwas Glück sieht man sogar einen Wolf.

Über Lake Louise Village erreicht man den 1731 Meter hoch gelegenen Lake Louise. Die landschaftliche Schönheit der Umgebung erschließt sich dem Besucher ganz besonders auf den gut ausgeschilderten Wanderwegen zu beiden Seiten des Sees. Von dort aus hat man einen einmaligen Panoramablick über den türkisfarbenen See auf die schneebedeckten Berge und den Victoria-Gletscher. Über die Moraine Lake Road geht es zu dem noch schöner gelegenen Moraine Lake. Tiefblau und eindrucksvoll liegt der See im Valley of the Ten Peaks. Schon Thomas Wilson, der als erster weißer Mann die Seen 1882 entdeckte, schrieb später: »Nie, während all meiner Erkundungen dieser fünf Gebirgsketten, habe ich etwas so Unvergleichliches gesehen.«

AUF DEM ICEFIELDS PARKWAY

Zurück in Lake Louise Village tanken Sie nochmal auf und fahren dann auf dem hier beginnenden Icefields Parkway in nördliche Richtung. Die Straße ist, besonders im Sommer, recht stark befahren, aber es gibt ausreichend Parkbuchten um anzuhalten und das herrliche Bergpanorama fotografieren und genießen zu können. Am Bow Summit, dem mit 2088 Metern höchsten Punkt des Parkways, zweigt eine kurze Stichstraße nach links zu einem Parkplatz ab. Versäumen Sie diesen kurzen Abstecher auf keinen Fall: Nach einem kurzen Fußweg erreicht man den Peyto Lake Viewpoint. Der Peyto Lake ist fast ebenso schön gelegen wie der Moraine Lake, also ein absolutes Pflichtprogramm!

Die jetzt folgenden 85 Kilometer bis zum Sunwapta Pass gehören zum Beeindruckendsten und Schönsten, was man in den Rocky Mountains erleben kann. Der Icefields Parkway verläuft entlang der ungezähmten Mistaya- und Sunwapta Rivers. Er ist gesäumt von schneebedeckten Bergen, mächtigen Gletschern, türkisfarbenen Seen, von Wiesen mit unzähligen Sommerblumen und Wäldern, in denen immer wieder Elche, Wapiti-Hirsche, Dickhornschafe, Bergziegen und mit etwas Glück sogar Bären, Wölfe

Links: Der Moraine Lake im Valley of the Ten Peaks ist der schönste Bergsee im Banff Nationalpark.

Rechts: Eine Begegnung mit einem Grizzly-Bär ist nicht ungefährlich, aber eher selten.

oder Luchse zu sehen sind. Der Parkway ist zweifellos eine der atemberaubendsten Straßen der Welt. Nahe am Highway verlaufen zudem gut ausgeschilderte Wandertrails. Direkt an der Passhöhe steht das Columbia Icefield Centre, umrahmt von elf der 22 höchsten Gipfel der Rocky Mountains. Von hier aus hat man einen fantastischen Blick auf die Ausläufer des Athabasca Gletschers und auf den Mount Columbia, der mit 3747 Metern höchste Berg Albertas, der dem Gletscherfeld seinen Namen gab. Das Columbia Icefield und der Sunwapta Pass bilden die Grenze zwischen den Nationalparks Banff und Jasper. 108 Kilometer sind es noch von hier bis zum Ort Jasper. Die Landschaft ist immer noch spektakulär, aber nach dem bisher Gesehenen gibt es keine Steigerung mehr. Auf alle Fälle lohnt sich ein Besuch der Athabasca Falls, die man 72 Kilometer nach dem Sunwapta Pass erreicht. Mit ihren 24 Metern Fallhöhe zählen sie eher zu den kleineren Wasserfällen, beeindrucken aber durch eine hohe Wassermenge und Fließgeschwindigkeit.

Fahren Sie nun in die Stadt Jasper und lassen Sie sich überraschen, wie ruhig und gelassen das Leben hier abläuft. Viele touristische Attraktionen hat Jasper nicht zu bieten, aber nach den Tagen in der Wildnis tut es gut, an der Patricia Street durch die Geschäfte zu bummeln und in einem der zahlreichen Cafés ein Eis zu essen.

DER LEGENDÄRE ALASKA HIGHWAY

Um nach Dawson Creek zu kommen, benutzen Sie ab Jasper den Yellowhead Highway 16 bis Hinton und dann den Bighorn Highway 40 über Grande Cache bis Grande Prairie. Dieser Streckenabschnitt führt 190 Kilometer durch absolute Wildnis – ein Vorgeschmack auf den Alaska Highway, dessen Ausgangspunkt nach weiteren 150 Kilometern erreicht ist. Anfang der 1940er-Jahre war Dawson Creek ein verschlafenes Westerndorf mit gerade einmal 600 Einwohnern. Als der Bau des Alaska Highway begann, explodierte die Bevölkerungszahl innerhalb weniger Wochen auf über 10 000. Um einen Eindruck von der damaligen Zeit und der schwierigen Bauphase zu bekommen, sollte man unbedingt die interessante Ausstellung im Alaska Highway House besuchen. Auf den ersten Kilometern ab Dawson Creek verläuft der Alaska Highway durch flaches Weideland und sanft hügelige Prärien. Der ausgezeichnete Straßenzustand von heute hat nicht mehr viel mit der alten Militärstraße der ersten Jahre gemeinsam. Damals war der Highway eher eine Schlammpiste und nur mit schwerer Technik zu bezwingen. Am Kilometer 25 kann man noch ein Stück dem Verlauf des alten Highway von 1942 folgen und im Kiskatinaw Provincial Park die einzige erhaltene Holzbrücke über den Kiskatinaw River bewundern.

S.S. KLONDIKE II

Wenn man vom Alaska Highway nach rechts in die City abbiegt, kann man ihn nicht übersehen: den gewaltigen Schaufelraddampfer S.S. Klondike II. Liebevoll restauriert liegt er am Ufer des Yukon River und zeugt von der Zeit, als die Verbindung zwischen Whitehorse und Dawson City fast ausschließlich durch diese Sternwheeler sichergestellt wurde. Das 1937 erbaute Flussschiff war mit 64 Metern der größte Raddampfer auf dem Yukon. 36 Stunden brauchte der Dampfer bis Dawson City, der Rückweg dauerte dreimal so lange. Besonders gefährlich war die Fahrt durch die Stromschnellen von Five Finger Rapids. Mit dem Bau des Klondike Highway gab es dann eine echte Alternative zur Yukonschifffahrt. Die Klondike II wurde 1955 außer Betrieb genommen.

Sie erreichen dann Fort St. John, eine der ältesten, nicht-indianischen Siedlungen in British Columbia und heute ein Zentrum der Öl- und Gasindustrie. Die Stadt ist mit dem Ölboom schnell gewachsen und hat heute etwas über 18 000 Einwohner. Es ist die letzte große Stadt vor Whitehorse im Yukon. Hier sollte man noch einmal alle Vorräte auffüllen und Kraftstoff tanken, ehe es auf die rund 380 Kilometer lange Strecke nach Fort Nelson geht. Die Gegend wird jetzt immer einsamer.

Zwei kleine Siedlungen, Wonowon und Pink Mountain, liegen an der Straße, alle anderen Orte sind nicht mehr als einsame Rasthäuser mit Tankstelle, Motel und Campingplatz.

Selbst Fort Nelson ist bei genauerer Betrachtung auch nur eine kleine, unscheinbare Siedlung. 4000 Einwohner leben in dem Ort, der erst durch den Bau des Alaska Highways und später durch die Erschließung von Öl- und Gasvorkommen einen bescheidenen Aufschwung nahm. Im Heritage Museum werden alte Fahrzeuge und Baugeräte aus der Bauphase des Alaska Highway aufbewahrt.

Die folgende Strecke gehört zu den schönsten Abschnitten des Alaska Highways. Sie erreichen die nördlichen Ausläufer der Rocky Mountains und fahren durch ein von Flüssen und Seen durchzogenes Gebiet. Im Stone Mountain Provincial Park steigt die Straße bis zum Summit Pass auf 1295 Metern Höhe, der höchsten Stelle des Alaska Highways, an. In dieser Hochgebirgsgegend leben Dickhorn- und Dallschafe, Bergkaribus und auch einige Grizzlybären. Immer am Ufer des langgezogenen Summit Lake entlang, rollen Sie weiter talwärts in das weite McDonald Creek Valley. Sie erreichen dann den wunderschön gelegenen, jadegrünen Muncho Lake. Die intensive Färbung des Wassers wird durch Kupferoxide verursacht. Der Alaska Highway folgt jetzt bis Watson Lake dem Tal des Liard River. Es gibt immer wieder schöne Plätze am Fluss für eine kleine Pause oder ein Picknick. Im weiteren Verlauf wechselt der Alaska Highway ganze neunmal die Provinzgrenze zwischen British Columbia und dem Yukon, allein siebenmal bis Watson Lake.

Oben: Direkt am Ufer des Muncho Lake verläuft der Alaska Highway.

Linke Seite oben: Am Ufer des Yucon in Whitehorse liegt die gut restaurierte S.S. Klondike II.

Linke Seite unten: Bei der legendären »Historic Mile Zero« in Dawson Creek beginnt der Alaska Highway.

Links: Der Sign Post Forest ist die Attraktion in Watson Lake.

Rechts oben: Idyllische Picknickplätze laden zu einer Pause ein.

Rechts unten: Für die Fahrt zum Athabasca Gletscher ist der »Große« besser geeignet.

Rechte Seite: Die Gletscher des Columbia Icefield werden jedes Jahr etwas kleiner.

IM YUKON

Watson Lake, am gleichnamigen See gelegen, ist mit seinen nur etwa 1000 Einwohnern die drittgrößte Stadt im Yukon. Der Trapper Frank Watson siedelte sich 1898 mit seiner Frau, einer Native American, am damals noch »Fish Lake« genannten See an. Mit der Ruhe und Abgeschiedenheit war es 1939 vorbei, als der See als Zwischenlandeplatz für Wasserflugzeuge genutzt wurde. Heute verdankt der Ort seine Bekanntheit dem Sign Post Forest. Der Schilderwald ist in dieser Größe wirklich einmalig in der Welt. Über 100 000 Ortsschilder und Autokennzeichen sollen es sein, die hier an unzähligen Pfählen angeschraubt wurden. Die Stadt stellt immer noch neue Pfosten auf und freut sich über die touristische Wirkung.

Die weitere Fahrt von Watson Lake nach Teslin führt durch die Einsamkeit der kanadischen Wildnis. Kaum ein Auto kommt Ihnen hier entgegen. Man kann erahnen, wie dünn besiedelt das Land noch weiter nördlich sein muss. Insgesamt leben im Yukon nur 34 000 Menschen auf einer Fläche, die ungefähr der Größe Deutschlands, Österreichs und der Schweiz zusammengenommen entspricht. Etwa 130 Kilometer hinter Watson Lake bietet sich eine Pause auf dem Parkplatz an den Rancheria Falls an. Ein kurzer Wanderweg führt zu den Wasserfällen – gut, um sich etwas die Beine zu vertreten. Aber Vorsicht: es muss immer mit wilden Tieren, auch mit Bären, gerechnet werden!

Sie erreichen Teslin über die Nisutlin Bay Bridge. Mit einer Gesamtlänge von 584 Metern ist sie die längste Brücke des Alaska Highways. Ab hier verläuft der Alaska Highway bis Johnson's Crossing parallel zum langgezogenen Teslin Lake. In Johnson's Crossing wird der Teslin Lake an seiner Mündung durch die sehenswerte Teslin River Bridge überspannt. Jetzt sind es noch 120 unspektakuläre Kilometer bis Whitehorse, der größten und schönsten Stadt im nördlichen Kanada. Rund 27 000 Menschen, also mehr als Dreiviertel der Bewohner des Yukon, leben hier. Die Stadt ist das Bergbau-, Forstwirtschafts- und Verwaltungszentrum des Yukon und im Sommer Zwischenstation für Tausende von Touristen. Trotzdem hat sie sich den liebenswerten Charme einer gepflegten Kleinstadt bewahrt. Besonders im kleinen Stadtzentrum, das sich um die Main Street konzentriert, kann man gut spazieren gehen, einen Kaffee trinken oder in einem der vielen Shops ein kleines Souvenir aussuchen.

Whitehorse ist übrigens ein idealer Ausgangspunkt, um noch weiter in den Yukon oder auch nach Alaska zu fahren. Vor allem Dawson City, aber auch Skagway, Fairbanks und Anchorage in Alaska sind empfehlenswerte Ziele und von hier aus gut zu erreichen.

TOUR-INFO KOMPAKT

KILOMETER
2400

STRECKENVERLAUF
Calgary – Lake Louise – Columbia Icefield Centre – Jasper – Hinton – Grande Cache – Grande Prairie – Dawson Creek – Fort Sankt John – Fort Nelson – Watson Lake – Johnson's Crossing – Whitehorse

HIGHLIGHTS
Calgary Stempede (Juli), Nationalparks Banff und Jasper, Lake Louise, Moraine Lake, Icefields Parkway, Peyto Lake, Columbia Icefield, Athabasca Falls, Dawson Creek mit Alaska Highway House, Fort Nelson Heritage Museum, Stone Mountain Provincial Park, Summit Lake, Muncho Lake, Liard River, Sign Post Forest in Watson Lake, Nisutlin Bay Bridge bei Teslin, Whitehorse, S.S. Klondike II

CAMPING- UND STELLPLÄTZE
Tunnel Mountain Campgrounds Banff, Tunnel Mountain Road, Banff, Tel. 001/4037621550, www.pc.gc.ca
GPS: N51°11'24.1" W115°31'0.0"
Sehr großflächiger Campground, für ein Lager- oder Grillfeuer Erlaubnis holen!

Waterfowl Lakes Campground, Banff National Park, 57 Kilometer nördlich von Lake Louise, Hwy 93 North,
www.pc.gc.ca
GPS: N51°50'37.7" W116°37'12.6"
Ein Campingplatz, der schön zwischen zwei Seen gelegen ist.

Wilcox Creek Campground, Jasper Nationalpark, einen Kilometer vor dem Icefield Centre, 107 km südlich von Jasper,
www.campscout.com
GPS: N52°13'3.4" W117°11'8.6"
46 Plätze verfügbar, Wohnmobile, die länger als 10 m sind, können Schwierigkeiten haben, um die Kurven zu fahren.

Wapiti Campground, Jasper Nationalpark, 6 Kilometer vor Jasper, Hwy 93,
www.campscout.com
GPS: N52°50'28.1" W118°4'10.0"
Plätze im Pinienwald und am Fluss, der Wapiti-Trail startet hier.

Mile 0 Campground, Dawson Creek, 1901 Alaska Avenue, Dawson Creek, www.mile0park.ca
GPS: N55°46'10.6" W120°15'30.8"
Schön angelegte Stellplätze, freies Areal, kleinere Seen sind in der Nähe.

Watson Lake Campground, Watson Lake, Anfahrt über Watson Lake Access Road,
www.watsonlake.ca
GPS: N60°05'42.4" W128°49'04.3"
Westlich der Stadt Watson Lake am gleichnamigen See gelegen.

Hi Country RV Park, 91374 Alaska Hwy, Whitehorse, Tel. 001/8676677445,
www.hicountryrv.com
GPS: N60°41'3.7" W135°3'38.5"
Im Süden von Whitehorse mit 120 Plätzen, Waschsalon und Laden vor Ort.

TOURIST-INFO
Internetinfos zu Kanada
siehe Tour 1

Infos zu Westkanada
www.west-kanada.info

British Columbia Reiseinfos
www.hellobc.de

Yukon Reiseinfos
www.travelyukon.de

Travel-Guides, Karten und Infos
www.bellsalaska.com

Historische Fotos, Videos und Informationen zum Alaska Highway
www.alaskahighwayarchives.ca

3 VON LOS ANGELES NACH LAS VEGAS

Nationalparks und Metropolen

Eine der weltweit schönsten Küstenstraßen, der Pacific Coast Highway, verbindet die kalifornischen Großstädte Los Angeles und San Francisco miteinander. Mit dem Yosemite-Nationalpark und dem Death Valley liegen dann zwei völlig unterschiedliche Naturerlebnisse auf dem Weg nach Las Vegas. Die Glitzerstadt in der Wüste ist dabei nicht nur für Spieler eine Reise wert.

In Los Angeles, der mit fast vier Millionen Einwohnern zweitgrößten Stadt der USA, empfiehlt es sich, rechtzeitig einen Campingplatz zu reservieren. Der alte Stadtkern in Downtown, Hollywood, aber auch Anaheim mit Disneyland sind die meistbesuchten Ziele. Leider ist der öffentliche Nahverkehr nur ansatzweise ausgebaut. Mit dem weltweit aufwändigsten Schnellstraßennetz wird versucht, den Individualverkehr in den Griff zu bekommen. Sie verlassen das Zentrum auf den gut ausgebauten City-Highways und erreichen recht schnell Santa Monica am Pazifik, nur ein klein wenig nördlich des flippigen Venice Beach. Ab hier verläuft der Pacific Coast Highway 1 immer nahe an der Küste bis nach San Francisco und zählt auf diesem Abschnitt zu den beeindruckendsten Panoramastraßen.

AUF DEM PACIFIC COAST HIGHWAY

Über Malibu geht es nach Santa Barbara, einer bildschönen Küstenstadt mit mexikanischem Flair. Es duftet nach Zitrusfrüchten und Jasmin, Bougainvilleen wachsen und der endlose, weiße Strand rahmt alles ein. Ein kulturhistorischer Höhepunkt in Santa Barbara ist der Besuch der alten spanischen Mission, die 1786 von Franziskanern als zehnte Mission in Kalifornien gegründet wurde und heute als die »Königin der Missionen« gilt. Auf der weiteren Strecke erwartet

Am 17 Mile Drive zwischen Carmel-by-the-Sea und Monterey

Sie, kurz vor San Simeon, ein ganz besonderes Naturschauspiel. Am Strand und auf den ufernahen Felsen tummeln sich hunderte See-Elefanten. Diese Meeressäuger leben elf Monate des Jahres im Meer, tauchen über 2000 Meter tief und können bis zu einer Stunde unter Wasser bleiben. An Land kommen sie nur, um sich zu paaren, Junge zu gebären und sich zu erholen. Die bis zu vier Tonnen schweren See-Elefantenmännchen liefern sich immer wieder erbitterte Kämpfe um die Weibchen.

Der jetzt folgende, als Big Sur bezeichnete, spektakuläre Küstenabschnitt zwischen San Simeon und Point Lobos war so unwegsam, dass die Küstenstraße erst 1937, nach 18 Jahren Bauzeit, fertiggestellt wurde. Großartige Ausblicke auf die Steilküste und versteckte Buchten am blauen Meer bieten sich hier entlang der serpentinenreichen Straße. Erst in Carmel-by-the-sea beginnt wieder die Zivilisation mit Tankstellen und Einkaufsmöglichkeiten. Ab Carmel sollte man unbedingt den 17 Mile Drive bis Monterey nehmen. Die Panoramastraße verwöhnt mit atemberaubenden Ausblicken auf die Küste. Jetzt sind es noch 120 Meilen bis San Francisco.

SIGHTSEEING IN SAN FRANCISCO

Mit dem Wohnmobil in die City von San Francisco zu fahren, ist nicht zu empfehlen. Parkplätze sind für solch große Fahrzeuge kaum vorhanden und die engen, zum Teil sehr steilen Straßen sind überhaupt nicht wohnmobilfreundlich. Auch die Campingplätze am Stadtrand sind teuer und oftmals ausgebucht. Eine gute Alternative bieten die Fährverbindungen von Sausalito, Larkspur oder Vallejo nach »San Fran«, wie die Stadt von den Einheimischen genannt wird. San Francisco ist für viele die schönste und interessanteste Stadt Nordamerikas. Im Financial District, nahe dem Ferry Terminal, spürt man davon noch nicht viel. Die modernen Bürotürme der Banken, Hochhäuser und Straßenschluchten, in die kaum ein Sonnenstrahl fällt, unterscheiden sich nicht wirklich von denen in anderen nordamerikanischen Großstädten. Aber schon am Union Square, dem zentralen Einkaufs-, Hotel- und Theaterviertel, ist es typisch »San Fran«: Menschen unterschiedlichster Herkunft schlendern über den Platz, sitzen in den Straßencafés oder widmen sich ausgiebig dem Shopping.

Links: Die Golden Gate Bridge ist das Wahrzeichen von San Francisco.

Rechts: Ein Attraktion in San Francisco sind die Cable Cars, im Hintergrund die ehemalige Gefängnisinsel Alcatraz.

Von hier ist es nicht mehr weit bis nach Chinatown. Wenn man das bunte Dragon Gate passiert hat, findet man sich in einer anderen Welt wieder. Es riecht nach exotischen Gewürzen, Händler preisen ihre überquellenden Gemüsestände und Auslagen an, Menschen drängen sich zwischen Verkaufsständen und Geschäften. In den Garküchen hängt fetttriefendes Geflügel und so manch Undefinierbares, was den Appetit vielleicht etwas dämpft. Nur wenige Straßen weiter duftet es nach ofenfrischer Pizza und Espresso. Die selbstbewusst an jedem Straßenbaum angebrachten, grün-weiß-roten Streifen wären nicht notwendig gewesen, um zu erkennen, dass man sich hier im italienischen Viertel befindet. Der Cappuccino im Straßencafé schmeckt hervorragend.

Wer nur einen Tag für San Francisco geplant hat, sollte gar nicht erst versuchen die vielen Attraktionen abzuhaken, sondern sich bei einem Stadtspaziergang treiben lassen, um möglichst viele Eindrücke aufzunehmen. Vorbei an der Lombard Street, die für eine gerade Straßenführung viel zu steil war und deshalb mit neun Haarnadelkurven gebaut wurde, erreicht man den Hyde Street Pier. Hier befindet sich eine Endstation der Cable Cars, an der die Wagen wie vor 140 Jahren mit Muskelkraft gedreht werden.

In der Bucht, recht nahe am Pier, liegt Alcatraz. Es ist fast nicht zu glauben, dass es seit 1934 das ausbruchsicherste Gefängnis in den USA war. Dafür ist vor allem die heimtückische Strömung in der Bucht verantwortlich. Berühmtester Häftling auf Alcatraz war der Mafiaboss Al Capone, der am touristisch geprägten, aber trotzdem sehenswerten Fisherman's Wharf für allerlei Souvenirs herhalten muss. Am Pier 39 kann man sich köstliches Seafood schmecken lassen und im Strom der vielen Besucher über die weiteren Piers schlendern, vorbei am überquellenden, touristischen Angebot, und den Tag ausklingen lassen.

IM YOSEMITE-NATIONALPARK

Rund 160 Meilen von San Francisco entfernt liegt der Yosemite-Nationalpark, einer der beliebtesten und meistbesuchten Nationalparks der USA. Der Park ist ganzjährig geöffnet, ab Oktober muss man aber damit rechnen, dass der Tioga Pass (3000 Meter) in Richtung Osten und auch die Straße zum Glacier Point geschlossen sind. Das Yosemite Valley ist das »Filetstück« des Parks. Es macht nur etwa ein Prozent der Gesamtfläche des Nationalparks aus, aber genau hierher kommen die meisten der jährlich rund vier Millionen Besucher. Hier erhebt sich »El Capitan«, ein 1000 Meter hoher Monolith, fast senkrecht über die Ebene und der Merced River schlängelt sich lieblich

ZUM GRAND CANYON

Ab Las Vegas bietet sich ein Abstecher zum nur 280 Meilen entfernten Grand Canyon an. Verlassen Sie die »Sin City« über die I 515 und nach nur einer knappen Stunde erreichen Sie die imposante Hoover-Talsperre, die den Colorado River zum Lake Mead aufstaut, dem größten Stausee der USA. Auf dem Highway 93 geht es weiter bis Kingman. Ab hier sollte man unbedingt auf die Historic Route 66 wechseln, die auf den knapp 90 Meilen bis Seligman eine eindrucksvolle Fahrt verspricht. Alte Tankstellen, historische Rasthäuser und verrostete Oldtimer säumen die Straße. Über Williams erreicht man die südliche Seite des Grand Canyon mit spektakulären Aussichten über die bis zu 450 Kilometer lange Schlucht und den tief unten im Tal fließenden Colorado River.

Oben: Der eindrucksvolle El Capitan gilt als Wahrzeichen des Yosemite-Nationalparks.

Linke Seite oben: Bizarre Felsformationen im Death Valley

Linke Seite unten: Bei der Fahrt durch das Death Valley sind die Hinweise der Ranger strikt zu befolgen.

durch das Tal. Der Nationalpark ist zudem für seine große Anzahl an Wasserfällen bekannt, die zu den höchsten in Nordamerika zählen: So stürzt am Ribbon Fall das Wasser 492 Meter in die Tiefe.

Die Tioga Road 120 führt in West-Ost-Richtung durch den ganzen Yosemite-Nationalpark und überquert die High Sierra Nevada. Man erlebt eine prachtvolle Hochgebirgsszenerie und nur wenige Meter neben der Straße beginnt die unberührte Wildnis. Im Winter muss man den südlichen Parkausgang benutzen und dann die Strecke über Bakersfield nehmen.

DURCH DAS DEATH VALLEY

Egal, auf welcher Strecke man zum Death Valley unterwegs ist: in jedem Falle sollte man rechtzeitig tanken und die Vorräte auffüllen. Im Notfall gibt es noch eine letzte Tankstelle in Panamint Springs, aber mit vagem Angebot. Auf recht guten Asphaltstraßen geht es weiter in eines der trockensten und heißesten Gebiete der Erde. Eingebettet zwischen zwei Gebirgsketten der östlichen Sierra Nevada, fast ohne Luftzirkulation und mit weniger als fünf Zentimetern Niederschlag pro Jahr herrscht hier ein extremes Klima mit Temperaturen bis zu 50 Grad Celsius. Das Winterhalbjahr ist im Death Valley eine bevorzugte Reisezeit, aber auch dann sind die Mittagstemperaturen sehr heiß und bei einer Wanderung kann man nachempfinden, warum immer wieder vor Hitze und Dehydrierung gewarnt wird. Abseits der üblichen Wege besteht bei einer Panne oder Verletzung Lebensgefahr. Wer sich an die Regeln und Hinweise der Ranger hält, erlebt im Tal des Todes jedoch eine karge, aber einmalig schöne und abwechslungsreiche Landschaft. Die schroffen Felsen sind durch die Ablagerungen von Mineralien bunt gefärbt und die erodierten Canyonwände bilden bizarre Formen. Der beste Weg durch das Tal des Todes geht über die California State Route 190 bis zum Furnace Creek und dann weiter auf der Badwater Road/Jubilee Pass Road zur östlichen Seite des Death Valley. Von der Hauptstraße führen gute Gravelroads zu besonderen

Links: Am reizvollsten ist Las Vegas bei Nacht.

Rechts oben: Das Spielerparadies Las Vegas lockt jedes Jahr bis zu 40 Millionen Besucher an.

Rechts unten: Der ausgetrocknete Lake Manly im Death Valley ist der tiefste Punkt der USA.

Rechte Seite: Der berühmte Walk of Fame am Hollywood Boulevard in Los Angeles.

Natursehenswürdigkeiten wie zum Artists Drive, Devils Golf Course und natürlich Badwater Basin, dem tiefsten Punkt Nordamerikas. 85 Meter unter dem Meeresspiegel liegt der ausgetrocknete, prähistorische Lake Manly, dessen Boden heute größtenteils mit groben Salzkristallen bedeckt ist.

Von der östlichen Parkgrenze sind es nur wenige Meilen bis Nevada und zur Nevada State Route 160, die überwiegend vierspurig ausgebaut bis nach Las Vegas führt.

DIE WELT DER ILLUSIONEN IN »SIN CITY«

Der Übergang von der öden Wüste Nevadas zur Megametropole Las Vegas ist in der Dämmerung besonders beeindruckend. Schon viele Kilometer vor der Stadt ist der gewaltige Lichtschein am sonst dunklen Himmel zu sehen. Die Stadtrandsiedlungen sind schnell passiert und als ob sich ein Vorhang öffnete, steht man plötzlich auf dem fast taghellen Las Vegas Boulevard, besser als Las Vegas Strip bekannt: Man wird geblendet von überdimensionalen Leuchttafeln und überschwänglichen Lichteffekten. Jedes Hotel, jedes Casino will herausstechen und mit einer noch aufwändigeren Lichtshow auf sich aufmerksam machen. Am »Treasure Island« wird jeden Abend mehrmals die Show »Sirens of Treasure Islands« mit allerlei Tricks und Pyrotechnik dargeboten, am »Mirage« bricht mit vielen Effekten ein Vulkan aus und das elegante »Bellagio« empfängt seine Gäste mit gi-

gantischen, zu Musik tanzenden Wasserfontänen. Singende Gondolieri steuern am »Venetian« ihre Gondeln auf einem nachempfundenen Canal Grande durch die falsche Rialto-Brücke zum Markusplatz und wenige Meter weiter überragt am »Paris« der Eiffelturm im Maßstab 1:2 den Arc de Triomphe, die Pariser Oper und den Louvre. Man mag zu dieser Glanz-, Glimmer- und Glücksspielmetropole stehen wie man will, aber einmal im Leben sollte man sie besucht haben. Las Vegas als Endpunkt dieser Tour ist für alle, die jetzt noch Zeit haben, auch gleichzeitig ein idealer Ausgangspunkt zu den weiteren Nationalparks in den östlichen Bundesstaaten Arizona und Utah. Für einen schönen Tagesausflug ab Las Vegas sind der Red Rock Canyon und das Valley of Fire zu empfehlen.

TOUR-INFO KOMPAKT

KILOMETER
2100

STRECKENVERLAUF
Los Angeles – Santa Monica – Malibu – Santa Barbara – San Simeon – Point Lobos – Carmel – San Francisco – Yosemite National Park – Tioga Road 120 – Panamint Springs – Furnace Creek – Badwater Basin – Nevada SR 160 – Las Vegas

HIGHLIGHTS
Los Angeles: Hollywood und Disneyland, Pacific Coast Highway, Santa Barbara: alte spanische Mission, See-Elefanten-Kolonie vor San Simeon, Big Sur Country, Sightseeing in San Francisco: Financial District, Union Square, Chinatown, Lombard Street, Cable Cars am Hyde Street Pier, Alcatraz, Fisherman's Wharf, Pier 39, Yosemite Nationalpark: Yosemite Valley, El Capitan, Merced River, Ribbon Fall, Tioga Road durch die High Sierra Nevada, Death Valley: Devils Golf Course, Artists Drive und Badwater Basin, Las Vegas

CAMPING- UND STELLPLÄTZE
Anaheim Harbour RV Park Los Angeles-Anaheim, 1009 South Harbor Boulevard, Anaheim, Tel. 001/71 45 35 64 95, www.anaheimharborrvpark.com
GPS: N33°49'12.3" W117°54'57.0"
Von diesem Wohnmobilpark aus lassen sich die Attraktionen in Disneyland zu Fuß erreichen.

El Capitán State Beach, 10 Refugio Beach Rd., Goleta CA, Tel. 001/80 59 68 10 33, www.parks.ca
GPS: N34°27'36.3" W120°01'24.9"
Westlich von Santa Barbara, manchmal kann es zu Wasserknappheit kommen, keine Entsorgung möglich.

New Brighton State Beach Park, 1500 Park Ave, Capitola, Tel. 001/83 14 64 63 29, www.parks.ca.gov
GPS: N36°58'57.4" W121°56'12.4"
Östlich von Santa Cruz, der schöne, grüne Platz liegt etwas erhöht, aber direkt an der Küste.

Candlestick RV Park, 650 Gilman Ave, San Francisco, Tel. 001/41 58 22 22 99, www.sanfranciscorvpark.com
GPS: N37°42'56.2" W122°23'0.6"
Platz im Südosten von San Francisco an der Bucht gelegen, hat nicht unbedingt den meisten Charme, aber gute Lage.

Upper Pines Campground, 9024 Southside Drive, Yosemite National Park, Tel. 001/20 93 72 85 02, www.nps.gov
GPS: N37°44'21.2" W119°33'55.5"
Der Campground hat insgesamt 238 Plätze, vorher informieren, welche Plätze für lange Wohnmobile geeignet sind.

Furnace Creek Campground, Death Valley, Abzweig vom Highway 190, Tel. 001/76 07 86 32 00, www.nps.gov
GPS: N36°27'48.3" W116°52'07.9"
Hier kann man in der Hauptsaison (Okt.–April) bis max. 6 Monate und mind. 4 Tage im Voraus reservieren.

Circus Circus KOA, 2880 S Las Vegas Blvd, Las Vegas, Tel. 001/80 06 34 34 50, www.circuscircus.com
GPS: N36°08'24.4" W115°09'52.1"
Nördlich der »Casino-Meile«, am Las Vegas Strip, Pool und Gratis-WLAN.

TOURIST-INFO
Offizielle Tourismus-Website der USA
www.visittheusa.de

Tourismusinformation USA
www.tourismus.de/nordamerika/usa

Reiseinfos Kalifornien
www.visitcalifornia.com

Las Vegas Infos
www.vegas-infos.de

Der Strand von Daytona Beach, früher eine berühmte Rennstrecke, dient heute nur noch zur Erholung.

4 GESCHICHTE UND TECHNIK: DER SÜDOSTEN DER USA

Von Savannah durch Florida bis Key West

Eine Reise durch den Südosten der USA ist an Abwechslung kaum zu überbieten. Neben zahlreichen historischen Städten wie Savannah und St. Augustine locken die Themenparks um Orlando und das Raketenzentrum in Cape Canaveral viele Touristen an. An der Westküste Floridas geht es ruhiger zu. Ein Besuch der Everglades und die Fahrt nach Key West runden diese Tour ab.

Savannah im US-Bundesstaat Georgia ist eine wunderbare historische Stadt, die mit großartigen Wohnhäusern und prachtvollen Gebäuden aus der Kolonialzeit ihre Vergangenheit stolz zur Schau trägt. In den umgebauten Baumwolllagern am Savannah River befindet sich das lebhafte Geschäftsviertel mit Bars, Restaurants und Läden. Ein gemütlicher Stadtspaziergang führt durch die alten Straßen und die vielen, schön angelegten, für Savannah so typischen Parkanlagen zum Forsyth Park, dem wahrscheinlich schönsten und größten der insgesamt 21 Parks dieser Stadt. Umgeben von prächtigen Villen liegt er an der südlichen Grenze der Altstadt. Großzügig angelegt, bietet dieser Park viel Raum für die verschiedensten Sport- und Freizeitaktivitäten. Die Hauptattraktion und das beliebteste Fotomotiv ist sicherlich der berühmte Springbrunnen am Parkeingang.

ST. AUGUSTINE – ÄLTESTE STADT DER USA

Auf der Weiterfahrt nach Süden passieren Sie dann die Staatsgrenze zu Florida und wenig später auch die Millionenstadt Jacksonville. Jetzt ist es gar nicht mehr weit bis nach St. Augustine, der ältesten Stadt der USA. Bereits 1565 wurde sie von den Spaniern gegründet. Die einstmals recht kleine Ansiedlung spielte eine wesentliche Rolle bei der Besiedlung von Florida und des gesamten Südens der USA. Engländer und Spanier lieferten sich hier erbitterte Kämpfe um das Castillo de San Marcos und die damit verbundene, wichtige Vorherrschaft in Florida. St. Augustine hat sich bis in die Gegenwart einen ganz eigenen Charme bewahrt. Das wird insbesondere im Spanish Quarter, der liebenswerten Altstadt mit vielen Gebäuden aus der spanischen Epoche, deutlich. In den urigen Kneipen wird Livemusik gespielt, Tapas und ofenfrische Pizza werden an der Straße zur Verkostung gereicht und so manch eine historische Schankwirtschaft sieht heute noch fast so aus wie vor einigen hundert Jahren.

Viel amerikanischer wirkt da Daytona Beach, das nächste Ziel dieser Route. Die geradezu autoverrückte Stadt wird auch als Wiege des NASCAR-Rennens bezeichnet. Die ersten Rennen fanden noch auf dem harten Sandstrand statt, bis der Daytona International Speedway gebaut wurde. Falls Sie neugierig sind: Der Stadtstrand kann heute immer noch auf einer Länge von 37 Kilometern mit Autos und Wohnmobilen befahren werden.

VON ORLANDO AN DIE WESTKÜSTE

Auf der Fahrt nach Orlando passieren Sie das berühmte Cape Canaveral. Für Technikinteressierte ist das Kennedy Space Center sehr zu empfehlen. Mit viel Glück kann man dort zur richtigen Zeit sogar einen Raketenstart hautnah miterleben! In Orlando angekommen, hat man dann die Qual der Wahl zwischen rund 50 Freizeit- und Themenparks, die bei weitem nicht nur für Kinder interessant sind. Ein Besuch des Walt Disney World Resorts, SeaWorld oder der Universal Studios sind eindrucksvolle Erlebnisse, wofür man aber mehr als nur einen Tag einplanen sollte. Von Orlando aus geht die Fahrt auf der Interstate 4 nach Tampa an der Westküste weiter. Das Ballungsgebiet um Tampa ist durch Business- und Massentourismus geprägt. Wesentlich angenehmer ist es da schon in Saint Petersburg mit seinen zahlreichen Stränden. Diese Stadt wird als die gesündeste Amerikas bezeichnet und ist heute ein wahres Paradies für Ruheständler.

Für die Weiterfahrt sollte man unbedingt die 21 Kilometer lange Sunshine Skyway Bridge über die Tampa Bay nutzen. Auf dem Highway 41 erreichen Sie Fort Myers, eine moderne Wohnstadt, deren Hauptattraktionen die vor der Küste liegenden Inseln Sani-

Links: Für alle Technikinteressierten ist das Kennedy Space Center ein »must-see«.

Rechts: Der berühmte Brunnen im Forsyth Park von Savannah wurde am St. Patrick's Day grün gefärbt.

Links: Typisch Florida – the Sunshine State

Rechts: Mit den kubanischen Migranten kam auch die Zigarrenproduktion nach Key West.

bel und Captiva sind. Die Inseln sind äußerst üppig bewachsen, die wenigen Häuser verstecken sich hinter tropischem Grün. Sanibel ist berühmt für seine Muschelstrände, während die Nachbarinsel Captiva für ihre prächtigen Villengrundstücke bekannt ist. Dort, wo um 1800 der Pirat José Gaspar seinen Harem gefangen hielt, wohnt jetzt die Oberschicht Floridas.

Nur 45 Meilen südlich liegt die vornehme Kleinstadt Naples. Golfplätze, Villen und eine Nobel-Einkaufsmeile in der dortigen Fifth Avenue sind ganz nach dem Geschmack ihrer wohlhabenden Bewohner, die sich bis heute erfolgreich gegen Bettenburgen und Massentourismus gewehrt haben.

EVERGLADES – VORSICHT BISSIG!

Von Naples führen zwei Highways durch den Everglades-Nationalpark nach Miami: der Highway 75, auch als Everglades Parkway bezeichnet, und der als Tamiami Trail bekannte ältere Highway 41. Für die Fahrt nach Osten ist der letztere zu empfehlen, weil er näher am Nationalpark verläuft und beschaulicher befahren werden kann. Der gemächlich neben der Straße dahin fließende Tamiami Canal bietet viel Lebensraum für die verschiedensten Wasservögel, Schildkröten und Alligatoren, die im oder neben dem Kanal faul in der Sonne liegen. Auf den ins Hinterland abgehenden Stichstraßen und Wegen ist die Beobachtung der gefährlichen Tiere noch besser möglich – aber Vorsicht ist in jedem Fall angebracht. Natürlich gehört zu einem Besuch der Everglades auch eine Fahrt mit dem Airboat. Mit einem Höllenlärm, fast wie beim Start eines Flugzeuges, donnert es über die grasbewachsenen Gewässer. Wer es ruhiger mag, kann am Flamingo Point ein Kanu mieten und auf einer Fahrt über den Fluss Manatees beobachten.

KEY WEST: SELBSTBEWUSST UND KARIBISCH

Die Florida Keys sind eine Inselgruppe mit über 800 zum Teil sehr kleinen Inseln, von denen nur 45 besiedelt sind. Die Erschließung der Keys begann im Jahre 1912, als Henry Flagler seine Eisenbahnverbindung von St. Augustine über Miami bis nach Key West verlängerte. 1935 zerstörte ein Hurrikan die Bahnlinie – auf den stabilen Brücken wurde dann der Overseas Highway gebaut. Heute beginnt dieser Highway in Florida City bei Meile 126 und verläuft über 42 Brücken bis zur Meile 0 auf Key West, dem südlichsten Punkt der USA. Eine Fahrt über die wie auf einer Perlenkette aufgefädelten Keys ist ein ganz besonderes Erlebnis. Während die Strecke von Key Largo bis Islamorada noch stark mit touristischen Shops und Hotels zugebaut ist, werden die Inseln südwärts zunehmend kleiner und ursprünglicher. Der Blick ist frei auf das herrliche türkisfarbene Wasser und die palmengesäumten Strände. Das Leben hat hier einen anderen Rhythmus als auf dem Festland und das setzt sich in Key West, dem Ziel und Höhepunkt dieser Fahrt über die Keys, fort. Key West ist in jeder Beziehung etwas Besonderes. Das empfindet man mehr als deutlich bei einem Stadtbummel durch die alten Straßen mit herrlichen viktorianischen Villen, durch enge Gassen mit Bars und Restaurants, vorbei an

Shops und Zigarrenmanufakturen. Die Häuser haben einen eigenen Stil und je weiter man sich vom Zentrum entfernt, umso typischer, unverfälschter und karibischer wirkt die Gegend. Sehenswert sind das Hemingway-Haus, das Maritime Museum und das kleine Key West Aquarium. Ein Wegweiser zeigt die Entfernung nach Kuba mit 90 Meilen an – das ist weniger als die Fahrstrecke zurück zum Festland.

TOUR-INFO KOMPAKT

KILOMETER

1600

STRECKENVERLAUF

Savannah – Jacksonville – St. Augustine – Daytona Beach – Cape Canaveral – Orlando – Tampa – Saint Petersburg – Sunshine Skyway Bridge – Highway 41 – Fort Myers – Inseln Sanibel und Captiva – Naples – Tamiami Trail – Miami – Flamingo Point – Florida City – Key West

HIGHLIGHTS

Savannah mit River, Altstadt und Parks, St. Augustine, Spanish Quarter und Castillo de San Marcos, Daytona Beach, Stadtstrand und Daytona International Speedway, Cape Canaveral mit dem Kennedy Space Center, Orlando: Freizeit- und Themenparks, Tampa, Saint Petersburg, Fahrt über die Sunshine Skyway Bridge, Fort Myers und die Inseln Sanibel und Captiva, der Tamiami Trail durch die Everglades, Everglades National Park, Fahrt über die Florida Keys, Key West mit Hemingway-Haus

CAMPING- UND STELLPLÄTZE

Sunshine RV Park Savannah, 107 Sunshine Ave, Savannah, Tel. 001/91 22 36 93 45, www.sunshinervpark.biz
GPS: N32°03'38.6" W81°12'21.4"
Stellplatz rund 8 Meilen von der historischen Altstadt und etwa 30 Minuten vom Strand entfernt.

Anastasia State Park Camping St. Augustine, 300 Anastasia Park Road, St. Augustine, Tel. 001/90 44 61 20 33, www.floridastateparks.org
GPS: N29°52'40.1" W81°16'51.0"
Toller Campingplatz mit guter Ausstattung inmitten des üppigen Grün des Parks, unzählige Freizeitmöglichkeiten, langer Strand und Fahrradwege.

Disney's Fort Wilderness Resort & Campground, 4510 N Fort Wilderness Trail, Orlando, Tel. 001/40 78 24 29 00, www.disneyworld.disney.go.com
GPS: N28°23'37.3" W81°33'19.4"
Campingplatz im Pinien- und Zypressenwald, Pools und Freizeitaktivitäten wie Reiten und Bogenschießen werden geboten.

Fort de Soto Park St. Petersburg, 3500 Pinellas Bayway S, Tierra Verde, Tel. 001/72 75 82 22 67, www.pinellascounty.org
GPS: N27°38'5.2" W82°43'5.2"
Großer Platz mit guter Infrastruktur, der spezielle Campingplätze für Gäste mit Haustieren anbietet.

Periwinkle Park Sanibel Island, 1119 Periwinkle Way, Sanibel Island, Tel. 001/23 94 72 14 33, www.sanibelcamping.com
GPS: N26°26'42.4" W82°02'34.2"
In Strandnähe gelegen, Lagerfeuer sind nicht erlaubt.

Midway Campground, 52870 Tamiami Trail E, Ochopee, Tel. 001/87 74 44 67 77, www.nps.gov
GPS: N25°51'06.9" W80°59'21.3"
Plätze unter Palmen, 10–14 Tage Maximalaufenthalt, abhängig von der Saison.

Flamingo Campground Everglades National Park, Flamingo Lodge Highway, Homestead, Tel. 001/30 52 42 77 00, www.nps.gov
GPS: N25°08'13.6" W80°56'19.9"
Im äußersten Süden der Everglades, offener Platz mit wenig Bäumen, es kann windig werden.

John Pennekamp Coral Reef State Park Key Largo, 102601 Overseas Highway, Mile Marker 102,5, Key Largo, Tel. 001/30 54 51 63 00, www.pennekamppark.com
GPS: N25°07'31.7" W80°24'22.2"
47 Plätze vorhanden, drei Areale im Park sind zum Schwimmen ausgewiesen, grillen möglich, kein Lagerfeuer.

Leo's Campground Key West, 5236 Suncrest Road, Key West, Tel. 001/30 52 96 52 60, www.leoscampground.com
GPS: N24°34'18.8" W81°44'39.1"
Kleinerer Platz in der Mitte einer Insel, die Key West vorgelagert ist.

TOURIST-INFO

Internetinfos über die USA
siehe Tour 3

Infos zu Savannah
www.savannah.com

Reiseinfos Florida
www.visitflorida.com
www.visit-usa.at

Florida Online Reiseführer
www.info-florida.de

Campingplätze in Florida
www.campflorida.com

MITTEL- UND SÜDAMERIKA

Links: Bis auf über 5000 Meter führen die Pisten im bolivianischen Hochland hinauf.
Rechts oben: Eines der höchsten Mayabauwerke, die Pyramide Nohoch Mul in Cobá, darf bestiegen werden.
Rechts unten: Das Kalben des Gletschers ist ein eindrucksvolles Erlebnis.

5 AUF DEN SPUREN DER MAYA IN MEXIKO

Eine Rundreise durch Yucatán

Auf der Halbinsel Yucatán im Osten Mexikos liegen die bedeutendsten Mayastätten des Landes. Chichén Itzá mit der weltberühmten Kukulkán-Pyramide ist wohl die bekannteste. Fast noch interessanter sind aber vielleicht die vielen kleineren Ausgrabungsstätten, wo man teilweise ohne Absperrungen die alte Kultur auf sich wirken lassen oder eine Pyramide besteigen kann.

Die Rundreise durch Yucatán beginnt in Cancún im Nordosten der Halbinsel. Aus dem einst winzigen Fischerdorf entwickelte sich in den letzten 50 Jahren ein internationales Seebad mit jährlich über 2,5 Millionen Besuchern. Die meisten Feriengäste verbringen ihren Urlaub in der 23 Kilometer langen Hotelzone auf der Isla Cancún. Viel bekommt man hier vom ursprünglichen Mexiko nicht mit.

Daher verlassen Sie Cancún am besten auf der Küstenstraße in Richtung Süden und erreichen Playa del Carmen, den zweitgrößten Touristenort Yucatáns. Hier ist es nicht so künstlich und steril wie in Cancún. In der Innenstadt gibt es kleine Hotels, Shops und eine ausgeprägte Restaurant- und Kneipenszene. Der 130 Kilometer lange Küstenabschnitt zwischen Cancún und Tulum, dem nächsten Ziel, wird auch Riviera Maya genannt, weil sich hier wunderschöne Strände, kleine Buchten und viele Hotelanlagen befinden.

VON TULUM NACH CHETUMAL

Tulum ist die einzige Mayasiedlung, die direkt am Meer liegt und genau das macht auch ihren Reiz aus. Von diesem wichtigen Handelszentrum aus fuhren die Maya in ihren seetüchtigen Kanus nach Guatemala, Honduras und sogar bis nach Costa Rica und Panama. Über türkisfarbenem Meer und weißem Sandstrand erheben sich El Castillo, das beeindruckendste Bauwerk Tulums, und mehrere kleinere Tempel. Es ist ein großartiger Anblick, wie sich diese gut erhaltenen Mayabauten mit Land und Meer zu einer harmonischen Schönheit verbinden.

Tulum ist die einzige Maya-Siedlung, die direkt am Meer liegt.

Die weitere Fahrt führt nach Chetumal. Die Grenzstadt zu Belize hat touristisch nicht sehr viel zu bieten. Für einen Einkauf und zum Auffüllen der Vorräte im Wohnmobil ist sie aber gut geeignet und der kurz vor der Stadt liegende Yax-Ha Cabañas & Trailer Park gehört zu den schönsten Campingplätzen auf Yucatán. In Chetumal biegen Sie auf die MEX 186 ab und folgen dieser über 450 Kilometer quer über die Halbinsel Yucatán bis zur Abzweigung der MEX 199 nach Palenque. Die Strecke führt durch einfache Dörfer und weites, ausgedörrtes Land. Die Straßenverhältnisse in Mexiko sind gewöhnungsbedürftig. Einem guten Straßenabschnitt folgt mitunter schlagartig eine Holperpiste. Tiefe Löcher oder ein fehlender Kanaldeckel machen die Fahrt zum Abenteuer. Auf den Landstraßen ist es üblich, auch bei Gegenverkehr zu überholen. Man verlässt sich einfach darauf, dass der Entgegenkommende auf den Randstreifen ausweicht. Mit einer vorsichtigen und vorausschauenden Fahrweise kommen Sie aber sicherlich gut in Palenque an.

NOCH VIELE GEHEIMNISSE IN PALENQUE

Auf dem Weg durch das Ausgrabungsgelände von Palenque sind Sie umgeben von eigenartigen und ungewohnten Geräuschen. Die exotischen Vogelstimmen und das Gezirpe der Zikaden werden übertönt vom heiseren Fauchen der Brüllaffen – eine Geräuschkulisse, die zu den geheimnisvollen Ruinen inmitten des Urwaldes passt. Auch in Palenque gibt es für Archäologen noch viel zu entdecken. Nur zehn Prozent der über 500 Ruinen, Pyramiden und Tempel sind bisher freigelegt und immer wieder werden sensationelle Entdeckungen gemacht. Das schönste Bauwerk in Palenque ist der Templo de las Inscripciones, der »Tempel der Inschriften«, hoch oben auf einer als Grabmahl errichteten Pyramide. Erst 1952 entdeckte man hier das Grab Pakals des Großen, dem wichtigsten Herrscher in Palenque, und damit das erste Grabmahl in einer Maya-Pyramide überhaupt. 1994 dann die nächste Sensation: Das Grab der Roten Königin wurde in der benachbarten Pyramide XIII ent-

Links: Der Yax-Ha Trailer Park nahe Chetumal gehört zu den schönsten Campingplätzen auf Yucatán.

Rechts: Die schöne Altstadt von Campeche ist von einer gewaltigen Stadtmauer umgeben.

Oben: Die Cataratas de Agua Azul zählen zu den schönsten Wasserfällen Mexikos.

Rechte Seite oben: Friesdekor im Puuc-Stil an einem Gebäude in Uxmal mit der großen Nase des Regengottes Chaac.

Rechte Seite unten: Auf der Plaza einer mexikanischen Kleinstadt kann man auch mal übernachten.

deckt, und 2003 wurde ein weiteres unversehrtes Grab in Palenque, 1400 Jahre alt, gefunden.

Im Schatten des El Palacio, dem Palast von Palenque, kann man die außergewöhnliche Stimmung dieser versunkenen und wieder auferstehenden Stadt auf sich wirken lassen. Wie muss es hier ausgesehen haben, als Palenque noch eine lebendige Mayastadt mit tausenden Bewohnern war? Die mit feinen Reliefs verzierten Gebäude waren zinnoberrot angestrichen und bildeten in der hellen Tropensonne einen fantastischen Kontrast zum azurblauen Himmel und dem satten Urwaldgrün. Und trotzdem wurde Palenque, wie alle anderen Mayastädte auch, von seinen Bewohnern vor ca. 1200 Jahren aufgegeben und verlassen. Die Gründe sind bis heute unklar – ein weiteres Betätigungsfeld für die archäologische Wissenschaft.

WEHRHAFTES CAMPECHE

Der Rückweg führt auf bekannter Strecke wieder über die MEX 199 bis zur 186 und dann weiter über Villahermosa und Frontera auf die Isla del Carmen. Über Brücken und die schmale Landzunge verläuft die Straße jetzt zwischen dem Meer und der Laguna de Términos zur Isla Aguada und dann weiter bis nach Campeche.

Campeche hat seit 1704 eine für Mexiko eher unübliche, gewaltige Stadtmauer, die die Stadt uneinnehmbar gemacht hat. Die hier zur Verschiffung nach Europa liegenden, wertvollen Güter und Edelmetalle hatten bis dahin immer wieder plündernde Piraten angelockt. Nach einem verheerenden Überfall im Jahre 1663, bei dem die Stadt praktisch dem Erdboden gleichgemacht wurde, begann der Bau der Stadtmauer. Noch heute ist der historische Stadtkern mit der Kathedrale und den bunt gestrichenen Häusern von der gewaltigen, acht Meter hohen Stadtmauer umgeben, die mit ihren sieben Bastionen und vier Stadttoren die Hauptattraktion von Campeche ist. Die gepflegte Stadt ist ein kolonialzeitliches Kleinod und steht nicht zu Unrecht auf der UNESCO-Welterbeliste.

WASSERKNAPPHEIT IN UXMAL

Weiter geht es nach Uxmal, neben Chichén Itzá eine der bedeutendsten Mayastätten Yucatáns. Gleich am Eingang steht die Pirámide del adivino, die »Pyramide des Zauberers«. Diese Bezeichnung geht auf die Legende zurück, dass die Pyramide von einem Zauberer in nur einer Nacht erbaut wurde. In Wirklichkeit ist sie wie fast alle Mayapyramiden durch mehrfache Überbauung kleinerer Bauwerke entstanden. Das Besondere sind die abgerundeten Kanten dieser Pyramide, ein Novum auf Yucatán.

Kennzeichnend für Uxmal sind die großen, rechteckigen Plätze, die von verschiedenen Gebäuden mit prunkvollem Friesdekor im Puuc-Stil umgeben sind. Das interessanteste Gebäude ist der Palast des Gouverneurs, ein knapp 100 Meter langer, prächtiger Fassadenbau, der als Versammlungshaus für Adlige und als Residenz des Regenten genutzt wurde. Bei den weiteren Gebäuden von Uxmal besteht noch heute weitestgehend Unklarheit über den Zweck und die Nutzung. Auch über die realen und sozialen Lebensverhältnisse der ehemaligen Bewohner von Uxmal und anderer Mayastädte ist wenig bekannt. Eines ist jedoch sicher: Uxmal war die einzige bekannte Mayastadt ohne direkten Zugang zu Wasser. Das lebenswichtige Nass musste als Regenwasser in Zisternen gesammelt werden und so verwundert es nicht, dass an fast allen Gebäuden der Regengott Chaac, der Hauptgott Uxmals, mit seiner großen Nase zu sehen ist.

Das nächste Ziel ist Celestún an der Westküste Yucatáns. Das schläfrige Fischerstädtchen liegt knapp 100 Kilometer westlich von Mérida auf einer langgestreckten Landzunge, mitten im UNESCO-Biosphärenreservat Reserva de la Biosfera Ría Celestún. Hier findet man eine weltweit einmalige, artenreiche Tier- und Pflanzenwelt. Hauptattraktion sind die nur in diesem Reservat anzutreffenden Karibikflamingos. Das niedrige, vor direkter Ebbe und Flut geschützte tropische Salzwasser und reichlich Nahrung sind die Gründe dafür, dass sich die rosaroten Flamingos zu Tausenden hier ansiedeln.

CHICHÉN ITZÁ – DER HÖHEPUNKT AUF YUCATÁN

Chichén Itzá, die bekannteste Ausgrabungsstätte der Maya-Kultur, ist der Höhepunkt der Rundreise. In Piste, dem kleinen Ort nahe Chichén Itzá, gibt es einfache Campingplätze und am Ausgrabungsgelände einen großen Parkplatz. Schon am monumentalen Empfangsgebäude ist zu erkennen, welche touristische Bedeutung diese Mayastätte hat.

Kurz hinter dem Eingang steht die meisterhaft gebaute Kukulkán-Pyramide, das eindrucksvollste und

CHIAPAS WASSERFÄLLE

Nicht weit hinter Palenque erreicht man nach kurzer Fahrzeit die Cascada Misol Há. Hier fällt das Wasser des Río Tulijá aus 35 Metern in ein Wasserbecken, in dem man ein erfrischendes Bad nehmen kann. Ein Weg führt direkt hinter die Wasserfälle, sodass man den Sonnenuntergang durch den Wasservorhang betrachten kann. Weiter geht die Fahrt zu den nächsten Wasserfällen in Chiapas, den Cataratas de Agua Azul. Sie werden als die schönsten Wasserfälle Mexikos bezeichnet. Eingebettet in wucherndes Ufergrün ergießen sich die gewaltigen, blendend-weiß schäumenden Wassermassen des Río Yax über mehrere Kaskaden brauner Steine in ein türkisfarbenes Wasserbecken. Ein wirklich atemberaubender Anblick und ein empfehlenswerter Abstecher.

Links: Auf Mexikos Straßen erlebt man immer wieder Überraschungen.

Rechts oben: Eine Besichtigung der Kukulkán-Pyramide in Chichén Itzá ist der Höhepunkt jeder Yucatán-Reise.

Rechts unten: Nicht immer findet man so schöne Stellplätze direkt am Meer.

wohl auch bekannteste Bauwerk von Chichén Itzá. Diese dem gefiederten Schlangengott geweihte Pyramide wurde um das Jahr 800 begonnen und später, zwischen 1100 und 1300, von den Tolteken fertiggestellt. Beeindruckend sind die Perfektion der Bauausführung sowie die exakte Ausrichtung der Pyramide auf den Einfall der Sonnenstrahlen während der Tagundnachtgleiche. Am 21. März und am 23. September jeden Jahres wirft die tief stehende Sonne ein gewelltes Schattenband auf die nördliche Aufgangstreppe. Dabei entsteht der Eindruck, eine Schlange würde sich von oben herab winden – der Herabstieg Kukulkáns.

Die astronomischen Erkenntnisse hatten die Maya durch jahrelange Himmelsbeobachtung erworben. Ein weiteres interessantes Gebäude in Chichén Itzá ähnelt einem modernen Observatorium. Von diesem als El Caracol bezeichneten Kuppelbau beobachteten die Maya über Jahrzehnte hinweg, Nacht für Nacht, die Sterne. Ohne optische Instrumente, ausschließlich unter Nutzung von Peilkanten und ihres logischen Denkvermögens, waren sie in der Lage, Sonnen- und Mondfinsternisse, den Lauf und die Position der Gestirne sowie die genaue Ausrichtung der Kukulkán-Pyramide zur Erzeugung des Schlangeneffekts vorauszusagen.

PYRAMIDENBESTEIGUNG IN COBÁ

Auf der Rückfahrt nach Cancún könnten Sie noch einen Zwischenstopp in Cobá einlegen. Im dichten Busch und abseits des Touristenrummels von Chichén Itzá liegen hier eindrucksvolle Ruinen und das höchste Mayabauwerk Yucatáns, die Pyramide Nohoch Mul. Cobá war in der Maya-Spätklassik das wichtigste Zentrum im Nordosten Yucatáns und ist wohl die ausgedehnteste Mayasiedlung überhaupt. Richtig sichtbar wird dies jedoch nicht, weil auf dem rund 70 Quadratkilometer großen Gelände erst ganz wenige Bauten freigelegt und rekonstruiert sind. Es ist schon ein beeindruckender Gedanke, dass unter vielen Erdhügeln noch Geheimnisse auf die Archäologen warten und mancher Stein im Gelände vielleicht die Spitze eines unentdeckten Tempels oder Gebäudes sein könnte.

Anders als in Chichén Itzá kann man einige Gebäude besteigen, darunter auch die große Pyramide Nohoch Mul. Vorsicht ist aber angebracht: Die Treppen sind stark beschädigt und der Aufstieg ist nicht ganz ungefährlich. 117 Stufen müssen auf der ca. 60 Grad steilen Pyramide erklommen werden, ehe man von der oberen Plattform eine tolle Aussicht über den dichten, alles verschlingenden Wald und die Ruinen hat.

In der Lagune von Celestún finden Flamingos beste Lebensbedingungen.

TOUR-INFO KOMPAKT

KILOMETER
2350

STRECKENVERLAUF
Cancún – Playa del Carmen – Tulum – Chetumal – MEX 186 – Palenque – Cascada Misol Há – Cataratas de Agua Azul – Villahermosa – Frontera – Isla del Carmen – Isla Aguada – Campeche – Uxmal – Celestún – Piste – Chichén Itzá – Cobá – Cancún

HIGHLIGHTS
Hotelzone auf der Isla Cancún, El Castillo in Tulum, Tempel der Inschriften mit dem Grab von Pakal dem Großen in Palenque, Chiapas: Wasserfälle Cascada Misol Há und Cataratas de Agua Azul, Campeche: historischer Stadtkern mit Kathedrale und Stadtmauer, Uxmal: Palast des Gouverneurs und die Pyramide des Zauberers, UNESCO-Biosphärenreservat in Celestún, Karibikflamingos, Chichén Itzá: Kukulkán-Pyramide, Cobá: Besteigung der Pyramide Nohoch Mul

CAMPING- UND STELLPLÄTZE
Paa Mul RV Park and Cabañas, Playa del Carmen, Carretera 307 Cancún–Tulúm, Abzweig bei Kilometer 273/274, Tel. 0052/98 48 75-10 50, -10 53, -10 54, www.paamul.com
GPS: N20°31'21.9" W87°11'32.5"
220 Plätze inmitten von Palmen.

Yax-Ha Cabañas & Trailerpark Chetumal, Avenida Yucatán 415 Colonia Yucatán, Calderitas, Tel. 0052/983-834-4127,
GPS: N18°33'40.5" W88°14'58.5"
Im Norden des Ortes, direkt am Meer.

Maybell Hotel Trailerpark & Camping Palenque, Carretera Palenque-Ruinas Km 6, Palenque, Tel. 0052/91 66 88-00 13, -00 17, www.mayabell.mx
GPS: N17°29'17.4" W92°02'16.4"
Fast wie eine kleine Dschungellodge, mit Pool.

Freedom Shores Hotel & RV-Park Isla Aquada, Calle 6 de Enero, Agrarista, Isla Aguada, Tel. 0052/193 81 44 74 06, 0052/193 71 06 57 88, www.freedom-shores.com
GPS: N18°46'58.5" W91°29'38.4"
35 Stellplätze, acht davon direkt am Strand.

Uxmal Archaeological Site Parking Uxmal, Main St 3, Uxmal,
GPS: N20°21'38.6" W89°46'02.1"
Kein Campingplatz, Parkplatz an den Uxmal-Ruinen, Übernachtung erlaubt.

Cabañas Camping Ria Celestún, Calle 12 Kreuzung Calle 17, Celestun, Tel. 0052/198 89 16 20 87,
GPS: N20°51'30.8" W90°24'04.3"
Campingplatz, der auch bungalowartige Zimmer anbietet, strandnah, alternativ auch möglich: der Parkplatz an den Celestún-Docks

Pirámide Inn Chichén Itza, Calle 15 A # 30x20, C.P. 97751 Piste, Tinum, Tel. 0052/98 58 51 01 15, www.piramideinn.com
GPS: N20°41'37.5" W88°34'59.1"
Nahe der berühmten Pyramide von Chichén Itza.

TOURIST-INFO
Mexikanisches Fremdenverkehrsbüro, Klingelhöferstraße 3, 10785 Berlin, Tel. 0049/30 26 39 79 40, www.visitmexico.com

Online Reiseführer Yucatan
www.yucatan-guide.de

Tourist-Info Celestún, Kinchil–Celestún, Felipe Carrillo Puerto, Celestún, Yucatán, Mexiko, www.culturyucatan.com
GPS: N20°51'28.5" W90°23'01.2"

Während der Regenzeit steht der Salar de Uyuni unter Wasser.

6 AUF DEN SPUREN DER INKA

Von Lima bis zum Salar de Uyuni

Eine der interessantesten Touren in Südamerika führt von der Peruanischen Hauptstadt Lima in das Zentrum der Inkakultur: nach Cusco und Machu Picchu. Weiter entlang des Titicacasees erreicht man das atemberaubende La Paz und die Silberstadt Potosí in Bolivien. Von hier ist es dann nicht mehr weit bis zur weltgrößten Salzwüste, dem Salar de Uyuni.

Startpunkt dieser Tour ist Lima, die Hauptstadt Perus. Die Stadt wurde im Jahr 1535 von den spanischen Eroberern gegründet und zum Zentrum ihres Kolonialreiches in Südamerika ausgebaut. Aus dieser Zeit stammen auch noch einige Gebäude in der sehenswerten Altstadt. Um die Plaza Mayor, dem Haupt- und vielleicht schönsten Platz der Stadt, stehen zahlreiche Denkmäler: die Kathedrale, der Palast des Erzbischofs und der Regierungspalast. Typisch für das kolonialzeitliche Lima sind die reich geschnitzten Holzerker, von denen man das Leben auf der Straße beobachten konnte, ohne selbst gesehen zu werden. In der prächtigen Kathedrale befindet sich das Grab von Francisco Pizarro. Es wird von den Peruanern verehrt wie das Grab eines Heiligen, obwohl Pizarro die hohe Inkakultur mit blutiger Gewalt vernichtet und das ganze Land geplündert hatte.

Vom am Pazifik gelegenen Lima führen zwei fast gleich lange Strecken nach Cusco. Die Fahrt über Huancayo ist für Kreislauflabile nicht zu empfehlen, weil schon nach 140 Kilometern der 4818 Meter hohe Anticona-Pass passiert werden muss. Angenehmer ist die Küstenroute über Nazca mit seinen berühmten Scharrbildern, dann weiter über Puquío und Abancay bis Cusco. Aufregende Serpentinen führen in herrliche Hochgebirgsebenen, die von den schneebedeckten Gipfeln der Cordillera de Huanzo begrenzt werden. Auf den weiten Ebenen grasen Lamas, Alpakas und wilde Vicuñas.

CUSCO: DER NABEL DER WELT

Nach 1100 Kilometern erreichen Sie Cusco. Die Stadt ist einfach beeindruckend! Alles wirkt hier wie aus einem Guss. An der Plaza de Armas stehen die Kathedrale, die ebenso schöne Kirche Compañía de Jesús, die Universität und weitere eindrucksvolle Kolonialbauten. Welch ein Glanz muss von der Stadt ausgegangen sein, als Francisco Pizarro mit seinem Gefolge am 15. November 1533 kampflos in Cusco einritt. Die heutige Plaza de Armas hieß damals Huacaypata, sie war von Tempeln, Palästen und Regierungsgebäuden umgeben und nahezu doppelt so groß wie heute. Der Platz war noch dazu von einer massiven goldenen Kette umspannt. Die meisten Tempel und Paläste waren außen mit Goldblechen und -platten verziert, das Inka-Heiligtum Coricancha zusätzlich auch noch von innen. Die Sonnenstrahlen spiegelten sich auf dem Gold und erzeugten den Glanz einer Märchenstadt. Da die Inka kein Geld kannten, hatten auch Gold und Silber für sie keinen materiellen, sondern nur einen kultischen Wert. Pizarro hatte da ganz andere Wertvorstellungen. Er ließ die Kultgegenstände der Inka aus dem ganzen Reich zusammentragen und schmolz sie ein. Wochenlang liefen die Schmelzöfen, bis die geraubten 180 000 Kilogramm Gold und 16 Millionen Kilogramm Silber eingeschmolzen waren. Die ganze Stadt Cusco, damals ein städtebauliches Juwel, wurde dem Erdboden gleichgemacht. In ganz Lateinamerika wurden indigene Kulturen zerstört und ihre Schätze geraubt, aber in Cusco erscheint es am dramatischsten. Darüber kann auch die Schönheit der heutigen Kolonialstadt Cusco nicht hinwegtäuschen.

DIE GEHEIMNISVOLLE INKASTADT MACHU PICCHU

Solche Zerstörungen blieben der Inkastadt Machu Picchu erspart. Sie wurde erst 1911 von dem Amerikaner Hiram Bingham wiederentdeckt und präsentiert sich heute noch fast so, wie sie vor etwa 500 Jahren von ihren Bewohnern verlassen wurde. Viel könnte man schreiben, über die Perfektion der 216, mit unzähligen Treppen verbundenen steinernen Häuser, das Wassersystem oder den magischen Intihuatana-

Links: Limas Plaza Mayor ist der schönste Platz der Stadt.

Rechts: Atemberaubende Pisten im Andenhochland

AUF DEN SPUREN DER INKA

Stein, der für den Sonnenkult der Inka eine ganz besondere Bedeutung besaß. Die Betrachtung von Machu Picchu als Gesamtkunstwerk ist aber sicherlich am eindrucksvollsten. Sitzen Sie doch einfach eine Zeit lang am Mirador, dem höchsten Punkt der Stadt, und lassen das einmalige Panorama der Ruinen und des dahinterliegenden steilen Felsens, des Huayna Picchu, auf sich wirken. Besonders die geheimnisvolle Atmosphäre der Stadtanlage und die harmonische Verbindung von Natur und Architektur sind einmalig. Zu Recht wird Machu Picchu als eine der eindrucksvollsten archäologischen Stätten Südamerikas bezeichnet.

COPACABANA AM TITICACASEE UND DIE ISLA DEL SOL

Auf einer guten Teerstraße geht es weiter von Cusco in Richtung Puno am Titicacasee. Die Straße folgt dem Río Vilcanota und verläuft durch ein wildromantisches Hochgebirgstal, umgeben von hohen, teilweise schneebedeckten Bergen. Nur wenige Kilometer weiter überquert man, in einer Höhe von 4338 Metern, den La Raya Pass, die Wasserscheide zwischen Atlantik und Pazifik. Hinter der Passhöhe beginnt das Altiplano, die zwischen 3500 und 4000 Meter gelegene andine Hochebene. Sie zieht sich von hier über den Titicacasee bis weit nach Bolivien hinein. Über Puno, dem Ausgangspunkt für Ausflüge zu den schwimmenden Inseln der Urus, führt eine Panoramastraße zur bolivianischen Grenze.

Unmittelbar hinter der Grenze liegt das kleine Pilgerstädtchen Copacabana. Von dort aus kann man mit einem Ausflugsboot die Isla del Sol besuchen. Nach dem Aufstieg über die Inka-Treppe zum höchsten Punkt der Insel hat man den wohl schönsten Blick auf den tiefblauen See, auf die Isla de la Luna und das gegenüberliegende, von vergletscherten Bergen gesäumte Ufer. Eine Wanderung führt auf dem Kammweg zur nordwestlichen Seite der Insel. Nicht nur die reizvolle Landschaft, sondern auch die historische Bedeutung der Insel sind ausreichende Gründe für diesen Ausflug. Nach alter Inka-Legende wurden hier der erste Inka Manco Cápac und seine Frau geboren, und auch die Sonne sei hier entstanden und zum Himmel aufgestiegen.

DIE ATEMBERAUBENDE STADT LA PAZ

Nur 150 Kilometer sind es von Copacabana bis nach La Paz. Von El Alto, dem über 4200 Meter hoch gelegenen Vorort der bolivianischen Andenmetropole, er-

DIE SCHWIMMENDEN INSELN DER URUS

Die indigene Gruppe der Urus (spanisch Uros) lebte völlig unabhängig auf ihren Schilfinseln im Titicacasee. Ihre Lebensgrundlage bildete das Totora-Schilf: Sie bauten daraus die Inseln, ihre Häuser, Boote und viele Haushaltsgegenstände. Darüber hinaus wurden auf speziellen Inseln auch Schweine, Rinder und Hühner gehalten, die sich ausschließlich von dem Schilf ernährten. Diese Lebensweise bot den Urus Schutz gegen Angriffe der Inka. Obwohl das Volk der »echten« Uru heute nicht mehr so existiert – der Letzte dieser ethnischen Gruppe, der einzig dort seine Wurzeln hatte, soll um das Jahr 1958 verstorben sein – versuchen die Nachfahren, die Uru-Kultur zu erhalten. Die Schilfinseln sind heute zu einem vielbesuchten, touristischen Ziel geworden.

reicht man auf der Stadtautobahn das fast 1000 Meter tiefer liegende Zentrum der Stadt. Die Häuser schmiegen sich an die steilen Berghänge und bieten eine faszinierende Umrahmung für die im Tal liegenden modernen Stadtviertel mit ihren Hochhäusern. Über allem thront der schneebedeckte, 6439 Meter hohe Illimani. In der Innenstadt wird viel gebaut und die Luft, die schon unter normalen Bedingungen fast zu dünn zum Atmen ist, kratzt staubig im Hals. Hinter der Plaza San Francisco beginnt die Touristenmeile mit unzähligen kleinen Läden, Restaurants, Webereien und kunstgewerblichen Geschäften. In einer kleinen Nebenstraße, der Calle Linares, befindet sich der berühmte Hexenmarkt, wo man Ausgefallenes und Kurioses findet. Hier gibt es Kräuter, Heilgetränke und vor allem getrocknete Lamaembryos, welche die Einheimischen unter den Schwellen ihrer Häuser und Wohnungen vergraben und sich dadurch Glück und Wohlstand erhoffen. Die zentrale Plaza Mendoza ist dann endlich ein Ort zum Ausruhen und Durchatmen. Hier stehen die Kathedrale, der Regierungspalast und das Parlamentsgebäude. Alles wirkt gepflegt und strahlt Ruhe und Gelassenheit aus. Auf direktem Weg geht es dann weiter nach Potosí.

POTOSÍ – DIE EINST REICHSTE STADT DER WELT

Wer kennt schon die Stadt Potosí? Dabei war es einmal die reichste und größte Stadt der Welt: So reich, dass anlässlich der Fronleichnamsfeier im Jahre 1658 die Pflastersteine der Straßen entfernt und durch Silberbarren ersetzt wurden und so groß, dass sich damals weder Paris noch Madrid oder Rom mit ihr messen konnten. Der Grund für diesen Reichtum und die Größe der Stadt war ein gigantisches Silbervorkommen, das im Cerro Rico, dem reichen Berg, nahe der Stadt von den Spaniern entdeckt und ausgebeutet wurde. Eine sagenhafte Menge von 460 000 Tonnen Silber wurde bis heute aus diesem Berg gefördert. Es war das größte Silbervorkommen weltweit. Der Berg, innen durchlöchert wie ein Schweizer Käse, hat mittlerweile mehr als 400 Mineneingänge. Einige wenige werden heute noch oder wieder genutzt, wobei die Bergleute unter extremen Bedingungen, betäubt

Oben: Die Jesuitenkirche Compañía de Jesús in Cusco wurde auf den Grundmauern eines zerstörten Inkapalastes erbaut.

Linke Seite oben: Mit ihrer prachtvoll dekorierten Natursteinfassade zählt die Iglesia San Lorenzo zu den schönsten Barock-Kirchen in Potosí.

Linke Seite unten: Der Titicacasee ist das höchstgelegene kommerziell schiffbare Gewässer der Erde.

Links: Die Isla del Pescado liegt inmitten der Salzwüste Uyuni.

Rechts oben: Alte Kirche im Andenhochland

Rechts unten: Die geheimnisvolle Inkastadt Machu Picchu ist der Höhepunkt jeder Südamerikareise.

durch Kokablätter und Alkohol, schuften und oftmals nicht älter als vierzig Jahre werden. Mit dem Rückgang der Förderung und dem Verfall des Silberpreises verlor auch die Stadt an Bedeutung. Einen Rekord kann sie aber heute noch für sich verbuchen: Sie liegt auf über 4000 Metern und ist damit die höchstgelegene Großstadt der Welt. Vom einstigen Glanz ist jedoch nicht mehr viel erhalten. An allen Ecken der Stadt sieht man noch den früheren Reichtum, aber auch den zunehmenden Verfall. Doch es gibt auch einige Sehenswürdigkeiten wie die in den letzten Jahren aufwändig restaurierte Kathedrale oder die ehemalige königlich-spanische Münzprägeanstalt im Casa de la Moneda.

SALAR DE UYUNI – DIE GRÖSSTE SALZWÜSTE DER WELT

Nach gut 200 Kilometern auf der RN 5 erreichen Sie Uyuni. Die Stadt, 1889 aus strategischen Gründen vom damaligen Präsidenten Arce gegründet, spielte im Chacokrieg gegen Paraguay eine wichtige Rolle. Heute wird in dieser abgelegenen Stadt nur noch um Touristen gekämpft, denn Uyuni ist der Ausgangspunkt für Touren zum gleichnamigen Salar und der einmaligen Lagunenlandschaft im Südwesten Boliviens. Hier empfiehlt es sich, eine geführte, mehrtägige Jeeptour zu buchen und das Wohnmobil stehen zu lassen. Schon nach wenigen Kilometern erreicht man die blendend weiße, riesige Salzwüste Uyuni. Mit 160 Kilometern Länge und 135 Kilometern Breite ist sie die größte Salzpfanne der Erde und damit ganze siebzehnmal größer als der Bodensee. Die vielen Jeeps, die gleichzeitig an jedem Morgen starten, verteilen sich schnell auf der riesigen Fläche – und dann wird es ganz still. Der blaue Himmel steht in intensivem Kontrast zu der weißen Salzfläche, die Sonne verstärkt diese Wirkung noch und am Horizont geht die Salzwüste in einen schmalen Wolkenstreifen über. Auf der Weiterfahrt kommt man an aufgetürmten Salzbergen vorbei. Das Salz muss nach den Regenfällen erst abtrocknen, ehe es gemahlen, gereinigt und dann verkauft werden kann. Gerade mal einen Boliviano, das sind etwas mehr als 10 Euro-Cent, bekommt ein Arbeiter für sechs Kilo Salz – wahrlich ein Hungerlohn.

Die Isla del Pescado wirkt wie eine Oase in der Wüste. Hier wachsen bis zu zwölf Meter hohe Kakteen, die zum Teil weit über 1000 Jahre alt sind. Vom höchsten Punkt der Insel bietet sich eine tolle Rundumsicht bis zu den schneebedeckten Vulkanbergen im Süden. Schnell unterliegt man der Täuschung, dass man sich auf einer richtigen, vom Wasser umgebenen Insel befindet. Aber auch hier ist alles nur Salz.

Die schwimmenden Inseln der Uros sind eine touristische Attraktion auf dem Titicacasee.

TOUR-INFO KOMPAKT

KILOMETER
2900

STRECKENVERLAUF
Lima – Nazca – Puquío – Abancay – Cusco – Machu Picchu – Puno – Copacabana – El Alto – La Paz – Potosí – Uyuni – Salar de Uyuni

HIGHLIGHTS
Lima: Altstadt, Plaza Mayor, Palast des Erzbischofs, Kathedrale, Nazca: Geoglyphen, Cusco: Plaza de Armas, Universität, Kathedrale, Kirche Compañía de Jesús, geheimnisvolle Inkastadt Machu Picchu, Titicacasee: die schwimmenden Inseln der Uros, Copacabana, Isla del Sol, La Paz: Stadtspaziergang, Plaza Mendoza, Plaza San Francisco, Potosí, Cerro Rico, Kathedrale, Casa de la Moneda, Jeeptour Salar de Uyuni, Isla del Pescado

CAMPING- UND STELLPLÄTZE
Club Germania Lima, Calle Tutumo 151, Santiago de Surco, Tel. 0051/1/271 82 64, www.clubgermania.pe
GPS: S12°7'44.3" W77°0'0.9"
Achtung: Hier dürfen nur deutsche Staatsbürger übernachten!

Hotel La Maison Suisse Nazca, km 447 Carretera Panamericana Sur, Nazca, Tel. 0051/56 52 24 34, www.peru-hotels.com
GPS: S14°51'5.9" W74°57'28.7"
Das Hotel liegt gleich am Flughafen von Nazca.

Camping Quinta Lala Cusco, Carretera Llaullipata, Cusco, www.facebook.com
GPS: S13°30'19.8" W71°59'7.4"
Stellplatz für 12 Wohnmobile, Duschen, Toiletten, Frischwasser, Ver- und Entsorgung.

Hotel Sonesta Posadas del Inca, Av. Sesquicentenario 610 Sector Huaje, Puno, Tel. 0051/51 36 41 11, www.sonestapipuno.com
GPS: S15°49'24.3" W70°0'19.3"
Direkt am Ufer des Titicaca-Sees gelegen.

Hotel Oberland, Av. Florida, C.2, Mallasa, La Paz, Tel. 00591/2/274 50 40, www.h-oberland.com
GPS: S16°34'4.7" W68°5'23.5"
Hotel mit Campingplatz, auf 3200 Metern Höhe – dem tiefsten Punkt der Stadt La Paz in Bolivien.

Hotel Museo Cayara, Nahe Potosí, Tel. 00591/67 40 90 24, www.hotelmuseocayara.com
GPS: S19°33'1.1" W65°50'48.6"
Autorentipp! Stellplätze auf einer historischen Hacienda, heute Hotel und Museum.

Bewachter Parkplatz Potosí, Chayanta Ecke Av. Litoral, Potosí, GPS: S19°34'53.4" W65°45'9.6"

Stellplatz Uyuni, am Ende der Av. Ferroviaria, Uyuni, GPS: S20°27'57.1" W66°49'31.0"
Freier Stellplatz gegenüber dem Hotel Tonito vor einem Militärgelände, alternativ: Anmietung Hotelzimmer und Nutzung des Hotelparkplatzes.

TOURIST-INFO
Botschaft der Republik Peru, Mohrenstraße 42, 10117 Berlin, Tel. 0049/30/20 64 10 42, www.botschaft-peru.de

Reiseinfos Peru
www.peru.travel
www.visitperu.com

Botschaft des Plurinationalen Staates Bolivien, Wichmannstraße 6, 10787 Berlin, Tel. 0049/30/263 91 50, www.bolivia.de

7 VON DEN IGUAZÚ-FÄLLEN ZUR HALBINSEL VALDÉS

Der Osten Südamerikas

Die Iguazú-Wasserfälle sind eine der größten Natursensationen Südamerikas, Argentiniens Hauptstadt Buenes Aires eine der charmantesten Metropolen dieses Kontinents. Und dann kann man noch mit Walen und hunderttausenden Pinguinen unglaublich eindrucksvolle Tierbeobachtungen erleben. Das alles und noch viel mehr bietet eine Wohnmobiltour durch den Osten Südamerikas.

Die Iguazú-Wasserfälle, die mit 2700 Metern Breite zu den eindrucksvollsten Naturwundern der Erde zählen, markieren den Beginn dieser Tour. Eingebettet in den tropischen Regenwald mit üppigen Pflanzen und exotischer Tierwelt, hinterlassen die Iguazú-Wasserfälle einen einmaligen Eindruck. Auf der argentinischen Seite kommt man ganz nahe an das tosende Wasser heran. Etwa 275 einzelne Wasserfälle, in denen sich der Río Iguazú bis zu 70 Meter tief in die Schlucht ergießt, können von verschiedenen Seiten betrachtet werden. Die absolute Attraktion ist dabei aber der halbkreisförmige Garganta del Diablo, der »Teufelsschlund«: Der ganz gemächlich dahinfließende Río Iguazú stürzt hier abrupt über eine Basaltplatte in einen tosenden, an drei Seiten geschlossenen Kessel. Das Wasser scheint alles mitreißen zu wollen, was sich ihm in den Weg stellt. Der Boden dieses »Hexenkessels« ist nicht zu sehen, alles ist mit brodelnder Gischt gefüllt, die bis zur direkt darüber liegenden Aussichtsterrasse getragen wird.

STRÄNDE, WILDE NATUR UND DEUTSCHE TRADITIONEN IN SÜDBRASILIEN

Von Iguazú geht die Fahrt weiter durch die brasilianischen Bundesstaaten Paraná und Santa Catarina nach Pomerode, der deutschesten Stadt Brasiliens. Die ersten deutschen Einwanderer kamen Ende des

Die Autofähre von Colonia del Sacramento läuft in Buenos Aires ein.

19. Jahrhunderts nach Südbrasilien. Der brasilianische Kaiser hatte in Deutschland mit günstigen Siedlungsbedingungen dafür geworben. Noch heute sind die deutschen Wurzeln der hier lebenden Menschen in allen Lebensbereichen unverkennbar: Architektur, Sprache, Bräuche, Lebensart und Küche sind eine Mischung aus Brasilien und Deutschland. Fast jeder hat hier deutsche Vorfahren und spricht Deutsch oder ein ostpommerisches Plattdeutsch mit einigen portugiesischen Wörtern. Natürlich wird in Pomerode ebenso wie im unweit entfernten Blumenau gutes Bier gebraut. In Blumenau, der bekanntesten »deutschen« Großstadt in Brasilien, ist das Bier einer der wichtigsten Wirtschaftsfaktoren. Zumindest zum alljährlichen Oktoberfest, ganz nach Münchener Tradition, fließt es in Strömen. Drei Wochen lang wird dann getanzt, gesungen und natürlich getrunken. Neben dem Karneval in Rio ist es das größte Volksfest in Brasilien.

Von Blumenau ist es nicht mehr weit bis zum lebhaften Badeort Balneário Camboriú, das meistbesuchte Urlaubsziel im Bundesstaat Santa Catarina. Entlang der Strandstraße, der Avenida Atlântica, stehen Hochhäuser, Luxushotels und jede Menge Restaurants. Der Strand selbst wird als eine Kleinausgabe von Rios Copacabana bezeichnet. Wem es hier zu hektisch zugeht, der findet etwas südlicher, auf der gegenüberliegenden Seite der Bucht, beim kleinen Fischerort Porto Belo gute Parkplätze für einen angenehmen Aufenthalt.

Auch in Florianópolis, dem nächsten großen Küstenort, empfiehlt es sich, die Stadt zu meiden und weiter auf die Insel Ilha de Santa Catarina zu fahren. Im Norden der 50 Kilometer langen Urlaubsinsel liegen die schönsten feinsandigen Strände mit tausenden Touristen, während der Süden noch ziemlich unberührt ist. Hier findet man kleine Fischerorte und verschlafene Strandnester.

Auf der Küstenautobahn BRA 101 geht es jetzt flott in Richtung Süden, vorbei an den Nationalparks Aparados da Serra und Serra Geral. Bei genügend Zeit lohnt sich ein Abstecher in die Nationalparks mit herrlichen Panoramaaussichten über das südbrasilianische Canyonland bis zum Atlantik. Die Hänge und Bergplateaus sind mit mächtigen Araukarien- und

Links: Auf dem Parkplatz am Fährterminalin Buenos Aires kann man gut und sicher übernachten.

Rechts: Morbider Charme im Stadtviertel La Boca

Eukalyptusbäumen bewachsen, die satten Bergwiesen mit wild wachsenden Blumen gleichen bunten Teppichen.

DURCH URUGUAY NACH BUENOS AIRES

Ab Porto Alegre führt die weitere Fahrt über die mautpflichtige BRA 116 zu den kleinen Grenzorten Jaguarão und Río Branco. Der Grenzübergang ist hier völlig problemlos und nur wenig später befindet man sich schon auf den nahezu leer gefegten Straßen im Norden von Uruguay. Die Gegend ist von Landwirtschaft und Viehzucht dominiert. Einige Farmen und vereinzelte Häuser stehen abseits der Straße, aber sonst ist alles menschenleer. Je weiter man nach Süden und zur Küste kommt, umso besser ist das Land erschlossen. Die Straßen sind jetzt viel angenehmer zu befahren, die Städte wirken moderner und es gibt alle notwendigen Versorgungseinrichtungen. Der touristisch geprägte Ort Punta del Este und die Hauptstadt Montevideo liegen am Weg und sind in jedem Fall einen Zwischenstopp wert.

Noch schöner ist jedoch die 1680 gegründete Kolonialstadt Colonia del Sacramento, die älteste Stadt Uruguays. Hier kann man die bewegte Geschichte der Stadt, geprägt durch die vielen militärischen Auseinandersetzungen zwischen den portugiesischen und spanischen Truppen um die Vorherrschaft an diesem strategisch wichtigen Punkt, bei einem Stadtrundgang regelrecht spüren. Eine dicke Wallanlage umgibt den Stadtkern mit der Klosterruine, dem alten Fort und dem Leuchtturm. Aber auch die schön restaurierten, historischen Häuser in der Calle de los Suspiros und die kleine Iglesia San Benito aus dem Jahre 1761 tragen zum schönen Flair dieser Stadt bei.

Die Überfahrt von Colonia del Sacramento nach Buenos Aires ist mit den mehrmals am Tag verkehrenden Autofähren unkompliziert und ganz komfortabel möglich.

BUENOS AIRES – WELTSTADT MIT CHARME UND GEGENSÄTZEN

Buenos Aires ist eine der spannendsten und elektrisierendsten Städte Südamerikas. Besonders der Gegensatz zwischen den modernen, piekfeinen Stadtgebieten wie Recoleta oder dem am Hafen neu entstandenen Puerto Madero und den nach und nach gewachsenen Arbeitervierteln San Telmo oder La Boca könnte größer nicht sein. Im Zentrum von Buenos Aires gibt es kaum sichere Stell- oder Campingplätze, viele Wohnmobilisten nutzen deshalb den Parkplatz am Fährterminal. Dieser Platz liegt direkt im noblen Stadtviertel Puerto Madero in unmittelba-

EIN SONNTAG IN SAN TELMO

Sonntags sollte man nicht den schönen Antiquitäten- und Flohmarkt in San Telmo versäumen! Nicht nur wegen der vor verschiedensten Waren überquellenden Verkaufsstände ist er eine Attraktion in Buenos Aires. Die typische Atmosphäre wie auch die interessanten und oft originellen Menschen machen den Reiz aus. Schon entlang der Defensa drängen sich die Händler. Je näher man zur Plaza Dorrego kommt, umso lauter, hektischer und bunter wird das Treiben. Straßenbands und Gaukler wetteifern um die Gunst der Passanten. Die Plaza Dorrego selbst ist sonntags für den Tango reserviert. Unter alten, Schatten spendenden Bäumen kann man hier einen Kaffee trinken und den Tänzern zusehen. Hier spürt man ganz authentisch die pure Lebensfreude der Porteños.

rer Nähe zum modernen Yachthafen. Schicke, hochmoderne Gebäude aus Beton, Stahl und Glas sowie die alten Lagerhäuser, in denen sich jetzt Büros, einige Lofts und vor allem teure Restaurants befinden, dominieren hier das Stadtbild. Der Besuch des Microcentro, des eigentlichen Stadtzentrums, gehört zum Pflichtprogramm in Buenos Aires. Hier stehen Gebäude aus dem 19. Jahrhundert, die architektonisch stark europäischen Vorbildern folgen, neben modernen Bank- und Geschäftshäusern. Die zentrale Plaza de Mayo wird vom Museo del Cabildo, der klassizistischen Catedral Metropolitana und der Casa Rosada, dem Präsidentenpalast, gesäumt. 1873 ließ Präsident Sarmiento rote und weiße Farbe, die Symbole der verfeindeten Lager, mischen und den Präsidentenpalast rosa anstreichen. Die Farbe gab dem Palast seinen Namen und soll die Einheit Argentiniens symbolisieren. Argentinische Politik und politische Widersprüche wurden und werden auch heute noch auf der davor liegenden Plaza de Mayo ausgetragen. Hier wurde die Unabhängigkeit von Spanien verkündet, hier hielt Evita Perón zündende Reden und 1982 wurde hier der Beginn des Falklandkrieges bejubelt. Während der Militärdiktatur gab es viele mutige Demonstrationen und bis heute vergeht kaum ein Tag, an dem sich nicht eine politische Gruppe vor dem Präsidentenpalast Aufmerksamkeit verschafft.

In La Boca hatte man andere Sorgen. Im 19. Jahrhundert siedelten sich hier vorwiegend ärmere, italienische Einwanderer an und auch heute gehört dieser Bezirk zu den ärmsten der Stadt. Der Reiz, den La Boca auf viele Besucher von Buenos Aires ausübt, liegt in seiner Ursprünglichkeit. Die knallbunt gestrichenen, wellblechverkleideten Häuser erlangten eine gewisse Berühmtheit. Immer mehr Touristen besuchten dieses Stadtviertel und mit den Touristen kam eine entsprechende Infrastruktur: Restaurants, Bars, Kneipen und Läden siedelten sich an. Der Caminito wurde zur Touristenmeile, aber schon einen Block weiter sieht man Armut und Verfall. Die meisten Bewohner von La Boca kämpfen täglich ums Überleben.

Oben: Mar del Plata ist der größte Urlaubsort Argentiniens.

Linke Seite oben: Die einst von deutschen Aussiedlern gegründete Stadt Blumenau bewahrt sich ihre Tradition bis heute.

Linke Seite unten: Die Iguazú-Wasserfälle liegen eingebettet in tropischen Regenwald.

Links: Bei Punta Tombo könne Pinguine hautnah beobachtet werden.

Rechts oben: Im kleinen brasilianischen Fischerort Porto Belo geht es beschaulich zu.

Rechts unten: Die Plaza de Mayo im Zentrum von Buenos Aires mit dem Präsidentenpalast Casa Rosada

WALE, PINGUINE UND MEHR AN DER ATLANTIKKÜSTE

Nach den anstrengenden Tagen in Buenos Aires ist die Strecke entlang der Küste eine willkommene Abwechslung. Die Fahrt zu den einmaligen Tierkolonien an der südargentinischen Atlantikküste führt durch kleine, verschlafene Fischerdörfer, aber auch durch das exklusive Cariló, einem Seebad für die oberen Zehntausend, und durch Mar del Plata, dem mit jährlich zwei Millionen Besuchern größten Urlaubsort Argentiniens.

Südlich von Bahía Blanca wird die Strecke dann wieder eintönig, hunderte Kilometer nur Wind und Pampa. In La Lobería dann das erste Highlight: Bis zu 2000 Seelöwen leben hier am Strand und können gut beobachtet werden. Sieht man, wie schwerfällig sie an Land wirken, kann man kaum glauben, wie schnell und geschmeidig sie sich im Wasser bewegen und Fische fangen. Oftmals sind Hunderte von ihnen gleichzeitig auf Nahrungssuche in der Atlantikbucht. Interessant sind auch ihre beeindruckenden Drohgebärden und die teilweise blutigen Machtkämpfe der Bullen um die Vorherrschaft im Harem. Selbst die heranwachsenden Bullen imitieren diese Kämpfe, bei ihnen ist es jedoch noch ein Spiel.

Das nächste Ziel ist die Halbinsel Valdés. Zwischen Oktober und Mitte Dezember halten sich Wale in den warmen Gewässern um die Halbinsel auf und bringen dort ihre Jungen zur Welt. Die riesigen Meeressäuger kann man bei einer Whale-Watching-Tour, aber auch von den kleinen Buchten nahe dem Hauptort Puerto Pirámides aus beobachten. Mit etwas Glück sieht man die riesigen Tiere ganz nahe am Ufer. Ihre gewaltige Größe – bis zu 16 Meter lang und 54 Tonnen schwer können Bartenwale werden – beeindruckt sehr. Ebenso eindrucksvoll sind die tiefen Töne, mit denen sich die Wale untereinander verständigen.

Nur wenige Kilometer südlich von Valdés liegt bei Punta Tombo die größte Pinguinkolonie an der argentinischen Atlantikküste. 700 000 Magellanpinguine nisten hier für sechs Monate, bringen ihre Jungen zur Welt und ziehen sie auf, bis sie flügge sind. Im März werden es dann über eine Million Pinguine sein, die nach Norden vor die brasilianische Küste schwimmen und dort ein halbes Jahr ausschließlich im Meer leben.

Auf der Halbinsel Valdés

TOUR-INFO KOMPAKT

KILOMETER
5000

STRECKENVERLAUF
Iguazú-Wasserfälle – Pomerode – Blumenau – Balneário Camboriú – Porto Belo – Florianópolis – Ilha de Santa Catarina – Porto Alegre – Punta del Este – Colonia del Sacramento – Buenos Aires – Cariló – Mar del Plata – La Lobería – Halbinsel Valdés – Punta Tombo

HIGHLIGHTS
Iguazú-Wasserfälle, Garganta del Diablo, deutsche Tradition in Pomerode und Blumenau, Badeort Balneário Camboriú und das kleine Fischerdorf Porto Belo, Insel Ilha de Santa Catarina bei Florianópolis, Nationalparks Aparados da Serra und Serra Geral, Uruguay, Punta del Este, Montevideo und die Kolonialstadt Colonia del Sacramento, Buenos Aires: Microcentro, Plaza de Mayo, La Boca, Sonntagsmarkt in San Telmo, Seelöwenkolonie in La Lobería, Walbeobachtung vor der Halbinsel Valdés, Pinguinkolonie Punta Tombo

CAMPING- UND STELLPLÄTZE

Camping agreste Costa Ramon, Irupe y Rosa Blanca, B. Santa Rosa, Puerto Iguazú, Argentinien, Tel. 0054/37 57 42 13 58, www.campingcostaramon.blogspot.com
GPS: S25°37'11.9" W54°35'38.3"
Campingplatz am Paraná-Fluss, gleich neben der Grenze zu Paraguay.

Camping do Rio Vermelho, Rio Vermelho State Park, Santa Catarina, Rod. João Gualberto Soares, Florianópolis, Brasilien, Tel. 0055/489 98 08 13 75, www.ondeacampar.com
GPS: S27°33'33.0" W48°26'13.2"
An der Ostküste der Ilha de Santa Catarina.

Camping Los Nogales, Gregorio Severino Ortiz, 70000 Colonia del Sacramento, Uruguay, Tel. 00598/99 56 56 16, www.facebook.com
GPS: S34°27'47.4" W57°49'30.6"
Nicht weit zum Meer, in der Nähe eines Parkes.

Parkplatz am Buquebus-Fährterminal Buenos Aires, Av. Antártida Argentina, Buenos Aires,
GPS: S34°35'40.5" W58°22'8.4"
Zentral im noblen Stadtviertel Puerto Madero.

Camping Saint Tropez Pinamar-Ostende, Quintana 178 esq. Nuestras Malvinas, Pinamar, Argentinien, Tel. 0054/22 54 48 24 98, www.sainttropezpinamar.com
GPS: S37°07'27.5" W56°51'48.9"
Bewaldetes Grundstück, nahe am Meer gelegen.

Camping Puerto Pirámides, Peninsula Valdés, Puerto Pirámides, Argentinien,
GPS: S42°34'21.2" W64°16'50.1"
In einer geschützten Bucht an der Südwestküste der Halbinsel.

TOURIST-INFO

Brasilianisches Fremdenverkehrsamt, Börsenplatz 4, 60313 Frankfurt am Main, Tel. 0049/69/96 23 87 33, www.visitbrasil.com

Reiseinfos Uruguay
www.welcomeuruguay.com
www.uruguay-info.com

Reiseinfos Argentinien
Siehe Tour 8

Lago del Toro vor dem Torres-del-Paine-Bergmassiv

8 DURCH SÜDPATAGONIEN BIS ZUM ENDE DER WELT

Gletscher, Gebirge und brennende Gipfel

Im rauen Süden Amerikas liegen beeindruckende Sehenswürdigkeiten. Die schroffen Bergmassive der Torres del Peine, des Fitz Roy oder der Perito-Moreno-Gletscher ziehen jeden Besucher in ihren Bann. Ebenso interessant ist Punta Arenas, die ehemals reichste Stadt Patagoniens. Und ans Ende der Welt zu fahren, gehört hier unten auch zum Pflichtprogramm.

Der Ausgangspunkt dieser Reise durch Südpadagonien ist El Chaltén. Der kleine Ort bildet den nördlichen Zugang zum Nationalpark Los Glaciares. Die weitaus größte Attraktion ist hier der 3406 Meter hohe Gipfel des Fitz Roy. Durch seine fast senkrecht in die Höhe ragenden, schroffen Wände ist er einer der am schwersten zu besteigenden Berge weltweit. Im Besucherzentrum am Ortseingang von El Chaltén erhält man alle wichtigen Informationen zum Nationalpark. Besonders zu empfehlen ist die etwa zwölf Kilometer lange Wanderung zum Aussichtspunkt an der Laguna de los Tres. Leider versteckt sich das Bergmassiv oft hinter Nebel, Dunst und Wolken. So hat man auch selten das Glück, den Gipfel bei Sonnenaufgang zu sehen. Wer aber einmal dieses faszinierende und vollkommen zu Recht als »Sunrise of fire« bezeichnete Naturschauspiel erleben konnte, wird es sicher nicht mehr vergessen. Die aufgehende Sonne taucht die Bergspitzen des Cerro Fitz Roy und des benachbarten Cerro Torre in ein tiefrotes Licht, das den Berg von oben beleuchtet. Es wirkt wahrhaftig, als würde der Berg brennen. Aber nach nur zehn Minuten ist dann wieder alles vorbei. Von dem kleinen Parkplatz an der Zufahrtsstraße 23 aus, etwas oberhalb des Ortes, ist dieses Schauspiel gut zu sehen.

PERITO MORENO – DEN GLETSCHER HAUTNAH ERLEBEN

Entlang des Lago Viedma führt die RP 23 wieder zurück zur Ruta 40 und dann südwärts bis zur Abzweigung nach El Calafate. In dem kleinen Ort befindet sich die Parkverwaltung des Nationalparks Los Glaciares. Darüber hinaus ist hier auch der mit dem Wohnmobil gut zu erreichende Ausgangspunkt zum Perito-Moreno-Gletscher.

Über recht komfortable Laufstege und Aussichtsplattformen kann man dem Gletscher ganz nahe kommen. 60 Meter ragt er aus dem Lago Argentino in die Höhe, seine Abbruchkante ist mehr als vier Kilometer breit. Aber nicht nur die Größe dieses Gletschers ist beeindruckend, sondern vor allem auch der Umstand, dass sich diese gewaltige Eismasse kontinuierlich bewegt. Mit nahezu unfassbaren zwei bis drei Zentimetern pro Stunde drückt hier das Eis ins Tal. Laut und kraftvoll ist das Knacken und Knarzen aus dem tiefen Inneren des Gletschers zu vernehmen. Die Sensation ist natürlich das sogenannte Kalben des Gletschers, das Abbrechen großer Eisblöcke aus der Gletscherwand, die dann mit lautem Getöse in den Lago Argentino stürzen.

TORRES DEL PAINE – DIE ATTRAKTION IM SÜDEN CHILES

Beim kleinen Ort Cancha Carrera verläuft die Grenze zu Chile. Jetzt ist es nicht mehr weit bis zur östlichen Grenze des Nationalparks Torres del Paine, der einer der meist besuchten in Chile ist und mit einer weiteren atemberaubenden Naturkulisse besticht. Hinter blauen Gletscherseen ragen die Türme des Paine-Bergmassivs über 2000 Meter aus der Ebene auf. Der höchste Gipfel, der Cerro Paine Grande, ist 3050 Meter hoch. Die Felstürme sind so steil, dass sich kein Schnee darauf hält und sie somit ganz kahl aus der schneebedeckten Umgebung in den Himmel ragen. An den Lagunen Amarga und Azul gibt es herrliche Stell- und Campingplätze mit Blick auf die Torres.

Die weitere Fahrt zum westlichen Parkausgang führt vorbei an Wasserfällen, kleinen Lagunen und blaugrünen Gletscherseen. Weite Teile des Parks sind vergletschert und auf dem Lago Grey treiben große Eisblöcke, die mit unfassbarer Wucht vom Grey-Gletscher abgebrochen sind. Lenga- und Olivillo-Bäume stemmen sich hier tapfer gegen den Wind und kämpfen ums Überleben. Rund 120 Vogelarten leben in diesem Nationalpark, dazu kommen außerdem noch Guanakos, die wild lebenden Vorfahren der Lamas, Füchse, Pumas und viele mehr. Diese einmalige Landschaft ist unbestritten das touristische Highlight in Südchile.

PUNTA ARENAS, EHEMALS REICHSTE STADT PATAGONIENS

Über Puerto Natales führt die weitere Fahrt nach Punta Arenas, dem nächsten Ziel. Sie fahren durch unendlich weites und karges Land, das auch heute noch fast ausschließlich als Weideland genutzt wird, aber die goldenen Zeiten der Schafzucht sind mittlerweile vorbei. Begonnen hatte alles im Jahr 1876, als europäische Einwanderer die Erlaubnis zur Schafzucht erhielten. Das Land war billig und reichlich vorhanden, und das Klima bekam den Tieren gut. Mit der begehrten Schafwolle kam ein ungeheurer wirtschaftlicher Aufschwung, der weitere Auswanderer,

Links: Von den Aussichtsplattformen ist der Perito-Moreno-Gletscher gut zu besichtigen.

Rechts: Wanderung zum Cerro Fitz Roy

Handwerker und Geschäftsleute anzog. In den Folgejahren entwickelte sich die Stadt Punta Arenas zur reichsten und schönsten Kolonialstadt in Patagonien. Die Besitzer der riesigen Schaf-Estanzias wurden in kurzer Zeit so reich, dass sie sich schlossartige Villen in der Stadt bauen ließen, wofür immer nur das Beste gerade gut genug war. Der Stadtpalast von Sara Braun, heute ein Nobelhotel, oder die Villa von Mauricio Braun und Josefina Menéndez, die heute das Regionalmuseum beherbergt, sind Zeugnisse des damaligen Wohlstandes. Den Preis für diesen Reichtum haben aber vor allem die Ureinwohner bezahlt, die auch hier erbarmungslos ausgebeutet und weiter ausgelöscht wurden.

WEITER SÜDLICH ALS FEUERLAND GEHT ES NICHT

Von Punta Arenas gibt es eine Fährverbindung nach Porvenir. Die Fähre benötigt gut zwei Stunden für diese Überfahrt, verkehrt jedoch nur einmal täglich. Ein regelmäßiger Fährbetrieb wird weiter östlich ab Punta Delgada angeboten. Mindestens jede Stunde fährt die Autofähre über die engste Stelle der Magellanstraße nach Feuerland. Vor fast 500 Jahren, am 1. November 1520, war ein furchtbarer Sturm der Auslöser dafür gewesen, dass Magellan die nach ihm benannte Ost-West-Passage entdeckte. Zwei seiner Schiffe wurden in eine Bucht getrieben, die sich später als Durchfahrt vom Atlantischen zum Pazifischen Ozean erwies. Anders als Magellan, der Feuerland niemals betreten hatte, erreichen Sie nach kurzer Überfahrt Punta Espora. Es folgen 120 Kilometer Schotterpiste bis zur argentinischen Grenze, dann ist die Straße wieder asphaltiert. Je weiter man nach Süden kommt, umso mehr geht die bisher vorherrschende Pampa in eine Landschaft mit Bergen, Wäldern und Seen über.

In Ushuaia, der südlichsten Stadt der Welt, angekommen, muss man sich selbst im Sommer auf Schneefall und Temperaturen nahe dem Gefrierpunkt einstellen. Die Lage der Stadt direkt am Beagle-Kanal, umgeben von Gletschern und schneebedeckten Bergen, ist wahrlich einmalig. Hoch über der Stadt liegt der Gletscher Martial, von dem man einen grandiosen Blick über den Beagle-Kanal bis zu den Bergen der chilenischen Isla Navarina hat, auf der sich mit Puerto

Links: Die Torres del Paine ragen fast senkrecht in die Höhe.

Rechts: Ushuaia, die südlichste Stadt der Welt, ist sehr touristisch geprägt.

Rechte Seite: In der Einsamkeit auf Feuerland

Williams die südlichste Siedlung der Welt befindet. Nach Puerto Williams kann man allerdings nicht mit dem Auto fahren. Der südlichste, auf einer Straße erreichbare Punkt der Erde ist die Bahía Lapataia, etwas südwestlich von Ushuaia im Nationalpark Tierra del Fuego gelegen. Hier endet letztendlich die legendäre RN3. Glaubt man dem Tourismus-Marketing von Ushuaia, dann ist hier wirklich »fin del mundo« - das Ende der Welt.

TOUR-INFO KOMPAKT

KILOMETER
1560

STRECKENVERLAUF
El Chaltén/Cerro Fitz Roy – El Calafate/Perito Moreno Gletscher – Cancha Carrera – Nationalpark Torres del Paine – Puerto Natales – Punta Arenas – Punta Delgada – San Sebastian – Ushuaia – Bahía Lapataia

HIGHLIGHTS
Nationalpark Los Glaciares, Fitz-Roy-Bergmassiv, Wanderung zum Aussichtspunkt an der Laguna de los Tres, Cerro Torre bei Sonnenaufgang (»Sunrise of fire«), Eisabbruch am Perito Moreno Gletscher, Nationalpark Torres del Paine, Cerro Paine Grande, Lagunen Amarga und Azul, Lago Grey, Punta Arenas, Stadtpaläste und Villen, Regionalmuseum, Friedhof, Fahrt über die Magellanstraße nach Feuerland, Ushuaia, Nationalpark Tierra del Fuego, Bahía Lapataia, Hacienda Haberton

CAMPING- UND STELLPLÄTZE

Camping El Relincho, El Chaltén/Fitz Roy, Av. San Martín 219, El Chaltén, Argentinien, Tel. 0054/2962493007, www.elrelinchopatagonia.com
GPS: S49°19'30.8" W72°53'22.5"
Familiengeführter Platz, an dem man auch verschiedene Aktivitäten buchen kann.

Camping El Ovejero, El Calafate, José Pantín 64, El Calafate, Argentinien, Tel. 0054/2902493422, www.campingelovejero.com
GPS: S50°20'13.4" W72°15'32.6"
Campingplatz in einem grünen Gelände in El Calafate, einer Stadt am Lago Argentino.

Camping EL Huala am Lago Roca, Nationalpark Los Glaciares (südlicherTeil), Argentinien, Anfahrt über RP 15,
GPS: S50°31'49.8" W72°47'19.3"
Kostenloser Campingplatz ohne Versorgung.

Camping an der Laguna Azul, Nationalpark Torres del Paine (nordöstl. Teil), Chile, Anfahrt über Y-160,
GPS: S50°52'23.9" W72°44'18.1"

Camping Lago Pehoé, Nationalpark Torres del Paine (südlicher Teil), Chile, Anfahrt über Y-150, www.campingpehoe.com
GPS: S51°06'26.6" W72°59'14.8"
50 Plätze, Versorgung, Sanitäranlagen und Restaurant.

Stellplatz Picknick-Area Parque Chabunco Punta Arenas, an der Ruta 9, 22 Kilometer nördlich von Punta Arenas, Chile,
GPS: S52°59'44.6" W70°49'12.5"
Platz in Flughafennähe und nahe am Wasser.

Camping in Ushuaia, Feuerland, Argentinien
Die Situation in Ushuaia verändert sich ständig. Aktuell gibt es keinen Campingplatz in der Stadt, aber Parkplätze.

Campingmöglichkeit bei der Hacienda Harberton, Feuerland, Argentinien, Tel. über Skype: estancia harberton.turismo, www.estanciaharberton.com
GPS: S54°52'40.8" W67°19'43.2"
80 Kilometer östlich von Ushuaia gelegen.

Campingplätze im Nationalpark Tierra del Fuego, Feuerland, Argentinien
Verfügbarkeit und Zufahrtsbedingungen am Parkeingang erfragen.

Camping Laguna Verde
GPS: S54°50'23.1" W68°34'18.1"

Camping Rio Pipo
GPS: S54°49'11.4" W68°28'3.1"

TOURIST-INFO

Botschaft der Argentinischen Republik, Kleiststraße 23–26, 10787 Berlin, Tel. 0049/30/22668920 (Tourismusabteilung), www.welcomeargentina.com

Reiseinfos Argentinien
www.argentina.travel

Chilenisches Generalkonsulat/Pro Chile, Kleine Reichenstr. 1/IV, 20457 Hamburg, Tel. 0049/40/335835, www.chile.travel

Reiseinfos Chile
www.welcomechile.com
www.contactchile.cl

AFRIKA

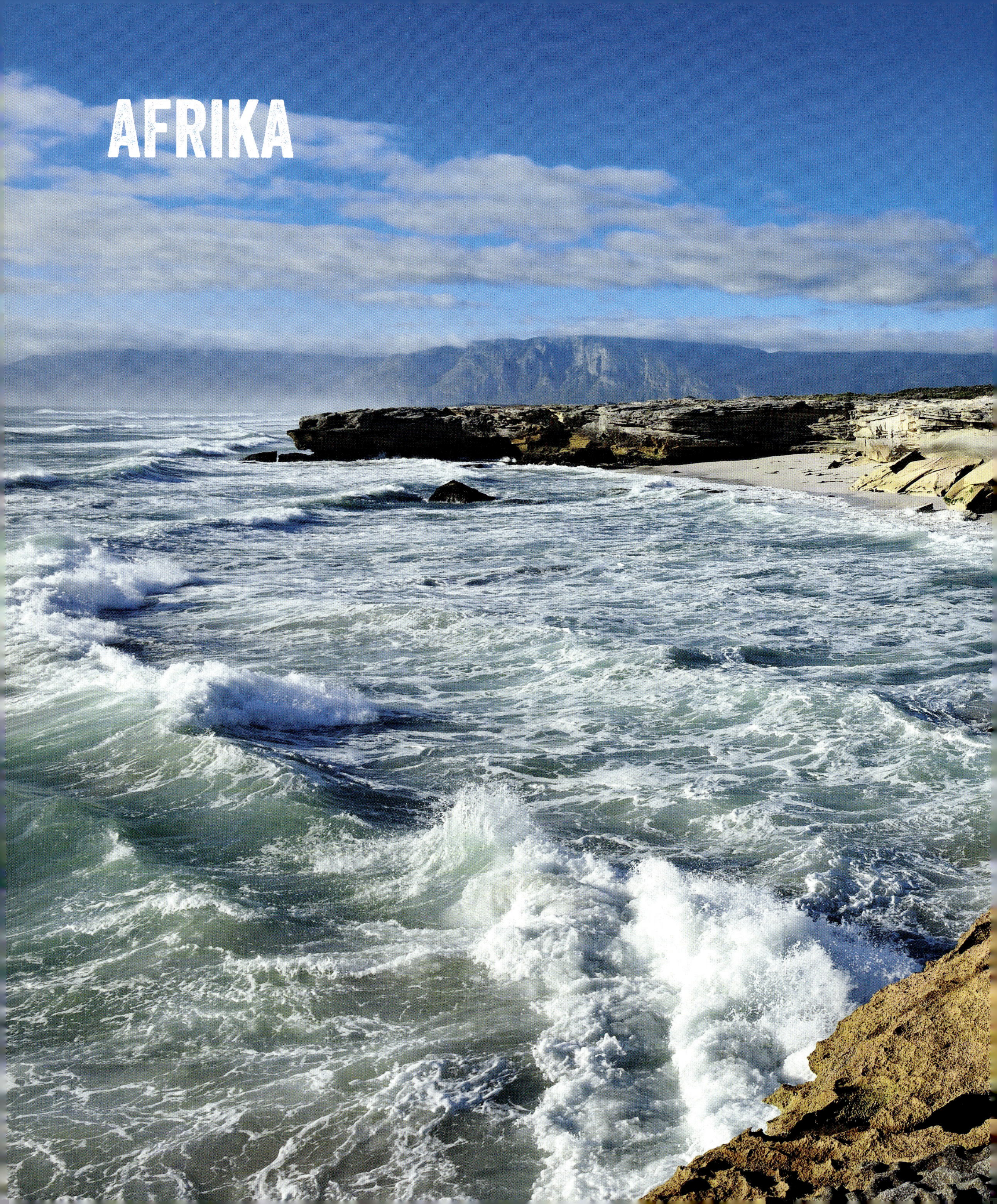

Links: Nur mit richtigen Fatbikes lassen sich die Dünen von Gansbaai richtig genießen.
Rechts oben: Haie und Anemonenfische – das Two-Oceans-Aquarium von Kapstadt gibt einen tollen Einblick in die Welt der Ozeane.
Rechts unten: Auf geführten Touren erklären Ranger fachkundig und anschaulich Tierspuren.

9 MAROKKO ERLEBEN

Faszinierende Kulturen, Lehmbauten und leckeres Essen

Traumhafte Strände, prachtvolle Königsstädte, Sanddünen, tiefe Schluchten und hohe Felsen: das alles in seiner großartigen Vielfalt ist Marokko, wie man es heute noch entdecken kann. Beim Eintauchen in Gerüche, Farben und enge Gassen können Sie neue Kulturen kennenlernen, einen schönen Platz zum Überwintern finden und vielleicht Ihre Kindheitsträume erfüllen.

Nur kurz mit der Fähre über die Meerenge bei Gibraltar – und ein völlig neuer Kulturkreis öffnet seine Türen. Die Tour durch Marokko führt an der Altantikküste entlang durch Rabat, zur großen Moschee in Casablanca bis hin zur traumhaften Hafenstadt Essaouira. Der Djemaa el Fna in Marrakesch fasziniert mit Gerüchen und Gauklern. Über den Hohen Altas geht es weiter zur Kasbah Aït-Ben-Haddou. Beeindruckt durch die Palmen des Draa-Tals, endet die Reise unter dem sagenhaften Sternenhimmel in der Wüste M'hamid.

DIE HAUPTSTADT RABAT UND CASABLANCA, DER FILMSTAR

Rabat, Hauptstadt und Regierungssitz, liegt idyllisch am Fluss Bou-Regreg. Ins Auge fällt sofort die imposante Oudaia-Kasbah. Sie beeindruckt mit Torhaus und hübschen Gassen, dem andalusischen Garten inklusive vieler Katzen und dem wunderbaren Ausblick auf Fluss und Atlantik. Wer früh anreist, kann auf dem unterhalb der Kasbah liegenden Parkplatz wunderbar parken. Gegen Entgelt darf man dort auch über Nacht stehen. Von hier aus geht es zu Fuß zur Kasbah und in die Medina, die Altstadt, um Gassen und Märkte zu erkunden. Hier zeigen sich dann in bunter Vielfalt die Facetten, Farben und Gerüche marokkanischer Lebensart. Frisches Obst und Gemüse, süßes Zuckergebäck und frisches Brot locken, aber auch Lederschuhe, Teppiche, Kunsthandwerk, Lampen und farbenfrohe Tücher. Das Schlendern durch den Markt ist sehr angenehm, denn wenige Händler sind wirklich aufdringlich – genießen Sie also die Eindrücke rundherum!

Die Lagune von Oualidia

Links: Gaukler, Schlangenbeschwörer und duftendes Essen auf dem Djemaa el Fna in Marrakesch

Rechts: Das höchste Minarett der Welt – Moschee Hassan II in Casablanca

Natürlich ist auch Marokko seit Jahren im Umbruch und so zeigen neue Straßenbahnen, attraktive Bistros und Cafés entlang der Flusspromenade das moderne Rabat. Sehenswert sind darüber hinaus die am anderen Flussufer gelegene Stadt Salé oder das Mausoleum Mohammeds V.

Über die Autobahn führt die Fahrt mautpflichtig weiter nach Südwesten. In Mohammedia befindet sich der bei europäischen Gästen sehr beliebte Camping Said. Zur Begrüßung gibt es leckeren Tee, auf Vorbestellung kocht die Chefin Saida auch gerne typisches, schmackhaftes Couscous. Die Küstenstraße bringt Sie dann in eine weitere Stadt zwischen Tradition und Moderne: Casablanca! Gläserne Hochhausbauten säumen den Weg vom Industriehafen in die Innenstadt. Gleich daneben fasziniert die fast Realität gewordene Scheinwelt des großen Films, der Nachbau von »Rick's Café«. Weiter südlich erhebt sich die beeindruckende Moschee Hassan II mit dem höchsten Minarett der Welt. Bei einer Führung können Sie einen Eindruck von Ausstattung und Größe der Moschee bekommen. Gen Südwesten führt die Küstenstraße dann entlang zahlreicher moderner Einkaufszentren, stylischer Clubs und Strandbars weiter. Architekturfans kommen beim Anblick der Art-déco-Häuser Casablancas auf ihre Kosten, versprühen sie doch immer noch den Charme vergangener Zeiten.

EINE PORTUGIESISCHE ALTSTADT UND MEERESFRÜCHTE SATT

Auf dem Weg weiter in den Süden Marokkos endet die in Tanger beginnende, mautpflichtige Autobahn in der Stadt El Jadida. Machen Sie einen lohnenswerten Abstecher in die zum UNESCO-Weltkulturerbe zählende, portugiesische Altstadt El Jadidas, die Cité Portugaise, mit Stadtmauer und der Cîterne Portugaise, einem unterirdischen Wasserbecken aus dem 16. Jahrhundert. Wer Lust auf Strandleben hat, ist hier ebenso richtig: Der kilometerlange Sandstrand und die Promenade laden zum Verweilen ein. Abends wird flaniert, Garküchen öffnen, Marktstände breiten

Oben: UNESCO-Weltkulturerbe und Filmkulisse – Imposante Kasbah Aït-Ben-Haddou

Rechte Seite oben: Felswände bei der Einfahrt in die Todra-Schlucht

Rechte Seite unten: Auch als Fotomodell gut geeignet – Düne von Tinfou

ihre Waren aus. Köstliches Obst, Haushaltswaren aller Art und frisch gegrillte Fleischspieße locken die Besucher.

Die Lagune Oualidia ist für ihre Austern, Seeigel, Meerspinnen und den frisch zubereiteten Fisch bekannt. Alle Köstlichkeiten werden direkt am Atlantikstrand gegrillt und serviert – bei Sonnenuntergang und Meeresrauschen ein spektakulär romantisches Szenario. Genussmenschen, die den Atlantik perfekt inszeniert, aber gediegener und mit einer Flasche Wein gekrönt erleben möchten, sind im Restaurant L'Araignée Gourmande in Oualidia richtig. Auch Fischliebhaber kommen hier mit Austern und Hummer auf ihre Kosten, ohne ein Vermögen ausgeben zu müssen. Das Restaurant liegt direkt gegenüber dem Wohnmobilstellplatz.

Die Route nähert sich Essaouira. In der Beliebtheitsskala bei Touristen und Auswanderern ganz oben, bietet diese Stadt am Meer eine faszinierende Vielfalt, die gut fußläufig erkundet werden kann. Ein ausgedehnter Bummel durch die Medina und den fotogenen Hafen mit Blick auf die Stadtmauer, ein Besuch im Souk der Holzschnitzer sowie ein Spaziergang am Strand mit Blick auf Kitesurfer und Sonnenuntergang sind eigentlich ein Muss. Ein einfacher, kostenpflichtiger Parkplatz dient vielen Wohnmo-bil(durch)reisenden als Übernachtungsplatz, der direkte Zugang zum Strand ist toll. Hier warten dann gleich Kamele, Pferde und mittlerweile auch Quads auf die Touristen.

DJEMAA EL FNA, GAUKLER UND GÄRTEN

Adieu Atlantik, Strand und Wellen – nun ruft Marrakesch. Übrigens: Fès, Marrakesch, Meknès und Rabat bezeichnet man als Königsstädte Marokkos. Jede war zu einem bestimmten Zeitpunkt in der Geschichte Marokkos die Hauptstadt einer der großen Dynastien des Landes. Berühmt ist das Markttreiben auf Marrakeschs Djemaa el Fna. In der Abenddämmerung verwandelt sich der Platz in eine andere Welt mit Gauklern, Schlangenbeschwörern, duftenden, brutzelnden

Essensständen und unzähligen Fotomotiven. Beim Gang durch die Souks und Gassen in Marrakesch eröffnen sich immer wieder neue Blickwinkel. Von einer der vielen Dachterrassen hat man eine wunderbare Aussicht, besonders beeindruckend wirkt dabei die Koutoubia-Moschee. Gleich hinter der Moschee ist auch der aufs Wesentliche reduzierte Wohnmobilstellplatz im hinteren Teil eines Parkplatzes angesiedelt. In Marrakesch buhlen außerdem zahlreiche Gärten um die Gunst der Gäste. Der französische Modedesigner Yves Saint Laurent entdeckte den vom Maler Jacques Majorelle entworfenen Jardin Majorelle wieder und ließ ihn restaurieren. Die Pflanzen- und insbesondere Kakteenvielfalt sowie das sehenswerte Berbermuseum sind faszinierend. Weitläufig präsentieren sich in Marrakesch außerdem die Menara-Gärten, etwas außerhalb hat der Künstler André Heller 2016 den ANIMA Garden eröffnet.

Von Marrakesch aus bietet sich dann noch ein Tagesausflug ins Ourika-Tal an. Gerade im Frühling setzt hier das frische Grün wunderschöne Akzente zum klaren Wasser und den bunten Stühlen der zahlreichen Restaurants. Im Sommer spürt man mit jedem Kilometer, wie die Hitze langsam schwindet und Erfrischung einsetzt. Wer es noch bis nach Setti Fatma schafft, kann dort den Berg zum bis zum Wasserfall hochwandern.

Spätherbst, Winter und Frühjahr sind beliebte Marokko-Reisezeiten deutschsprachiger Überwinterer. Im Winter kann es im Hohen Atlas allerdings zu starken Schneefällen und Sperrung der Passstraßen kommen. Achten Sie daher immer auf die Wettervorhersagen! Sollte die Passstraße länger gesperrt sein, bietet sich als Ausweichstrecke und zur Weiterfahrt Richtung Meknès und Fès der Besuch der größten und schönsten Wasserfälle bei Ouzoud an. Rund 200 Kilometer von Marrakesch entfernt übernachtet man ruhig auf dem liebevoll gestalteten Campingplatz Zebra, fußläufig entfernt von den Wasserfällen.

HOHER ALTAS, FILMSTUDIOS UND AÏT-BEN-HADDOU

Nach der beeindruckenden Stadt Marrakesch gilt es nun, den Hohen Atlas über den Tizi n'Tichka-Pass auf 2260 Metern Höhe zu überqueren. Der Ausblick in die Täler und auf die Berge ist atemberaubend. Zum Aussteigen für das Erinnerungsfoto auf der Passhöhe empfiehlt sich, je nach Witterung, durchaus eine dicke Jacke.

Ouarzazate ist das »Hollywood Marokkos«. Bei der Stadt befinden sich einige Filmstudios wie die Atlas Corporation Studios und CLA Studios, die zum Beispiel für den Film »Gladiator« genutzt wurden.

TODRA-SCHLUCHT

Für alle, die spektakuläre Schluchten lieben, empfiehlt sich die Abzweigung ab Ouarzazate auf die N 10 Richtung Dardes-Schlucht, Rosental und Todra-Schlucht. Während man sich zur Dardes-Schlucht in Serpentinen den Berg hoch windet, empfängt die Todra-Schlucht ihre Besucher mit steilen Felswänden in einem sehr engen Tal. Touristisch voll erschlossen, lohnt es sich, hier die vollen 18 Kilometer genussvoll bis zum Ende zu durchfahren. Selbst die Schotterstrecken sind gut zu meistern. Denn erst so wird man mit Ruhe, weiteren schönen Ausblicken, hübschen Fotomotiven und dem Campingplatz Kasbah Les Amis bei Mohamed in Tamtatouchte, gleich beim Ortseingang rechts, belohnt. Und nach diesen Eindrücken schmeckt der leckere Couscous dort besonders gut.

Links: Das Ourika-Tal beeindruckt im Frühling mit frischem Grün und klarem Wasser.

Rechts: Alltag im Draa-Tal

Parkflächen sind hier ebenfalls ausreichend vorhanden. Außerdem ist der weltgrößte Solarpark in der Nähe, der auch mit deutscher Unterstützung gebaut wurde, aber leider nicht besichtigt werden kann.

Doch das Ziel des Tages ist Aït-Ben-Haddou, UNESCO-Weltkulturerbe und ebenfalls beliebte Filmkulisse. Die Zufahrt zur beeindruckenden Kasbah ist vor Ouarzazate nach links ausgeschildert. Die Gassen, die Geschichte und die Aussicht begeistern. Fünf Familien leben noch in den alten Mauern. Mit etwas Herzklopfen geht es über die im Fluss liegenden Steine, alternativ führt natürlich auch eine Brücke über den Fluss. Bei schönem Wetter ist die Sicht einfach grandios. Für Wohnmobilisten eignen sich zwei Übernachtungsmöglichkeiten: auf dem Parkplatz am Complexe Touristique für kleines Geld oder, für unwesentlich mehr und mit bester Aussicht auf die Kasbah, auf dem Stellplatz des Hotel-Restaurants Nouflla.

OUED DRAA, PALMEN UND DER ERSTE WÜSTENSAND

Die traditionelle Baukunst der Berber begleitet die weitere Streckenführung. Die Route führt zuerst nach Agdz. Bei Interesse kann man auf Nachfrage die über 250 Jahre alte Kasbah der Familie Ait El Caid besichtigen. Sie gehört zum direkt angrenzenden Campingplatz Palmeraie und wird seit Jahren mit deutscher Unterstützung restauriert.

Danach folgt das fruchtbare Draa-Tal, gesäumt von sattgrünen Palmen und zahlreichen Kasbahs. Anzuhalten lohnt sich durchaus. Da Marokko unter extremer Trockenheit leidet, ist es eine Wohltat, auch einen wasserführenden Fluss und Bewässerungskanäle zu sehen.

In die Stadt Zagora führt eine gut ausgebaute Straße. Hier warten auf dem Campingplatz Les Jardins de Zagora frisch zubereiteter Tee im Berberzelt und eine Strohmatte, die einfach vor die Wohnmobiltür gelegt wird. Wer noch Lust hat, bummelt von hier aus durch die Stadt.

Nach einer erholsamen Nacht in Zagora, zwischen fruchtbarem Tal und Wüste, steigt die Spannung: endlich Wüstensand unter den Reifen! Auf dem Weg zur ersten Sanddüne liegt der Ort Tamegroute, bekannt für seine Töpferwaren in sattem Grün. Wer will, darf mittöpfern, bei der Herstellung zuschauen – oder einfach »nur« kaufen.

Schon bald erscheinen am Horizont die Dünen von Tinfou. Ein nach links abzweigender Schotterweg führt in Richtung des Hotels Sahara Sky bis vor die Düne. Endpunkt der Tour ist jedoch M'hamid, erreichbar über eine schmale, schlechte Straße, die sozusagen in der Wüste endet. Der letzte Abend dieser abwechslungsreichen, beeindruckenden Marokko-Reise ist für einen wunderschönen Sonnenuntergang in der Wüste, einen Sternenhimmel zum Träumen und ganz viel Ruhe reserviert – auf dem Campingplatz von Iguidi Tours, den man nach weiteren rund zwei Kilometern auf gut befahrbarer Schotter-Sandpiste erreicht.

TOUR-INFO KOMPAKT

KILOMETER

1250

STRECKENVERLAUF

Rabat – Casablanca – El Jadida – Oualidia – Essaouira – Marrakesch – Ourika-Tal – Hoher Atlas – Ait Ben Haddou – Agdz – Valle du Draa – Zagora – M'hamid (Streckenverlauf ohne Ausflüge)

ANREISE

Fährüberfahrt von Spanien zum Hafen Tanger Med, mautpflichtige Autobahn Tanger–Rabat

HIGHLIGHTS

Königsstädte Rabat und Marrakesch, Casablanca mit Moschee Hassan II, Austern essen in Oualidia, Atlantik mit Küstenstadt Essaouira, Hoher Atlas mit Überquerung Tizi-N-Tichka, Kasbah Ait Ben Haddou, Draa-Tal, Übernachtung in der Wüste in M'hamid

CAMPING- UND STELLPLÄTZE

Parkplatz Rabat, Avenue Al Marsa, Quai de Bouregreg, Rabat 10000, Marokko, GPS: N34°01'44.9" W6°49'58.4"
Dieser Parkplatz ist auch zum Übernachten geeignet.

Camping Said, Plage Mimosa, Mohammedia bei Casablanca, Tel. 00212/523323451, www.campercontact.com
GPS: N33°43'31" W7°20'14"
Kleiner Campingplatz mit 15 Stellplätzen für Wohnmobile jeder Größe.

Wohnmobilstellplatz Oualidia, Oualidia, Marokko, GPS: N32°43'57" W9°02'39"
Stellplatz gegenüber der Lagune.

Wohnmobilstellplatz Essaouria, Anfahrt R207 zur P2201, nach dem Kreisel, Ortsausgang, rechte Seite, GPS: N31°29'45.1" W9°45'48.9"
Stellplatz in Strandnähe.

Camping Le Calme, 18 km außerhalb von Essaouira, Anfahrt über P2201, Abzweig 2212 Bouzama, Marokko, GPS: N31°25'57.2" W9°39'29.3"
Geeignet für Tagesausflüge nach Agadir, Schwimmbad und Waschmaschine vorhanden.

Camping Ourika, Route de Ourika, KM 10, Marrakesch, 44000 Marokko,
GPS: N31°31'35" W7°57'35"
67 parzellierte Stellplätze, auch für große Mobile geeignet, mit Schwimmbad.

Parkplatz mit Schranke, Marrakesch, Stadtmitte, hinter Koutoubia-Moschee,
GPS: N31°37'32.1" W7°59'50.3"
15 Plätze mit Strom, Anfahrt über Av. Mohammed V, vor Moschee auf Parkplatzschild achten.

Camping/Hotel/Restaurant Nouflla, 1 Rue Principale, 45122 Ait Ben Haddou, Marokko, Tel. 00212/524890913, www.maisondhotes-nouflla.com
GPS: N31°02'26.6" W7°07'38.8"
6 Stellplätze mit Blick auf die Kasbah.

Camping Les Jardins de Zagora, Zagora, aus Richtung Draa-Tal der N 9 folgen, auf der Höhe des Supermarktes Marché links abbiegen,
GPS: N30°19'42" W5°49'58.9"
Zentral gelegen, neben dem Hotel Tinzouline.

Camp M'hamid Iguidi Tours, Camp Bivouac B&B, am Ortsende von M'hamid an der Ausschilderung nach rechts abbiegen, rund 2 km über die Schotterpiste, der mit Steinhaufen markierten Strecke folgen, http://iguiditours.free.fr
GPS: N29°50'38.0" W05°44'57.0"
In der Wüste, ohne Strom, Toilette vorhanden, Essen auf Bestellung möglich.

TOURIST-INFO

Staatliches Marokkanisches Fremdenverkehrsamt, Graf-Adolf-Straße 59, 40210 Düsseldorf, Tel. 0049/211/37055152, www.tourismus-in-marokko.de

Allgemeines

Einreise nach Marokko für EU-Staatsangehörige 90 Tage visumfrei, mit einem noch mindestens 6 Monate gültigen Reisedokument (Reisepass). Die grüne Versicherungskarte ist mitzuführen, vorgeschrieben ist auch ein internationaler Führerschein. Haustiere müssen gegen Tollwut geimpft sein und benötigen ein amtstierärztliches Gesundheitszeugnis, das zum Zeitpunkt der Einreise nicht älter als 10 Tage sein darf.
Ein bei Einreise eingeführtes Kfz muss bei der Ausreise wieder ausgeführt werden. Übernachten in Wohnmobilen ist außerhalb von Campingplätzen oder ausgewiesenen Stellplätzen entlang der nördlichen Atlantikküste mittlerweile verboten und wird von der Polizei kontrolliert.
Offizielles Zahlungsmittel ist der Dirham, der jedoch weder ein- noch ausgeführt werden darf. Der öffentliche Alkohol-Konsum ist auch bei europäischen Gästen nicht gerne gesehen, gekauft werden kann Alkohol nur in eigenen oder einigen Supermärkten angegliederten Shops. Nur wenige Campingplätze oder Restaurants verfügen über eine Ausschank-Lizenz.

10 MIT DEM WOHNMOBIL NACH NAMIBIA

Sternschnuppenhagel über dem Dachzelt

4000 Kilometer mit Kindern im Jeep? Ja! Und dazu noch Trekkingtouren im gewaltigen Fish River Canyon, Surfen auf den knallroten Sanddünen der Wüste Namib, Elefanten, Giraffen und Löwen in der berühmten Etosha-Pfanne. Geschlafen wird im Zelt auf dem Autodach, gekocht am Lagerfeuer. Ein großartiges Abenteuer für die ganze Familie – etwas Pioniergeist vorausgesetzt.

Namibia ist groß. Da passt Deutschland gut zweimal rein. In drei Wochen ist diese Tour mit einem effizienten Zeitplan gut zu schaffen. Der Startschuss ertönt in Windhoek. Im Uhrzeigersinn drehen Sie hier eine komplette Runde durch Namibia und reihen die Sehenswürdigkeiten wie Perlen an einer Kette aneinander. Auf längere Fahrtstrecken folgt dabei immer wieder Action. Zum Glück kommt bei nur knapp zwei Millionen Einwohnern kein Rummel auf und bei einem Mix aus Asphalt und gut präparierten Sandstraßen kommt man während der gesamten Strecke gut vorwärts. Die Campingplätze sollten Sie im Voraus buchen, ebenso geführte Outdoor-Trips. Dann bekommen Sie: Abenteuer ja, aber gut dosiert und nicht zu anstrengend. Eben kindgerecht.

DURCH DEN FISH RIVER CANYON

Eine Mehrtagestour mit einem lokalen Guide auf dem Klipspringer Mule Trail durch den Fish River Canyon, eine der größten Schluchten der Welt am Südrand Namibias, ist ein Erlebnis. Dabei können Sie schon einmal Leopardenspuren am Flussufer begegnen. Der Guide verweist aber darauf, dass diese Raubkatzen nachtaktiv und sehr scheu sind – also keine Bange! Stundenlang wandern Sie durch die Flusskieselfelder des Canyons, klettern über Felsspalten und auf Sanddünen. Wenn Ihre Kinder das Wandern zuhause eher unspektakulär finden: Diese Tour ist sicherlich »cool«! Entlang des Trails ist immer etwas los. Mal fetzt sich eine Affenbande am Abgrund und sorgt für eine büh-

Der beeindruckende Köcherbaumwald in Namibia

nenreife Show, dann finden Sie vielleicht die kapitalen Hörner einer Impala-Antilope. Unten am Fluss trinken Zebras und lassen sich wunderbar beobachten. Selbst der »Geo-Unterricht« ist spannend, denn an den mächtigen Gesteinsschichten des bis zu 550 Meter tiefen, hufeisenförmigen Canyons lassen sich dramatische Jahrmillionen der Erdgeschichte ablesen. Übernachtet wird auf diesem Trip in Zelten und Hütten, Tee und Kaffee wird am Lagerfeuer zubereitet – da kommt richtige Pionierstimmung auf.

Von Seeheim fräst sich die Sandpiste schnurstracks Richtung Horizont. Westwärts, über Helmeringhausen, nähern Sie sich der Wüste Namib. Sie bedeckt knapp ein Drittel des Landes und bildet einen eigenen Kosmos aus rotem Sand, der sich entlang der gesamten Westküste Namibias von Südafrika bis nach Angola erstreckt.

AUF DEM TOK TOKKIE TRAIL

Von der Duine Ranch aus können Sie wiederum eine geführte, mehrtägige Tour mit einem lokalen Guide auf dem Tok Tokkie Trail buchen. Dieser touristische Leckerbissen führt mitten durch die älteste Wüste der Welt. Die kongeniale Kulisse dazu liefert das Namib-Rand Naturreservat, ein über 200 000 Hektar großes Schutzgebiet. Auch das ist wieder eine spezielle Welt mit ihren ganz eigenen Hauptdarstellern, die allesamt hochspezialisierte »Profis« sind. Sie sind zwar kleiner als Löwe und Co. und meist auch weniger beliebt, aber deswegen noch lange nicht uninteressant. Der Guide geht mit Ihnen während dieser Tour auf Entdeckungsreise durch die Tierwelt: Mit gezieltem Griff wird dann beispielsweise ein großer, pechschwarzer Käfer aus dem welligen Sand gefischt, der sogenannte »Tok Tokkie«. Dieser lautmalerische Begriff aus dem Afrikaans passt perfekt zu dem Insekt. Die kleinen Kerle klopfen mit Ihrem Hinterteil auf den Sand, um zu kommunizieren und erzeugen dabei ein Geräusch, das wie »toktok« klingt. Der Käfer ist ein genialer Überlebenskünstler. Wenn morgens der Nebel landeinwärts zieht, klettert er auf den Dünenkamm und reckt sein Hinterteil in die Höhe. Der Nebel kondensiert daran und er muss nur

Links: Dünen und Daunen auf dem Tok Tokkie-Trail, übernachtet wird mitten in der Wüste

Rechts: Swakopmund – Flamingos spiegeln sich in den Seen am Stadtrand

noch warten, bis ihm ein dicker Tropfen Wasser in den Mund läuft. Die Guides graben auf diesem Trail auch noch giftige Spinnen aus und fangen sogar Skorpione. Alle landen im Lupenbecher und werden ausgiebig inspiziert. Aus dem Wüstenboden lesen die Guides wie aus einem Buch: Eine Spur gehört zum Beispiel zu einer Sandviper, die sich seitlich vorwärts bewegt. Schon wenige Meter weiter könnten Sie die Giftschlange in einem Busch entdecken. Mit Respekt und Distanz bleiben aber auch solche Situationen völlig gefahrlos. Am Ende des Tages heißt es dann: Auf geht's zur Nachtruhe unter freiem Himmel, in Feldbetten mit dicker Matratze und einem kuscheligen Schlafsack. Das NamibRand Naturreservat ist nur wenig kleiner als Luxemburg – stellen Sie sich vor, Sie wären die einzigen darin, denn fast so werden Sie sich fühlen. Es gibt hier keinerlei Lichtverschmutzung und somit toppt der Sternschnuppenhagel jeden »Star Wars«-Film mit Leichtigkeit.

DÜNEN-SURFEN UND WALVIS BAY

Das Wüstenfieber hat Sie spätestens jetzt sicherlich mit voller Wucht gepackt. Da kommt Ihnen der Namib-Naukluft Nationalpark, nur drei Fahrstunden weiter nördlich, gerade recht. In diesem mit einer Fläche von fast fünf Millionen Hektar größten Schutzgebiet Afrikas erreichen die Sanddünen monumentale Höhen von bis zu 300 Metern. Die Sterndünen mit ihren gewellten Graten gruppieren sich um ausgetrocknete Wasserpfannen, die sogenannten Vleis. Im Dead Vlei recken über 500 Jahre alte Akazien ihre toten Äste, scheinbar um einen letzten Tropfen Wasser bettelnd, in den stahlblauen Himmel. Der extrem wärmebeständige Spezialasphalt der Parkstraße glänzt wie ein metallenes Band. Bei Kilometer 45 thront »Dune 45« wie eine mustergültige Pyramide über diesem knallroten Sandkasten. Fast wie eine Schachtel roter Kokosmakronen sehen die Dünen aus – und das »Surfen« über den Grat, die Hänge hinunter, macht riesigen Spaß. Das ist Wandern auf namibisch!

Solitaire, eine kleine Siedlung nördlich an der Kreuzung C 14 und 19, ist ein wichtiger Knotenpunkt mit Tankstelle, Campingplatz und Restaurant. Vollgetankt können Sie von hier aus über den Gaub- und Kuiseb-Pass westwärts nach Walvis Bay starten. Dort sorgt der eiskalte Benguela-Strom zwar nicht gerade für Badetemperaturen, bietet aber optimale Lebensbedingungen für Fische und Plankton sowie für die größten Meeressäuger der Welt, die Wale. Sie haben die Gegend einst berühmt gemacht und ihr zu ihrem klangvollen Namen verholfen. Walfang ist hier zum

NAMIBIA PLANEN, REISEN, GENIESSEN

Hand aufs Herz: Wer als Familienurlaub eine »Selbstfahrer-Safari« in Namibia plant, muss vorab Aufklärungsarbeit leisten. Schnell steht man sonst bei Freunden und Verwandten als Rabeneltern da, die für ihren Egotrip die Gesundheit der eigenen Kinder riskieren. Afrika, Löwen, Elefanten, Giftschlangen – ein Badeurlaub an der Adria lässt sich den Schwiegereltern leichter verkaufen. Dabei sind die größten Gefahrenquellen bereits im Vorfeld zu minimieren. Klettern Sie nicht auf Bäume, heben Sie keine größeren Steine auf, greifen Sie auf keinen Fall in Felsspalten oder Erdlöcher, wo Schlangen, Spinnen und Skorpione ihr Refugium haben und genervt reagieren könnten. Wer die Kids zu Hause schon sensibilisiert, steigert die Vorfreude und vermeidet Risiken.

Glück kein Thema mehr. Eine ausgedehnte Stadtrunde durch das schöne Swakopmund, nördlich der Walvis Bay, ist ein Muss. Das Swakopmund Brauhaus, das Restaurant Zur Weinmaus sowie das Hotel Schütze zeugen dabei noch heute von der mehr als zweifelhaften Kolonialvergangenheit Deutschlands, als das damalige Südwestafrika sogenanntes deutsches Protektorat war.

GEHEIMNISVOLLE FELSENZEICHNUNGEN – UND LÖWEN

Weiter geht es auf der C 34 nordwärts. An der Skelettküste lässt sich so manches Schiffswrack entdecken. Vorbei am monumentalen, über 2500 Meter hohen Brandbergmassiv bei der Siedlung Uis steuern Sie dann nach Twyfelfontain. Hier können Sie die ältesten Felsgravuren und -malereien Afrikas bestaunen. Die bis zu 26 000 Jahre alten Darstellungen von Jagdszenen über stilisierte Menschen bis hin zu Fabelwesen sind erstaunlich gut erhalten und geben heute noch einige Rätsel auf.

Der Endspurt dieser 450 Kilometer langen Etappe führt Sie in das Damaraland zum Stellplatz der Mowani Mountain Lodge. Die riesigen Plätze zwischen haushohen, kreisrunden Steinbrocken bekommen die Bestnote: Einbauküche mit Spüle, Dusche mit Holzofen beheizbar, und das alles noch stilgerecht mit Hölzern verziert und sandfarben verputzt. Auf dem Grillrost lassen sich hier vorzügliche, frische Straußensteaks brutzeln. Für die Nachspeise sorgt dann vielleicht wieder einmal die Milchstraße mit ihrem Sternschnuppenhagel.

Das Damaraland ist auch die Heimat der Himba. Diese letzten Hirtennomaden Namibias sind noch heute ihren uralten Traditionen verbunden. Die Frauen beispielsweise verhüllen ihren Oberkörper nicht und reiben sich mit einer Paste aus Rotholzpulver und Fett ein. Nur dann glänzt die Haut so schön wie das Fell eines jungen Kalbs, den heiligen Tieren der Himba. Für einen Obolus dürfen manche Dörfer auch von Touristen besichtigt werden – eine gute Sache, denn davon kauft die Gemeinde dann Lebensmittel und Medikamente.

Oben: Stellplatz zwischen gigantischen Steinbrocken, mit Einbauküche und Holzofendusche

Linke Seite oben: Tierisch interessant – in der Etosha Pfanne sieht man häufig auch Giraffen.

Linke Seite unten: Sossusvlei – mustergültig führt der schmale Grat aus Sand auf die Düne 45.

Links: Sossusvlei Lodge – der Himmel für Fleischliebhaber

Rechts oben und unten: Etosha-Nationalpark – an den Wasserlöchern kommt die vereinte Tierwelt in Schichten zum Trinken

DIE »BIG FIVE«

Bis zum Galton Gate, der Westpforte zu Namibias Etosha-Nationalpark, sind es nur noch 60 Kilometer. Zunächst sehen Sie vielleicht nur ein paar nervöse Erdmännchen und einen Waran, der hüftenwackelnd die Piste überquert. Doch bereits auf der ersten Anhöhe kann Ihnen eine Herde Zebras entgegenkommen. Flankiert von dutzenden Gnus und ein paar Springböcken ziehen sie in einer kolossalen Staubwolke Richtung Sonnenuntergang. Als Unterkunft für die erste Nacht eignet sich das Camp von Okaukuejo. Dort bietet das Wasserloch gleich nach Sonnenuntergang bestes Safarikino: Giraffen bücken sich gleichermaßen grazil und umständlich, um zu Trinken. Ein Schakal schleicht vorbei. Zwei Nashörner donnern mit ihren Schädeln aneinander, weil das Revier scheinbar zu klein ist. Eine ganze Delegation Perlhühner wandert affektiert und in Formation zum Wasser. Die vereinte Tierwelt Afrikas ist durstig. Spät nachts können Sie Löwen brüllen hören. Trotz des fast fünf Meter hohen Zauns rings um das Camp kräuseln sich bei diesem Bass die Nackenhaare.

Mit den ersten Sonnenstrahlen sind Sie wieder auf der Piste. Es kann schon einmal passieren, dass nach ein paar Kilometern Herr und Frau Löwe mitten auf der Straße liegen. Hier heißt es, Geduld haben, bis sich die Tiere an den Straßenrand trollen. Spätestens jetzt ist vollkommen klar, warum im Park keiner aus dem Auto steigen darf. Wer will schon wegen einer achtlosen Pinkelpause auf dem Speisezettel von Familie Löwe landen? Für die Notdurft zwischendrin gibt es stabil eingezäunte Rastplätze.

Jetzt geht es gen Osten zum Halali-Camp. Sabbernde Tüpfelhyänen kauern auf der Straße und geben nur widerwillig die Bahn frei. Giraffen ragen turmhoch aus dem Dickicht hervor. Eine Handvoll geparkter Jeeps signalisiert die nächste Attraktion. Auf der Zusatzschleife bei Ngogib huscht ein Leopard über die Schotterpiste. Kurz vor dem Namutoni-Fort bei Chudob könnten Sie dann die »Big Five« (Löwe, Nashorn, Gnu, Leopard und Elefant) komplett machen, wenn an einem versteckten Wasserloch eine ganze Herde Dickhäuter plantscht.

Zurück nach Windhoek sind es nochmal knappe 450 Kilometer. Aber bei allen bisherigen Erlebnissen fahren Sie die jetzt sicherlich mit links. Trauen Sie sich! Eine Selbstversorger-Safari in dem großartigen Land Namibia kann wirklich ein Traumurlaub für die ganze Familie sein.

TOUR-INFO KOMPAKT

KILOMETER
4000

STRECKENVERLAUF
Windhoek – Keetmanshoop – Fish River Canyon – Seeheim – Bethanien – Helmeringhausen – Tok Tokkie Trail – Sossusvlei – Solitaire – Walvis Bay – Swakopmund – Henties Bay – Twyfelfontein – Khorixas – Galton Gate – Okaukuejo Camp – Etosha-Pfanne – Outjo – Otjiwarongo – Okahandja – Windhoek

HIGHLIGHTS
Windhoek, Fish River Canyon, Tok Tokkie Trail, Sossusvlei, Swakopmund, Twyvelfontein, Etosha-Pfanne, Himbadorf bei der Rustig Toko Lodge

CAMPING- UND STELLPLÄTZE
Quivertree Forest Rest Camp, an der M 29, 13 km vor Keetmanshoop, P.O. Box 262, Keetmanshoop, Namibia 9000, Tel. 00264/63 68 34 21, www.quivertreeforest.com
GPS: S26°28'54.4" E18°14'30.0"
Das Camp liegt direkt am Köcherbaumwald. Die angeschlossene Lodge bietet opulente Diners in familiärer Atmosphäre.

Canyon Roadhouse, Gondwana Collection Namibia, 20 km östlich des Fish River Canyons, an der Straße C 37 (D601), Tel. 00264/61 42 72 00, www.gondwana-collection.com
GPS: S27°31'27.3" E17°48'52.8"
Das Roadhouse bildet die Pforte zum Fish River Canyon. Ein Muss-Stopp wegen der Tankstelle und des Top-Restaurants mit gemütlichem Biergarten. Es beherbergt ein umfassendes Automobil-Museum mit wahren Raritäten. Die Stellplätze lassen keine Wünsche offen.

Sossus Oasis Camp Site, direkt am Eingang des Namib-Naukluft Parks, Sesriem, an der C 27 (D826), Tel. 00264/63 29 36 32, www.sossus-oasis.com
GPS: S24°29'20.5" E15°48'04.6"
Luxuriöser Stellplatz mit eigenem Waschraum und Pool, Tankstelle und Internet-Café. Tipp: Das Brai, ein typisch namibischer Grillabend in der nebenan liegenden Sossusvlei Lodge, ist ein kulinarisches Fest: www.sossusvleilodge.com

Hotel Pension A La Mer, P.O. Box 478, 4 Libertina Amathila Ave, Swakopmund, Tel. 00264/64 40 41 30, www.pension-a-la-mer.com
GPS: S22°40'50.1" E14°31'23.3"
Wer ausnahmsweise mal im Hotel schlafen möchte, mitten im Zentrum: frisch restaurierte Zimmer im Safari-Style, leckeres Frühstücksbuffet.

Camping und Selbstversorger-Chalets Alte Brücke, 477 Strand Street South, P.O. Box 3360, Vineta, Swakopmund, Tel. 00264/64 40 49 18, www.altebrucke.com
GPS: S22°41'10.8" E14°31'30.8"
15 Minuten zu Fuß zum Zentrum, kleine Stellplätze mit Garten und Sanitäranlagen, auch Zimmer.

Mowani Mountain Camp, auf der Route Brandberg, Twyfelfontein, Damaraland, Etosha-Park, am Ende einer Straße, die von der D2612 nach Norden abzweigt, P.O. Box 40788, Windhoek, Tel. 00264/61 23 20 09, www.mowani.com
GPS: S20°30'16.68" E14°25'23.76"
Wundervolle, riesige Stellplätze inmitten gigantischer Granitblöcke, mit Einbauküche und stilvollem, individuellen Sanitärbereich.

Rustig Toko Lodge, von der Straße D2695 nach Osten abzweigen, P.O. Box 25, Kamanjab, Namibia, Tel. 00264/67 33 02 40, www.tokolodgesafaris.com
GPS: S19°22'52" E14°51'3.3"
Es gibt nur eine Handvoll Stellplätze etwas von der Lodge entfernt. Tolle Abendessen und Fotosafaris, Höhepunkt ist das angeschlossene Himbadorf.

Okaukuejo-Camp, Etosha National Park, Okaukuejo, Tel. 00264/811 00 00 01, www.etoshanationalpark.org
GPS: S19°10'43.5" E15°55'8.4"
Das Camp liegt zentral im Etosha-Nationalpark und bietet Supermarkt, Tankstelle, Restaurant, schöne Stellplätze und ein umzäuntes »Amphitheater« mit Blick zum Wasserloch, wo sich Löwen und Elefanten die Klinke in die Hand geben.

Duine Ranch, Anfahrt von Windhoek über Rehoboth, Mariental, Maltahöhe (500 km),
GPS: S25°14'42" E16°03'43"
Die Duine Ranch ist Start und Ziel der Tok Tokkie Trail-Wanderung, Infos und Buchung unter www.toktokkietrails.com

TOURIST-INFO
Namibia Tourism Board, Schillerstr. 42–44, 60313 Frankfurt/M., Tel. 069/133 73 60, www.namibia-tourism.com

Straßen und Wohnmobil-Vermietung
Namibias Straßennetz ist wunderbar ausgebaut. Die

Hauptrouten sind auch ohne 4x4 problemlos zu meistern. Wer sich allerdings offroad bewegen will, wie z. B. am Dead Vlei, hat mit einem Allrad-Fahrzeug deutlich mehr Spaß. Ein geräumiger Jeep mit Dachzelten hilft, Geld zu sparen und steigert den Abenteuerfaktor – optimal für eine Familientour. Tipp für Camper: gute Schlafsäcke mitnehmen. Die Schlafsäcke der Autovermieter sind meist nicht ausreichend für kalte Wüstennächte. Die Campingausrüstung vorab gründlich checken.

Africa on Wheels, breites Angebot an Wohnmobilen und Geländewagen mit stabilen Dachzelten, www.africa-on-wheels.com

Asco Car Hire, einer der größten Allradfahrzeuge-Anbieter, 4x4 ab 50 Euro/Tag, www.ascocarhire.com

Weitere Anbieter: www.namibiacarrental.com, www.caprivicarhire.com, www.odysseycarhire.com

Einreise, Visa, Impfungen
Keine Visumpflicht für Deutsche, Österreicher und Schweizer, die nicht länger als 90 Tage im Land bleiben. Schutzimpfungen sind nicht zwingend erforderlich, während der Regenzeit empfiehlt sich Malaria-Prophylaxe für den Besuch der nördlichen Region (Etosha-Pfanne und Caprivi-Streifen).

Reiseveranstalter
Hauser Exkursionen, Spiegelstr. 9, 81241 München, Tel. 089/235 00 60, www.hauser-exkursionen.de
Bieten eine kongeniale Kinderreise, viele Trekkingtouren (inklusive Klipspringer Mule Trail und Tok Tokkie Trail) und organisieren auch individuelle Wunschrouten mit Jeep und Dachzelten.

Karoo-Nationalpark – in der knochentrockenen Bergwüste gibt es neben Zebras und Antilopen auch Löwen.

11 SÜDAFRIKA MIT DEM WOHNMOBIL

Genießen Sie eine unglaubliche Vielfalt an Landschaften und Tieren

Löwen, Elefanten und Giraffen im Kruger-Nationalpark, Weiße Haie, Wale und Pinguine im Indischen und Atlantischen Ozean, glutheiße Savanne, staubtrockene Steppe und alpin anmutende Bergpässe: Eine Wohnmobiltour durch Südafrika offenbart eine überwältigende Vielfalt an Fauna und Flora, grandiose Landschaften und mit Kapstadt eine der lebenswertesten Städte der Welt.

Das ist mal eine etwas andere Stau-Ursache: Gerade noch hat der kapitale Elefantenbulle seine Herde wie ein Schülerlotse beim Überqueren der Parkstraße flankiert, jetzt trottet er stolz mit ausgeklappten Ohren und erhobenem Rüssel über den Asphalt des Kruger-Nationalparks und wiegt dazu sein faltiges Hinterteil im Takt.

DAS GRÖSSTE WILDSCHUTZGEBIET SÜDAFRIKAS

Eine Safari im Kruger-Nationalpark, dem ältesten Nationalpark Südafrikas, ist natürlich ein Muss. Gerade zum Sonnenuntergang erwacht die Wildnis nach einem ausgedehnten Mittagsschlaf. Als Ausgangspunkt eignet sich das im südlichen Parkteil gelegene, sicher umzäunte Skukuza-Camp. Sobald Sie es verlassen haben, können Sie vielleicht bereits die ersten Giraffenhälse entdecken, die aus dem Dickicht ragen, oder friedlich grasende Breitmaulnashörner – mit viel Glück vielleicht sogar mit Jungen. Ein seltener, hübsch gefleckter Wildhund nagt hier schon einmal lautstark an einem Kadaver im Unterholz, während sich ein Kudu mit seinem Korkenziehergeweih nach frischen Trieben im Geäst reckt. Am Wasserloch lugen Flusspferde aus der trüben Brühe und wackeln witzig mit den Ohren. Im Hintergrund warten Zebras, Gnus und Impalas auf ihre Trinkpause an der Pfütze. Zum Höhepunkt gehört dabei sicherlich, wenn ein wundervoller Leopard die Straße überquert.

Sie verlassen den Park über das Malelane Gate. Der Crocodile River gleich vor dem Eingang macht seinem Namen alle Ehre. Brausen Sie nicht einfach weiter, sondern steigen Sie unbedingt aus. Aus sicherer Entfernung lassen sich zahlreiche, beängstigend große Krokodile beim reglosen Dösen im Wasser beobachten.

Bei Temperaturen, die gerne fast 40 Grad Celsius im Schatten erreichen können, starten Sie die große

Südafrika-Traverse durch die Provinz Mpumalanga, eine von neun Provinzen in Südafrika. Die Provinz Gauteng mit der größten Stadt Johannesburg (die sich als Ausgangspunkt der Reise anbietet) lassen Sie dabei westlich liegen. Auf meist guten Straßen gewinnt das Wohnmobil rasch an Höhe Richtung Saddleback Mountain nach Barberton. Auf der Route 38 passieren Sie ausgedehnte Bananen- und Papayaplantagen, Zuckerrohrlaster mit mehreren Anhängern schippern ihre Ernte zur Fabrik.

Weiter oben lässt die Vegetation nach, aber die Böden werden intensiv genutzt. Weizenfelder wiegen sich im Wind. Glückliche Rinder, Schafe und Ziegen haben enorme Flächen zum Grasen. Ganz oben, in den Hügelketten der östlichen Region des Bundeslandes Free State, werden im großen Stil Monokulturwälder für die Papierindustrie angepflanzt – ein nicht unumstrittenes Geschäft. Abraumhalden kündigen ein monumentales Kohlekraftwerk an, Minenarbeiter mit Helm und Grubenlampe beenden ihre Schicht oder treten sie an. Die Kleinstädte machen einen aufgeräumten, soliden Eindruck. Aber an den Stadträndern gibt es noch viel zu viele ärmliche Siedlungen, die sogenannten Townships. Leider erreicht der Fortschritt – oder besser gesagt: der Wohlstand – längst noch nicht alle.

PAVIANE ZUM FRÜHSTÜCK

Nach ein paar Stunden schrammen Sie dann nach Harrismith wieder an die 2000-Meter-Höhen-Marke heran. In einem Tiefausläufer fallen die Temperaturen auf wenig mehr als zehn Grad Celsius. Farmen und Campingplätze werben mit Pferdeausritten und Fliegenfischen, Rinderherden weiden am Horizont. Dieses Stück Afrika sieht fast aus wie Colorado! Nach

Links: Bei einer Pirschfahrt mit dem Safarijeep im Kruger-Nationalpark kommt man selbst an ein solch kapitales Nashorn ganz nah ran.

Rechts: Der Vogel Strauß kann laute Schreie ausstoßen und sehr schnell rennen.

einigen Stunden erreichen Sie dann das Glan Reenen Rest Camp im Golden-Gate-Highlands-Nationalpark. Wenn Sie hier in aller Frühe erwachen, finden Sie sich von den im Morgenlicht golden glänzenden Felstürmen der Maluti-Berge umrahmt. Vorwitzige Paviane können dabei schon einmal reges Interesse an Ihrem Frühstück zeigen.

Auf der Passstraße Richtung Clarens winden Sie sich dann in vielen Kehren aus diesen alpin anmutenden Gefilden heraus. Über Bethlehem starten Sie zu einer weiteren, langen »Autokino-Etappe« auf der N5. Nach Senekal tauchen urplötzlich ausgedehnte Sonnenblumenfelder auf. Bei Bloemfontein wechseln Sie auf die N1 Richtung Karoo-Nationalpark. Ein Wechselspiel unendlicher Himmelsschattierungen und schnurstracks darauf zulaufender Highways trägt Sie durch die Provinz Free State. Schneiden Sie das südöstliche Ende der Provinz Northern Cape ab und überqueren Sie bei den Three Sisters die Grenze zum Western Cape. Von hier aus sind es nur noch 78 Kilometer nach Beaufort West. Der erst 1979 gegründete Karoo-Nationalpark grenzt direkt an. Bei den freundlichen Rangern an der Pforte werden die Formalitäten abgewickelt – und mit viel Glück wälzen sich bereits jetzt unweit ein paar Bergzebras ausgelassen im Sand. Das 46 000 Hektar große Trockengebiet mit ausgedörrten Flussbetten und grasbewachsenen Plateaubergen gilt als verkannte Schönheit. Die Ranger bieten Pirschfahrten auf zum Teil haarsträubend exponierten Bergpfaden an, wobei häufig Löwen, Hyänen und viele Antilopenarten gesichtet werden. Übrigens nicht grundlos tragen die Ranger Gamaschen über den Schuhen, denn das trockene Terrain bietet Schlangen und Skorpionen einen fantastischen Lebensraum.

Der Park ist top organisiert und ausgestattet: wundervolle, große Stellplätze mit Grillrost und Tischgarnitur, saubere Sanitäranlagen, ein stilvolles Restaurant und ein kleiner Supermarkt für alle Fälle.

VON DER WÜSTE AN DEN OZEAN

Auf der N12 geht es hart südwärts. Auf dem Weg zum Indischen Ozean stellen sich Ihnen dann fast unvermittelt die massiven Swartberge in den Weg. Von weitem sieht dieser Felsriegel unbezwingbar aus, aber ein prächtiger Pass, der wieder über die 1000-Meter-Marke ansteigt, leitet mit purem Fahrvergnügen schluchtenreich hindurch. Der Groot River und etliche Quellen lassen Weinberge und Felder wie von Zauberhand gedeihen. Nach der Ödnis des Karoo wirkt der Weiler Meiringspoort wie eine Oase in der Sahara. Bei De Rust schallt dann schon einmal laute Opernmusik aus dem Coffeeshop an der Hauptstra-

KRUGER-NATIONALPARK

Der älteste Nationalpark Südafrikas beheimatet die meisten Tierarten weltweit auf einer Fläche von über 20 000 Quadratkilometern, was in etwa der Größe von Rheinland-Pfalz entspricht. Der Park gilt als das Paradereservat Afrikas und ist dementsprechend gut besucht. Löwen, Leoparden, Elefanten, Nashörner und Büffel – die klassischen »Big Five« –, aber auch Hyänen, Warzenschweine, Marabus, Aasgeier und Gnus – die sogenannten »hässlichen Big Five« –, sowie Flusspferde, Krokodile, Zebras, Strauße und unzählige Antilopen: Nirgendwo sonst lassen sich diese faszinierenden Wildtiere einfacher und aus nächster Nähe in freier Wildbahn beobachten und fotografieren. Infos und Buchung aller Nationalparks, auch Golden Gate und Karoo, unter www.sanparks.org.

ße, pinkfarbene Bougainvillea tanzen im Wind und selbst die Strauße auf der Farm gegenüber wiegen ihre langen Hälse im Takt.

Wieder haben Sie die Qual der Wahl: auf der N 62, der »Garden Route«, von Weingut zu Weingut tingeln – oder besser die Leber schonen und ganz hinunter zum Cape Agulhas, dem südlichsten Punkt Afrikas, wo der Atlantik auf den Indischen Ozean trifft und wilde Stürme sowie unberechenbare Strömungen seit jeher für viele Schiffswracks sorgen?

Diese Route führt Sie weiter ans Wasser: Von Bredasdorp geht die Straße zurück über die Ortschaft Die Dam westwärts nach Gansbaai an den Atlantik. Etwas südlich von Gansbaai sind die eiskalten Gewässer der sogenannten »Shark Alley« berühmt-berüchtigt für die weltweit größte Population an Weißen Haien – an sich vielleicht keine guten Voraussetzungen für klassische Badegäste, doch der Tourismus boomt, denn auch die hautnahe Begegnung mit dem Weißen Hai zählt für viele Touristen zum festen Bestandteil einer Südafrika-Reise. Beim Tauchen in einem Käfig ist das erlebbar. Nur knappe 15 Minuten von der Küste entfernt kippen die Bootsleute eimerweise übelriechende Fischreste und Anchovis in das Wasser, befestigen einen großen Thunfischschädel an einem dicken Schiffstau und locken damit die Haie direkt vor den Tauchkäfig. Die erste Flosse lässt nicht lange auf sich warten: Meterlange Haie pirschen sich an den Käfig mit einer Handvoll Tauchern an und versuchen, den Köder zu erwischen. Dabei stoßen die Tiere mit dem Gebiss oftmals gegen die Gitterstäbe des Käfigs – ein Nervenkitzel, für den die Touristen bezahlt haben: Unterwasser und an Bord surren die Kameras, die Gäste jaulen. Die Käfigtaucherei gilt jedoch als umstritten. Aber das Geschäft mit dem Hai füllt die Geldbeutel.

In der nahen Walker Bay bei De Kelders, nördlich von Gansbaai, schwimmen zwischen Juli und Dezember Wale mit ihren Kälbern häufig bis an die Steilküste heran. Die ausgedehnten Bilderbuchstrände sind ein Paradies für Wanderer, Strandläufer und Honeymooner. Die »Monsterdünen« oberhalb von Die Plaat,

Oben: Über dem goldenen Strand von Camps Bay thronen die Bergzacken der »Zwölf Apostel«.

Linke Seite oben: Im Kruger-Nationalpark posiert ein Zwerghirsch posiert für die surrenden Kameras.

Linke Seite unten: Farbenfrohes Fotomotiv – die Strandhäuschen von Muizenberg

Links: Grandioser Bikespaß – mit den Fatbikes in den Dünen von Gansbaai

Rechts: Kapstadts bonbonbuntes Bo Kaap liegt unter dem Signal Hill.

Rechte Seite: Überwältigender Blick vom Tafelberg auf Kapstadt

einem traumhaften Strand im Walker Bay Nature Reserve, sind seit kurzem um eine Attraktion reicher: Dave Caravias bietet dort geniale Touren mit seinen Fatbikes an. Die 4,4 Zoll breiten Gummischwarten dieser »Traktorräder« schlucken jede Unebenheit und schwimmen regelrecht auf dem Sand. Die gigantischen Sandhaufen geht es im Slalom hinab, und unten am Strand walzen Sie dann an der ohrenbetäubenden Brandung zurück – ein grandioses Vergnügen.

ENDSPURT NACH KAPSTADT

Die Route bleibt am Atlantik und führt über das malerisch-herausgeputzte Hermanus in die False Bay. Die Strecke nach Kapstadt wird zu einer wahrhaftigen Reizüberflutung: Bei Betty's Bay können Sie die riesige Pinguinkolonie am Stony Point bestaunen, bei Blousteen jagen Robben zwischen armdickem Kelp nach Fischen. Am Sharkwatcher's Point scannt ein Haibeobachter aufmerksam die See – die ganze Schule der Bottlenose-Delfine, die unten ausgelassen in der Brandung surft, interessiert ihn dabei weniger. Ein guter Tipp zum Übernachten: Der nahe Kogel Bay Caravanpark ist eine Augenweide. Hauptattraktion in Muizenberg sind die kunterbunten Strandhäuschen. Die letzten 100 Kilometer haben längst schon das Prädikat »Traumstraße« verdient, aber jetzt folgt mit dem Chapman's Peak Drive das Sahnehäubchen. Der »Chappy«, wie ihn die Kapstädter liebevoll nennen, gilt seit seiner Eröffnung im Jahr 1922 als eine der schönsten Küstenstraßen der Welt. Die 40 Rand (etwas über 2,50 Euro) Mautgebühr für die fantastischen neun Kilometer und 114 Kurven sind jeden Cent wert. Die Aussicht bei Noordhoek auf den Bilderbuchstrand ist atemberaubend. Zum Glück wurde an ein paar Haltezonen für Fotografen gedacht. Bis zum Ende bei Hout Bay stapeln sich die Postkartenanblicke.

In Kapstadt gibt es viel zu sehen und zu unternehmen, am besten mit den knallroten Doppeldeckerbussen nach dem »Hop on-Hop off«-Prinzip, ein großes Wohnmobil verursacht gerne Parkprobleme. »Chillen« Sie im mondänen Camps Bay oder baden Sie am Strand von Clifton, während Kids auf ihren Surfbrettern angstfrei weit raus paddeln. Flanieren Sie an der weltberühmten Waterfront entlang und besuchen Sie das Kapstädter Fußballstadion, das für die Weltmeisterschaft 2010 erbaut wurde. Zum

Abschluss könnten Sie auch noch den Tafelberg überschreiten und wunderbare Weitblicke genießen – eine betörende Fernsicht bis zum Kap der Guten Hoffnung. Aber aufgepasst: der Wind kann urplötzlich drehen und sein berühmt-berüchtigtes Tischtuch aus einer dichten, eisig kalten Wolkendecke über das gesamte Plateau legen. Kapstadt ist wahrlich eine faszinierende Stadt zum Abschluss einer tollen Reise.

TOUR-INFO KOMPAKT

KILOMETER
3500

STRECKENVERLAUF
Johannesburg – Kruger-Nationalpark (Skukuza Camp) – Malelane Gate – Golden-Gate-Highlands-Nationalpark – Bloemfontain – Beaufort West – Clarens – Senekal – Karoo-Nationalpark – Meiringspoort – De Rust – Cape Agulhas – Gansbaai – De Kelders – Hermanus – False Bay – Betty's Bay – Blousteen – Muizenberg – Noordhoek – Hout Bay – Kapstadt

HIGHLIGHTS
Kruger-Nationalpark (Skukuza Camp), Crocodile River am Melalane Gate, Golden-Gate-Highlands-Nationalpark, Karoo-Nationalpark, Cape Agulhas, Shark Alley bei Gansbaai, Walker Bay bei De Kelders, Muizenberg, Chapman's Peak Drive, Kapstadt

CAMPING- UND STELLPLÄTZE
Skukuza Camp, Kruger-Nationalpark, nächstes Gate ist das Paul Kruger Gate, 12 km westlich des Camps, Tel. 0027/137 35 41 96,
www.krugerpark.co.za
GPS: S24°59'47.8" E31°35'30.7"
Direkt am Sabie River gelegen, das größte Camp im Kruger-Nationalpark ist zugleich das Hauptquartier der Parkverwaltung.

Glan Reenen Rest Camp, Golden-Gate-Nationalpark, Tel. 0027/582 55 10 00,
www.sanparks.org
GPS: S28°30'5" E28°34'43"
Malerisch am oberen Ende des Little Caledon River gelegen, umrahmt von den Zwillingsbergen aus Sandstein, die das Golden Gate bilden. Tolle Wanderrouten bis auf 2500 Meter Seehöhe.

Kogelbaai Caravan Park, R 44 Main Road, Gordon's Bay, Helderberg Rural, Cape Town, Tel. 0027/218 50 42 62,
GPS: S34°14'10.39" E18°51'06.84"
Liegt zwar nah an der Hauptstraße 44, bietet aber eine schöne Basis für Walbeobachter, Besuche von Kapstadt, Wandertouren und eine gute Brandung für Surfer und Wassersportler.

Karoo-Nationalpark mit Rest Camp, das Rest Camp ist rund 12 km von der Stadt Beaufort West entfernt (von der N 1 abfahren),
Tel. 0027/234 15 28 29,
www.sanparks.org
GPS: S32°21'48.2" E22°32'28.4"
(Entrance Gate Karoo-Nationalpark)
GPS: S32°19'50.3" E22°30'00.2"
(Main Rest Camp)
Das Karoo Rest Camp bietet neben schönen Cottages im kapholländischen Stil auch herrliche und vor allem schattige Stellplätze mit Gemeinschaftsküche.

Chapman's Peak Cottages and Caravan Park, Noordhoek Main Rd, Noordhoek, Cape Town,
Tel. 0027/217 89 12 25,
www.capestay.co.za
GPS: S34°06'01.4" E18°22'47.6"
46 Camping- und Wohnmobilplätze, zwei Cottages, grünes Gelände mit Kinderspielplatz und Pool.

TOURIST-INFO
South Africa Tourism, Friedensstr. 6, 60311 Frankfurt, Tel. 069/92 91 29 33, www.dein-suedafrika.de
Verschickt gratis Karten und Prospekte.

Wohnmobil-Vermietung
Südafrika lässt sich kongenial mit einem Wohnmobil erfahren. 4x4-Camper mit Schlafzelten oder Wohnkabinen eignen sich auch für Safarifahrten in den Nationalparks, dagegen bieten volleingerichtete Wohnmobile einen wesentlich höheren Komfort für

die restliche Zeit. Einwegmiete ist jederzeit möglich – kostet aber zusätzlich. Unter www.camperboerse.de bekommen Sie Infos, Tipps und Unterstützung bei der Suche nach dem optimalen Fahrzeug, das Sie vor Ort in Südafrika mieten können.

Einreise, Visa, Impfungen
Keine Visumpflicht für Deutsche, Österreicher und Schweizer, die nicht länger als 90 Tage im Land bleiben. Schutzimpfungen sind nicht zwingend erforderlich, während der Regenzeit empfiehlt sich Malaria-Prophylaxe für den Besuch der nordöstlichen Region (Limpopo, Kruger-Nationalpark).

Besser nicht: Von spontanen Besuchen der zahlreichen Townships ist abzuraten. Sowohl in Johannesburg als auch in Kapstadt gibt es geführte Touren, die einen sehr guten Einblick in die schwierigen Lebensumstände der ärmeren Südafrikaner vermitteln. Der Eintrittspreis kommt der Kommune zugute.

AUSTRALIEN
NEUSEELAND

Links: Faszinierenden Regenwald passiert man an der Westküste der Südinsel Neuseelands, hier auf dem Highway 6 am Ship Creek.
Rechts oben: Spitze! Frenchman's Peak im Cape Le Grand National Park, Westaustralien
Rechts unten: Komm auf's Land, ins Quaalup Homestead Wilderness Retreat

12 NEUSEELANDS NORDINSEL

Faszinierende Natur und Maori-Kultur

Diese Tour verbindet die Hafenstädte Auckland und Wellington im Norden und Süden der Nordinsel Neuseelands. Dazwischen liegen herrliche Strände, Maori-Kultur und dampfende Geysire in Rotorua, Vulkan-Landschaft im Tongariro Nationalpark und die Art-déco-Stadt Napier. Landschaft und Geschichte verbinden sich auf dem Forgotten World Highway und in Taranaki.

Die Tour startet in der modernen Hafenstadt Auckland. Während man die größte Stadt Neuseelands mit ihren vielen Buchten und Vulkanbergen erkundet, kann man sich angenehm an die Zeitumstellung gewöhnen (im deutschen Winter ist in Neuseeland Sommer und die Uhrzeit zwölf Stunden voraus). Ein ausgedehnter Bummel am Hafen bedeutet imposante Kreuzfahrt-Schiffe, schicke Segelyachten, zahlreiche Restaurants und Bars mit 1a-Marina-Blick. Hafenrundfahrten starten am Anleger Cityzentrum, ebenso die Fähren zur Nordseite und zur angesagten Waiheke Island sowie zur wenig bewohnten Great Barrier Island. Einen tollen Blick auf die Hafeneinfahrt mit Sky Tower im Hintergrund hat man vom Mount Victoria im Ortsteil Devonport, eine eindrucksvolle Rundum-Sicht auf die Stadt bietet Mount Eden im Zentrum. Die nächtliche Aussicht ist besonders schön vom Sky Tower. Tags wie nachts gibt es viel zu sehen im schmucken Ortsteil Ponsonby: Galerien, Boutiquen und kreativer Schnickschnack, stilvolle Bars, Cafés und Restaurants.

DIE HALBINSEL COROMANDEL UND WUNDERVOLLE STRÄNDE

Naturliebhaber können sich auch auf der Halbinsel Coromandel akklimatisieren, rund zwei Stunden Fahrt von Auckland entfernt. Auf dem State Highway (SH) 25 lässt sich Coromandel von Bucht zu Bucht umrunden. Ein Päuschen lohnt sich an der kurvigen

Herrliche Badestrände findet man überall an der Ostküste von Neuseelands Nordinsel, wie hier nördlich von Gisborne in Turihaua.

Westküste überall, vom Straßenrand sind es nur wenige Schritte bis zum Wassersaum. Im idyllischen Coromandel Town bieten regionale Künstler ihre Werke an. Vor der fischreichen Küste Coromandels sieht man Muschelfarmen im Meer – die beste Gelegenheit für eine Schüssel leckerer gedünsteter Muscheln! Am Hot Water Beach an der Ostküste der Halbinsel gräbt man mit der Schaufel nach heißen Quellen und erschafft so seine eigene Badewanne am Strand. Diese Attraktion steuern inzwischen auch viele Reiseveranstalter an. Wer es ruhiger mag, übernachtet weiter südlich in Waihi Beach. Der hübsch angelegte Top10-Campingplatz liegt nur drei Minuten zu Fuß vom Strand.

Auf der weiteren Strecke sollte man Schwimmsachen parat haben. In der langgezogenen Bucht Bay of Plenty scheint die Sonne reichlich und ein wunderbarer Strand folgt dem nächsten: zum Beispiel Mount Maunganui Beach, gleich neben der Hafenstadt Tauranga an einem erkalteten Vulkanhügel, der dem Ferienort an der Strandpromenade seinen Namen gab. Hier lassen sich immer ein paar Surfer beobachten. Etwas weniger betriebsam ist der Papamoa Beach. Herrlich ist auch dort ein ausgedehnter Spaziergang auf dem festen Sand, wenn die sanft auslaufenden Wellen die Füße umspülen. Auf einem Qualitäts-Campingplatz kann man direkt hinter dem Strand übernachten, ebenso wie am elf Kilometer langen Ohope Beach bei Whakatane in Sichtweite der Vulkaninsel White Island.

Etwas weniger bekannt ist Ohiwa Beach. Dessen ebenfalls sehr gepflegter Campingplatz ist besonders ruhig gelegen. Ruhe und Natur im Ohiwa Harbour, der gewundenen, geschützten Bucht gegenüber, lassen sich am besten bei einer Kanufahrt genießen.

GEYSIRE, SCHLAMM-SPAS UND ART DÉCO

Weniger sonnenverwöhnt ist Rotorua, obwohl die Stadt am gleichnamigen See nur rund eine Fahrstunde landeinwärts liegt. Die Thermalgebiete mit Geysiren, blubberndem Schlamm, dampfendem Gestein und farbig schillernden, mineralhaltigen Teichen sind weltbekannt. Das ehemalige Badehaus von 1908 be-

Links: Abendlicht nördlich von Coromandel Town in Oamaru Bay. Kinder und Familien haben in Neuseeland einen sehr hohen Stellenwert. Deshalb gibt es viele Spielplätze.

Rechts: Die Neuseeländer selbst sind begeisterte Camper. Dieser »Kiwi« in Waihi Beach hat sich einen alten Schulbus ausgebaut.

herbergt ein interessantes Museum über die regionale und Maori-Geschichte. Mit dem gesundheitsfördernden Modder kann man im modernen Spa an den Government Gardens und in den Mineral-Schlammbecken des Thermalgebietes Hells Gate die Haut verwöhnen.

Nach dem Abstecher nach Rotorua geht es über Opotiki durch die kurvenreiche Schlucht Waioeka Gorge nach Gisborne, dem Landepunkt des britischen Neuseeland-Entdeckers James Cook. Seine Seemänner berührten hier 1769 als erste Europäer neuseeländischen Boden, bekamen aber bald Streit mit den Ureinwohnern – mehrere Maori verloren ihr Leben. Die Cook-Statue an der Hafenausfahrt nahe des Waikanae Beach erinnert an die Ereignisse und ist Teil des Historic Walk durch die Stadt. Wein-Liebhaber können im Gisborne Wine Centre im Binnenhafen eine interessante Auswahl sonnenverwöhnter Qualitätsweine der Region testen. In der stilvollen Weinstube mit tollem Blick auf die Marina und fachkundigem Personal kann man diverse Kostproben oder einfach nur ein gutes Glas Wein zu restaurantüblichen Preisen genießen.

Napier ist die Art-déco-Hauptstadt Neuseelands. Das jährliche Art-déco-Festival im Februar lockt zehntausende Besucher. Schon Wochen zuvor flanieren Einwohner in historischen Kostümen durch die Straßen. Die Stadt wurde nach einem schweren Erdbeben 1931 in dem damals populären Stil neu erbaut. Bis heute sind komplette Straßenzüge vorbildlich gepflegt. Im Art Déco Centre gibt es Vintage-Accessoires, Führungen und sogar Rundfahrten im Oldtimer. Wer die Stadt auf eigene Faust erkunden will, bekommt Karten für Self-guided Walks und Drives. Als weiteren Höhepunkt kann man im Aquarium zum Beispiel die niedlichen Blue Penguins, Rochen und Haie ansehen.

NATIONALPARK DER VULKANE

Weiter geht es nach Taupo am Lake Taupo, dem größten See Neuseelands. Taupo ist ein moderner, gepflegter Touristenort, der sich durch die zentrale Lage auch als Veranstaltungsort etabliert hat. Einen Besuch lohnen die Huka Falls vor den Toren der Stadt. Hier zwängt sich der 100 Meter breite Waikato River durch eine Felsenge von nur 15 Metern, gewaltige Wassermengen schießen mit imposantem Getöse hindurch und den elf Meter hohen Wasserfall hinunter.

Auf dem SH1 geht es am Seeufer gen Süden. Picknickplätze laden zum Verweilen ein. Auf einigen Stellplätzen kann man in See-Nähe übernachten – ungewöhnlich für ein so hoch frequentiertes, touristi-

RUND UM ROTORUA

Auch die Maori wussten die heißen Quellen und fischreichen Seen bei Rotorua zu schätzen und siedelten hier früh. Heute ist die Stadt eine Hochburg für touristische Maori-Shows mit historischen Tänzen, oft mit Hangi-Essen, traditionell im thermischen Erdloch gegart. Tipp: Angebote vergleichen. Wie die Maori-Shows unterscheiden sich auch die Thermalgebiete in Lage, Beschaffenheit und Eintrittspreis deutlich. Wer etwas Zeit hat, sollte zudem das »Buried Village«, das »begrabene« Dorf besuchen. Es wurde beim Vulkanausbruch 1886 verschüttet und ist heute Museum. Es liegt südöstlich von Rotorua zwischen den waldumsäumten Seen Lake Tarawera, Lake Rotokakahi (Green Lake) und Lake Tikitapu (Blue Lake). Letzterer eignet sich auch schön zum Schwimmen.

sches Gebiet. Das Freicampen in Neuseeland wird lokal unterschiedlich geregelt – bitte vor Ort informieren. Die Tour zweigt südlich des Lake Taupo vom Highway 1 in den Tongariro Nationalpark ab (SH 46 und SH 47). Die Landschaft um die drei Vulkanberge Tongariro (1968 Meter), Ngauruhoe (2291 Meter) und Ruapehu (2797 Meter) ist Weltnatur- und -kulturerbe. Das Gebiet wurde bereits im Jahr 1887 zum ersten Nationalpark Neuseelands erklärt – damals der vierte weltweit. Tongariro Alpine Crossing ist eine der beliebtesten Wanderrouten Neuseelands, auf der jährlich tausende Touristen durch diese faszinierende Vulkanlandschaft wandern. Für die 19,4 Kilometer lange Tour mit kräftigem Anstieg sollte man sich, inklusive Shuttle, einen Tag Zeit nehmen. Im Tongariro Visitor Centre des Department of Conservation (DOC) in Whakapapa Village bekommt man auch detaillierte Infos über die vielen anderen Wanderwege in dem Nationalpark, von weniger als einer Stunde bis zu mehreren Tagen lang. Anschauliche Modelle, Fotos und Beschreibungen erklären zudem Aktivität und Entstehung der Vulkane sowie die besondere Flora und Fauna der Gegend. Entscheidende Filmszenen für »Der Herr der Ringe« und »Der Hobbit« wurden – unter hohen Auflagen – an diesen Vulkanen gedreht. Über Führungen zu den Film-Locations informieren die Tourist-Infos am Rande des Parks, zum Beispiel in National Park Village und Ohakune.

Über Taumarunui geht es auf dem Forgotten World Highway (SH 43) zum nächsten Nationalpark, der nur einen Vulkanberg umschließt: den Mount Taranaki. Dieser schmale Highway, den man nicht wirklich als solchen bezeichnen kann, windet sich durch kaum besiedelte Täler und über weich geschwungene sowie kantige Berge, die mit Gras oder Busch bewachsen sind. Der Geschichtspfad (Heritage Trail), der die Straße begleitet, erzählt vom Hoffen, Kämpfen und Leiden der frühen Siedler. Etliche haben die Gegend wieder verlassen, auch in Whangamomona, dem skurrilen, aber charmanten Überbleibsel eines Ortes von einstiger Blüte, dessen rund 40 verbliebene Einwohner ihn 1989 zur freien Republik erklärten.

Oben: Einen wunderbaren Blick auf das weltoffene Auckland hat man vom Mount Victoria im nördlichen Stadtteil Devonport.

Linke Seite oben: Nervenkitzel beim Rafting im Kaituna River an den Okere Falls bei Rotorua

Linke Seite unten: Im Te Whakarewarewa Thermal Reserve in Rotorua dampft und zischt die Erde.

Pässe werden im originellen Whangamomona Hotel verkauft, in dem man auch Kleinigkeiten essen kann.

VOM MOUNT TARANAKI NACH WELLINGTON

Der Forgotten World Highway mündet in die weite, landwirtschaftlich genutzte Ebene von Taranaki, aus der sich der Mount Taranaki 2518 Meter emporhebt. Sein Kegel, wohlgeformt wie aus dem Bilderbuch, wird oft von Wolken verdeckt, die unablässig seine Spitze umspielen und daran hängenbleiben – ein faszinierendes Naturschauspiel. Erst aus der Nähe erkennt man, dass der Berg über weite Teile dicht mit dem ursprünglichen Wald (»Native Bush«) bewachsen ist. Drei Straßen führen hinauf. Oben kann man vielfältige Wanderungen unternehmen. Das Visitor Centre des DOC ist über die Nordseite, Egmont Road, erreichbar. Auf dem Parkplatz darf man mit dem Wohnmobil übernachten. Der Berg lässt sich auf der Küstenstraße, dem Surf Highway SH 45, umrunden und das wechselvolle Wolkenspiel an der Bergspitze wunderbar beobachten. Ein Stopp lohnt in New Plymouth, Hafenstadt mit vielen Parks und Festivals. Garten- und Pflanzenfreunden seien die Fernery and Display Houses im Pukekura Park empfohlen: Gewächshäuser, in denen rund 50 000 Farne, Farnbäume und andere typische Pflanzen aus Neuseeland sowie Blumen aus aller Welt zu bewundern sind.

Das außergewöhnliche Tawhiti-Museum hat Künstler und Geschichtskenner Nigel Ogle im Süden der Taranaki-Region in Hawera aufgebaut. Mit detailgenau modulierten Figuren, mal lebensgroß, mal zinnfigurenklein, zeigt er die Geschichte der Region in anschaulichen Szenen, u. a. die Einwanderung der ersten Europäer und ihre Kriege gegen die Maori: Szenen, die symbolisch für die Entwicklung des Landes stehen.

Maori-Kultur zeigt das Regional Museum im hübschen Städtchen Whanganui, dem nächsten Reiseziel. Eine außergewöhnliche Fahrt führt mit dem Aufzug Durie Hill Elevator zu dem höher gelegenen

Links: Fotogene Allee am »Forgotten World Highway« von Taumarunui nach Stratford

Rechts oben: Campingplatz mit Meerblick in Napier

Rechts unten: Liebevoll gepflegt ist der historische Ortskern in Whanganui.

Rechte Seite: Wellington – Moderne Hauptstadt voller Kultur

Vorort. Die eindrucksvolle Konstruktion wurde 1919 eröffnet. Vom Durie Hill Memorial Tower bietet sich ein toller Blick auf den Whanganui River.

Richtung Wellington kann man bequem durch ebenes Gelände fahren. Die multikulturelle Hauptstadt bietet viel Gelegenheit, authentische, internationale Küche zu probieren. Auch an der Hafenmeile im Zentrum lässt es sich ausgezeichnet speisen. Von dort ist das Nationalmuseum Te Papa zu Fuß erreichbar. Die umfangreiche Ausstellung zu Natur, Geografie, Geschichte und Gesellschaft Neuseelands sollte man sich nicht entgehen lassen. Abends überblickt man am besten vom Aussichtspunkt Mount Victoria (Lookout Road) die City samt der Vororte auf den umliegenden Hügeln. Tags wie nachts hat man bei einer Fahrt mit dem traditionellen Cable Car eine gute Aussicht.

TOUR-INFO KOMPAKT

KILOMETER
1910

STRECKENVERLAUF
Auckland – Coromandel – Waihi – Mount Maunganui – Rotorua – Gisborne – Napier – Lake Taupo – Tongariro Nationalpark – Forgotten World Highway – Mount Taranaki – New Plymouth– Hawera – Whanganui – Wellington

HIGHLIGHTS
Auckland Hafen, Strände am Bay of Plenty, Thermalgebiete Rotorua, Gisborne Wine Centre, Art-déco-Touren Napier, Wandern im Tongariro Nationalpark, Fernery and Display Houses New Plymouth, Tawhiti Museum Hawera, Mount Victoria Lookout und Nationalmuseum Te Papa in Wellington

CAMPING- UND STELLPLÄTZE

Ohiwa Beach Holiday Park, 380 Ohiwa Harbour Rd, Kutarere 3198, Tel. 0064/7/315 47 41, www.ohiwaholidays.co.nz
GPS: S37°59'24.3276" E177°9'41.6052"
Etwas abseits gelegen an der Bay of Plenty, ein paar Minuten zu Fuß zum Strand, Kanu fahren im Ohiwa Harbour.

Rotorua Family Holiday Park, 22 Beaumont Rd, Ngongotaha Valley 3010, Tel. 0064/7/357 42 89, www.rotoruafamilypark.co.nz
GPS: S38°5'3.4728" E176°12'59.022"
Etwa zehn Minuten Fahrt vom Stadtzentrum, daher ruhig und ohne Schwefelgeruch, wenige Minuten zu Fuß zum See Rotorua.

Belt Road Seaside Holiday Park, 2 Belt Rd, New Plymouth, Tel. 0064/6/758 02 28, www.beltroad.co.nz
GPS: S39°3'28.0944" E174°3'19.5012"
Ruhiger Platz mit 1a-Blick auf die Hafeneinfahrt.

Reid's Farm recreation area, 157 Huka Falls Road, Rangatira Park, Taupo 3377,
GPS: S38°39'53.1612" E176°4'51.96"
Schön gelegener Stellplatz am Waikato River sehr nahe den Huka Falls bei Taupo, Toiletten vorhanden, keine Duschen, keine Entsorgung.

Lake Okareka DOC-Campsite, Millar Rd, Lake Okareka 3076,
GPS: S38°9'43.335" E176°21'38.628"
Wunderschön gelegener, kleiner Stellplatz direkt am See Okareka, ca. 15 Min. Fahrt von Rotorua, Wohnmobile bis zu 6 Metern, kein Strom, keine Entsorgung.

TOURIST-INFO

Allgemeine Informationen
www.newzealand.com

Nationalparks, Wanderwege und Stellplätze des DOC
www.doc.govt.nz

Tourist-Info Rotorua, 1167 Fenton St, Rotorua 3007, Tel. 0064/7/348 51 79, www.rotoruanz.com

Art Deco Trust Napier, 7 Tennyson St Napier South, Napier 4110, Tel. 0800 42 78 33 (gratis) und 0064/6/835 00 22, www.artdeconapier.com

Tawhiti Museum in Hawera, 401 Ohangai Rd, Hawera 4672, Tel. 0064/6/278 68 37, www.tawhitimuseum.co.nz

The National Museum of New Zealand Te Papa Tongarewa, 55 Cable Street, Te Aro, Wellington 6011, Tel. 0064/4/381 70 00, www.tepapa.govt.nz

Die Pancake Rocks in Punakaiki am Paparoa Nationalpark.

13 NEUSEELANDS SÜDINSEL

Wilde Schönheit: Schroffe Gipfel und üppiger Regenwald

Die Strecke auf der Südinsel Neuseelands begeistert durch große landschaftliche Vielfalt: die windgepeitschte Westküste mit Gletschern und üppigem Regenwald steht malerischen Bergseen, kargem Hochland und grünen Ebenen gegenüber. Es gibt zahlreiche Gelegenheiten zum Anhalten, Staunen, Picknicken und Wandern. So häufig wie die Landschaft wechselt auch das Wetter.

Vom beschaulichen Hafenörtchen Picton, wo die Fähre von der Nordinsel anlandet, geht es auf dem State Highway (SH) 1 in Richtung Süden nach Kaikoura. Die Straße wiegt sich in weit geschwungenen Kurven zwischen den zackigen Bergen der Kaikoura Ranges und dem Pazifik, oft kann der Blick ihrem Verlauf weit durch die grandiose, wild-schroffe Landschaft folgen. Seehunde räkeln sich besonders gern zwischen Paparoa Point und Ohau Point.

GIGANTEN DER MEERE

Kaikoura hat nach dem Ende des kommerziellen Walfangs einen erfolgreichen Naturtourismus entwickelt. Durch einen steilen Unterwasser-Canyon dicht vor der Küste schwimmen Wale im tiefen Wasser so nah wie kaum sonst auf der Welt ans Land heran, denn über die Canyon-Kante schwappt aus dem flacheren, wärmeren Küstengewässer reichlich Nahrung. Hier hat man gute Chancen, bei Whale-Watching-Touren Meeresgiganten wie Pottwale und Orcas auftauchen zu sehen. Auch spielende Delfine kann man erleben. Die Boote starten bei passablem Wetter täglich. Auf dem offenen Meer herrscht immer etwas Seegang. Wer einen empfindlichen Magen hat, sollte lieber eine Reisetablette einnehmen.

Interessant dazu ist außerdem ein Rundgang im historischen Fyffe-Haus, das Haus des Gründers einer der ersten Walfangstationen Neuseelands.

Auf dem Lewis Pass (SH 7) geht es über raue Bergmassive zur Westküste. Lohnend ist hier gleich ein Stopp in Hanmer Springs. Der Ort in malerischer Bergkulisse punktet mit seinem tollen Thermalbad: In mehr als 20 Außenbecken, gespeist aus heißen Bergquellen, sowie einem Schlamm-Bad kann man sich verwöhnen und der Gesundheit etwas Gutes tun –

auch bei Schmuddelwetter. Vor dem Ortseingang bietet Hanmer Springs Attractions im pittoresken Canyon gleich mehrfachen Adrenalin-Kick: Bungee Jumping, rasante Jetboat-Fahrten und Rafting sind eine gute Alternative zu den viel besuchten Attraktionen in Queenstown, wobei der Fluss bei Hanmer Springs nicht ganz so reißend und der Fall am Bungee-Seil nicht ganz so tief ist wie in Queenstown und sich auch für Anfänger eignet. Auch Kajak- oder Quad-Fahrten werden angeboten.

Ohne mühsame Serpentinen geht es über den Pass, durch das urige Goldgräber-Städtchen Reefton nach Westport an der Westküste. In der Seehund-Kolonie am Cape Foulwind kann man in der Sommersaison reizende Seehund-Babys beobachten, die in Felsbecken an der gegenüberliegenden Küste planschen. Nehmen Sie dazu möglichst ein Fernglas auf die gut besuchte Aussichtsplattform mit und genießen Sie das Schauspiel!

REGENWALD UND GLETSCHER

An der wunderbar wilden, mit Regenwald bewachsenen Westküste Richtung Süden sollte man in Punakaiki anhalten. Unmittelbar vor dem kleinen Ort, wo der SH 6 den Pororari-Fluss überquert, kann man den üppigen Regenwald des Paparoa Nationalparks erleben: bei einem Spaziergang am Flussufer (Pororari River Track) oder einer imposanten Kanutour auf dem ruhigen River, der sich hier durch den steilen, dicht bewachsenen Canyon gräbt. Der Spaziergang kann sogar bei strömendem Regen beeindruckend sein. Auf dem Parkplatz darf man mit dem Wohnmobil übernachten. Weitere tolle Wege erfährt man nur einen Kilometer weiter im Info-Zentrum an den Pancake Rocks, den berühmten »Pfannkuchen-Felsen«. Der dortige zwanzigminütige Rundweg gehört quasi zum Pflichtprogramm beim ersten Besuch der Südinsel.

Links: Auf der Strecke von Haast nach Wanaka am Makarora River. Genau hier liegt der Cameron-Flat-Stellplatz des Department of Conservation (DOC).

Rechts: Dichter Regenwald am Blackwater Creek am Westküsten-Highway 6 zirka 100 Kilometer nördlich von Haast.

Die rekonstruierte Goldgräber-Stadt Shantytown können Sie südlich von Greymouth besuchen. Weiter gen Süden passieren Sie dann die Gletscher Franz-Josef und Fox in etwa 25 Kilometer Entfernung voneinander. Von den Parkplätzen kann man auf eigene Faust oder in einer geführten Gruppe recht nahe an die Gletscherzungen heranlaufen. Geführte und entsprechend ausgerüstete Wandergruppen, die das Eis erkunden wollen, setzt der Hubschrauber direkt auf den Gletschern ab. Durch die Erderwärmung haben sich die Gletscherzungen in den vergangenen Jahren aber auch hier sichtbar zurückgezogen. Im Fox-Glacier-Visitor-Centre der Umweltbehörde (Department of Conservation, DOC) sowie auf Campingplätzen gibt es eine Übersichtskarte mit Kurzwanderungen in der bewaldeten Gletscher-Region des Westland-Nationalparks.

Das Gesicht des Regenwaldes ändert sich erneut, je mehr man sich Haast nähert. Zwischen Büschen und Palmen wachsen zunehmend langstämmige, uralte Bäume, die der Wind zu einer markanten Kulisse am Straßenrand formt. Die außergewöhnliche Vegetation lässt sich schon auf kurzen Wanderungen erleben, zum Beispiel dem Kahikatea Swamp Forest Walk am Ship Creek. Hier geht es auf Bretterstegen durch ein historisches, sumpfiges Waldstück ab dem Parkplatz neben der Straße.

BERGGESÄUMTE SEEN

Jetzt erfolgt ein Landschaftswechsel: Von Haast führt der SH 6 landeinwärts über den Haast Pass und durch die Ausläufer des Mount Aspiring Nationalparks: Dicht bewachsene Bergwände und schneebedeckte Gipfel stehen in atemberaubendem Kontrast zur verschwenderischen Weite des Makarora Tals, schließlich folgen die Bergseen Lake Hawea und Lake Wanaka. Die Strecke ist gesäumt von hübschen Kurzwanderungen und Stellplätzen – schlichten DOC-Campsites – in wunderschöner Landschaft. Während sich Naturtouristen in der Ruhe des Lake Hawea besonders wohlfühlen, dort Radfahren, Kajaken, Angeln und sogar Rotwild jagen können, ist der Lake Wanaka beliebt für Wassersport wie Wasserski, Tretbootfahren und Gleitschirmfliegen, vom Boot gezogen. Wohnmobilisten können sich auf dem Parkplatz am See aufreihen (jedoch nicht zum Übernachten) und in der Tourist-Info gegenüber Aktivitäten buchen. Hier kann man ebenfalls gut Radfahren und Schwimmen. Falls gerade kein Badewetter sein sollte, sind blitzblanke Oldtimer – Autos und Militärflugzeuge – im Warbirds and Wheels Museum am Flughafen zu bestaunen. Im National Transport and Toy Museum wenige Meter weiter gibt es eine große Sammlung an Spielzeugen, Autos, Lkws, Traktoren und Flugzeugen.

WANDERN AM MILFORD SOUND

Zahlreiche Spazierwege und Wanderungen starten an der Straße zum Milford Sound, auch der berühmte Milford Track. Dieser muss, wie alle mehrtägigen »Great Walks«, rechtzeitig beim DOC gebucht werden. Die anderen, unterschiedlich schwierigen Wanderungen im Fjordland Nationalpark können spontan und kostenlos gelaufen werden. Übernachtung ist auf mehreren DOC-Stellplätzen möglich. Oft hängen Dunst-Schleier in den Schluchten, wie an den Steilwänden des Milford Sound, an denen Wasserfälle herunterrauschen. Am Ende der Straße, wo der Fjord beginnt, geht es nur mit einem der vielen Ausflugsschiffe weiter. Begehrt sind trotz des hohen Preises auch Übernachtungstouren im Milford- oder Doubtful-Sound. Bei passablem Wetter kann man Kajaktouren buchen.

Alles über den Mount Aspiring Nationalpark erfährt man im DOC Visitor Centre in Wanaka. Das markante historische Cardrona Hotel auf dem Weg über die Bergkette Crown Range ist heute Restaurant, Pub und Biergarten. Vom windigen Gipfel-Parkplatz blickt man auf die mit Tussockgras bewachsenen Berge und das Tal. Wohnmobilisten dürfen oben übernachten. In Serpentinen windet sich die Straße hinab mit Aussicht auf Queenstown und vielleicht einem herabsegelnden Gleitschirmflieger auf Augenhöhe!

FUNSPORT UND BERGWELT

Die Touristen-Hochburg Queenstown ist ein Funsport-Eldorado: Bungee Jumping und Jetboat am Shotover River, Wasserski, Goldwaschen, Gleitschirmfliegen oder gemächlich mit dem Raddampfer über den Lake Wakatipu, per Gondel zum Bob's Peak mit toller Rundum-Sicht auf Berge und See sowie einer Fahrt auf der Sommerrodelbahn Luge – den Aktivitäten sind hier keine Grenzen gesetzt. Wem der Queenstown-Trubel zu viel ist, der kann Richtung Glenorchy am abseits gelegenen Moke Lake spazieren gehen und auf dem unbeleuchteten DOC-Stellplatz den Sternenhimmel genießen. Bei klarem Wetter bietet ein Tagesausflug nach Glenorchy fantastische Ausblicke auf den langgezogenen Lake Wakatipu und die angrenzenden Berge.

Am südwestlichen Seeufer entlang geht es danach Richtung Milford Sound. Die Landschaft wird zunächst weiter und offener. Nur auf einer Straße kann man ab Te Anau im eigenen Fahrzeug oder Reisebus in den Fjordland Nationalpark und zu dem berühmten Fjord gelangen – je 120 Kilometer hin und zurück. Sobald der Nationalpark beginnt, wird die Gegend bergiger und dichter bewachsen mit knorrigen Bäumen und vielfältigen Moosen. Die Luft ist feucht und kühl, auch wenn es nicht regnet. Das Fjordland bildet zusammen mit den Nationalparks Mount Aspiring, Mount Cook und Westland (Gletscher) sowie der Region Haast das Weltnaturerbe South West New Zealand.

Oben: Blick von Bob's Peak auf Queenstown und den Lake Wakatipu

Linke Seite oben: Der weltberühmte Milford Sound im Fjordland Nationalpark

Linke Seite unten: Pause am Lake Wakatipu

Links: Der lauschige Stellplatz von Albert Town am Clutha River bei Wanaka

Rechts oben: An der Westküste in Hokitika

Rechts unten: Mit historischen Straßenbahnen kann man gemütlich Christchurch erschließen.

Rechte Seite: Kunst am Bau in Christchurch

DIE SÜDLICHEN ALPEN

Durch die wunderschöne, dünn besiedelte Landschaft zurück Richtung Queenstown fährt man dann über Frankton und Cromwell ins Inland. Das Cromwell Museum dokumentiert den umstrittenen Bau des gewaltigen Clyde Staudamms am Clutha River. Im Zuge dessen wurden Teile des Ortes umgesiedelt, und die verlassenen Häuser versanken in den aufgestauten Fluten. Der Stausee Lake Dunstan entstand. Daran entlang verläuft die Fahrt zum Lindis Pass durch karge Berge und trockene Hochebenen.

Breite Straßen führen über Twizel in die Südlichen Alpen zum Mount Cook, dem höchsten Berg Neuseelands (3754 Meter). Die malerische Anfahrt zum Mount Cook auf dem SH 80 verläuft am Ufer des Pukaki Sees entlang. Es ist wieder eine Stichstraße, aber auch hier ist die Berglandschaft bei klarem Wetter so schön und abwechslungsreich, dass man sie gut und gerne zweimal genießen kann. Vom großen Parkplatz und Stellplatz am Ende der Straße starten zahlreiche Wege, für Wanderer mit durchschnittlicher Fitness sowie für erfahrene Bergwanderer. Auch der erste Mount-Everest-Bezwinger, der Neuseeländer Edmund Hillary, trainierte rund um den Mount Cook.

Im Tasman Valley nebenan hat man ebenfalls eine sehr hübsche Sicht auf den Gipfel sowie, nach einem Fußmarsch, auf den Tasman Gletscher. Rundflüge schließen hier oft Fox- und Franz-Josef-Gletscher ein, die sich zur grünen Westküste hinabwälzen. Näheres dazu erfahren Sie in der Tourist-Info Twizel.

KATHEDRALE AUS PAPPROLLEN

Im weiteren Verlauf des SH 8 gehört der Lake Tekapo mit seiner historischen Steinkirche am Seeufer und der Bergkulisse zu den meistfotografierten Sehenswürdigkeiten. Der kleine Ort ist sehr touristisch geprägt. In der Sternwarte beobachten Wissenschaftler den südlichen Sternenhimmel. Besucher können hier mit kompetenter Anleitung sogar tagsüber in die Sterne blicken.

Über Fairlie geht es schließlich auf dem vielbefahrenen SH 1 durch eine unspektakuläre Ebene nach Christchurch. Das einst pulsierende Zentrum der Südinsel ist noch gezeichnet von den Erdbeben im September 2010 und Februar 2011, die zehntausende Häuser, Kanalisation und Leitungen massiv schädigten. Einige historische Bauten wie die neugotische Kathedrale inmitten der Stadt dürfen weiterhin nicht betreten werden. Ihre Zukunft ist ungewiss. Eine interessante Dokumentation bietet das Erdbeben-Infozentrum Quake City in der Innenstadt. Von den Wiederaufbau-Anstrengungen kann man sich bei Führungen und Rundfahrten, zum Beispiel mit der historischen Straßenbahn, überzeugen. Sehenswert ist auch die Cardboard Cathedral, die ein japanischer Architekt nach den Beben aus Papprollen und Schiffscontainern konstruiert hat. Sie ist der vorläufige Ersatz für die zerstörte Kathedrale und gilt als extrem erdbebensicher.

Vom Leben und Forschen im Eis erfährt man im Antarktis-Zentrum am Flughafen. Zahlreiche internationale Wissenschaftler starten von Christchurch aus ihre Antarktis-Expeditionen.

TOUR-INFO KOMPAKT

KILOMETER
2580

STRECKENVERLAUF
Picton – Kaikoura – Westport – Punakaiki – Gletscher – Haast – Wanaka – Queenstown – Te Anau – Milford Sound – Lindis Pass – Mount Cook – Lake Tekapo – Christchurch

HIGHLIGHTS
Kaikoura: Whale Watching, Hanmer Springs: Bungee Jumping, Jetboat, Rafting, Thermalbad, Westport: Seehund-Kolonie Cape Foulwind, Punakaiki: Kajaken und Wandern im Regenwald-Canyon, Pancake Rocks, Greymouth: rekonstruierte Goldgräberstadt Shantytown, Franz-Josef-Gletscher, Fox-Gletscher, Queenstown: Funsport, Dampfschiff-Fahrt auf dem See Wakatipu, Milford Sound: Bootstouren, Christchurch: Erdbeben-Zentrum »Quake City«

CAMPING- UND STELLPLÄTZE

Alpine Pacific Holiday Park, 69 Beach Rd, Kaikoura 7300, Tel. 0064/3/319 62 75, www.alpine-pacific.co.nz
GPS: S42°23'37.3092" E173°40'43.8276"
Vergleichsweise ruhiger Platz im Ort.

Carters Beach Top 10 Holiday Park, 57 Marine Parade, Westport 7825, Tel. 0064/3/789 80 02, www.top10westport.co.nz
GPS: S41°44'59.68" E171°33'18.609"
Nahe des langen Carters Beach und der Seehund-Kolonie.

Lake Hawea Holiday Park, 1208 Makarora-Lake Hawea Rd, Albert Town 9382, Tel. 0064/3/443 17 67, www.haweaholidaypark.co.nz
GPS: S44°36'17.6076" E169°14'45.0384"
Wunderschön gelegen am Bergsee.

DOC-Campsite Cameron Flat, Haast Pass – Makarora Rd, Haast 9382,
GPS: S44°9'40.392" E169°17'14.244"
Stellplatz im pittoresken Tal des Makarora River, in der Nähe des Haast Pass.

Albert Town Camping Area, am Clutha River, SH 6, Albert Town, Tel. 0064/3/443 78 83,
GPS: S44°40'45.5484" E169°11'22.9596"
Hübscher Stellplatz in der Nähe von Wanaka.

DOC-Campsite am Moke Lake, Moke Lake Rd, Otago 9371, Queenstown,
GPS: S44°59'53.224" E168°34'23.121"
Stellplatz mit besonderer Atmosphäre, am See, von rauen Bergen umgeben.

TOURIST-INFO

Allgemeine Informationen
www.newzealand.com

Wanderwege, Nationalparks und Stellplätze des Department of Conservation (DOC-Campsites)
www.doc.govt.nz

Kajaken im Regenwald: http://riverkayaking.co.nz

Funsport in Hanmer Springs:
http://welcomeaboard.co.nz

14 AUSTRALIENS SÜDWESTEN

Von Perth nach Bremer Bay

Weite und Ursprünglichkeit kennzeichnen den gesamten australischen Kontinent. Im Südwesten dieses riesigen Landes kommen noch wunderschöne, uralte Wälder hinzu. Eine glitzernde Mega-Metropole am Fluss, junge Weingüter von Weltruf und aufregende Tierbeobachtungen zu Land und auf hoher See vervollständigen dieses außergewöhnliche Reiseerlebnis mit dem Wohnmobil.

Es hat kräftig geregnet, zum zweiten Mal in diesem Sommer: Was andernorts wenig spektakulär erscheint, ist seit Tagen in Perth, der einzigen Großstadt im riesigen und fast immer staubtrockenen Westaustralien, das Gesprächsthema Nummer eins. Willkommen in einem Land, wo auch sonst vieles anders ist! Der Linksverkehr etwa oder der Umstand, dass die Sonne beinahe täglich vom Nordhimmel brennt. Neues mischt sich ebenfalls darunter, beispielsweise der 2016 eingeweihte Elizabeth Quay im Zentrum am Swan River. Nach der Fertigstellung der ersten Phase dieses milliardenschweren Langzeitprojekts unter der Devise »Unsere Stadt soll (noch) schöner werden«, sagen viele Einheimische und Gäste übereinstimmend: »Es ist auf einem guten Weg.«

IM GOLDRAUSCH

Viele Ankömmlinge aus allen Ecken der Erde – auch jene, die die Einsamkeit suchen und mit dem Camper das Outback erkunden möchten – beginnen ihre Reise an dieser schicken Promenade von Perth, bevor sie in die Natur aufbrechen. Sie möchten nochmals die Annehmlichkeiten des urbanen Lebens genießen und vielleicht fein essen gehen (Tipp: The Reveley). Fantasievolle Elemente wie etwa die Riesenskulptur eines Vogels mit ausgebreiteten Flügeln am Eingang zur Hafenmeile, geschaffen von Laurel Nannup, einem bekannten Künstler des Aborigine-Stammes der Noongar, verweisen auf die sogenannte Traumzeit-Geschichte. Diese erzählt von der Wiederkehr

Fantastischer Blick auf Perth vom Kings Park

Links: Kontraste prägen Perths Shopping-Meilen

Rechts: Sanshi Saigasa ist stolz auf sein riesiges Didgeridoo-Sortiment.

der Ahnen der Ureinwohner aus Wadjemup (Rottnest Island).

Portugiesen sollen unbestätigten Berichten zufolge die ersten Europäer gewesen sein, die vor mehr als 500 Jahren in Westaustralien an Land gingen. Holländer und Engländer folgten. Der Aufstieg von Perth vom Sträflingslager zur Weltmetropole setzte am Ende des 19. Jahrhunderts ein – zeitgleich mit den ersten Goldfunden im 600 Kilometer entfernten Kalgoorlie und dem anwachsenden Strom der Glücksritter. Vorausgegangen war anno 1888 die Einweihung der Sankt George's Cathedral im neugotischen Stil. Deren filigrane Verzierungen und Figuren im Altarraum, gefertigt aus Alabaster und Marmor, springen sofort ins Auge.

Nur wenige Meter weiter beginnt das quirlige Geschäftszentrum mit den parallel verlaufenden Fußgängerzonen Murray Street Mall und Hay Street Mall. Sie sind durch Einkaufspassagen, teils offen, teils überdacht, verbunden, darunter der seltsam anmutende London Court, erbaut in den 1930er-Jahren in einer Art Neo-Tudorstil. Die schmalen, auf Mittelalter getrimmten Fachwerkhäuser ducken sich im Schatten imposanter Wolkenkratzer. Den schönsten Blick auf die Skyline hat man übrigens von einer Plattform im gegenüberliegenden Kings Park. Ein Spaziergang durch das bereits im Jahr 1872 angelegte Erholungsgebiet mit Botanischem Garten empfiehlt sich besonders zur Hauptblütezeit in den Monaten September und Oktober.

DAS REISEFIEBER STEIGT

Welche Ausstellungen, Konzerte und Veranstaltungen gerade angesagt sind oder wo sich die lauschigsten Cafés verstecken, verraten private Stadtführer wie Ryan Zaknich von »Two Feet & a Heartbeat Walking Tours« (www.twofeet.com.au). Nach ein paar Tagen aufregender, lohnender City-Erlebnisse und einem Übermaß an Eindrücken könnten auch Sie dann freudig gespannt das Wohnmobil in einem Außenbezirk in Flughafennähe übernehmen. Alles ist dort straff organisiert. Daher rollen die Fahrzeuge nach einer ausführlichen Unterweisung fast im Minu-

Oben: Neu gestalteter Elizabeth Quay – Perth – im Lichterglanz

Rechte Seite oben: Riesig – Baumgiganten im William Bay National Park

Rechte Seite unten: Yeagarup-Sanddünen und Marri-Bäumen stehen sich im Warren National Park gegenüber.

tentakt vom Hof, auch dank bequemem Online-Check-in von zu Hause aus. Sogar die Adresse einer Filiale einer deutschen Supermarktkette – ein häufig angefahrenes erstes Ziel – ist im Navigationsgerät gespeichert. Die verkehrsarmen Vororte sind gut geeignet, um den Linksverkehr zu üben. Auch wer schon einmal mit Linkslenker im Linksverkehr gefahren ist, etwa mit dem eigenen Fahrzeug in Großbritannien, muss sich umstellen: Er sollte seinen Blick nun verstärkt nach rechts auf die Mittellinie richten.

Diese Tour führt nach Bremer Bay an der zwar ganzjährig milden und sonnigen, aber bisweilen windigen Südküste. Dort lassen sich, so viel sei verraten, mit etwas Glück Orcas beobachten. Doch zunächst steuern Sie vielleicht am besten einen Laden im nahen Fremantle an, der bislang einzigartig ist. Der Japaner Sanshi Saigasa und mehrere Mitstreiter führen darin nicht nur das umfangreichste Didgeridoo-Sortiment in Australien, sondern betreiben auch die landesweit größte Didgeridoo-Schule. Ein Grundkurs im Erzeugen von ersten (dumpfen) Tönen auf dem traditionellen Blasinstrument der Aborigines dauert nur eine Viertelstunde – wem der Klang gefällt und wer die nötige Zeit und Ausdauer mitbringt, darf ihn gerne auf ein bis zu zehn Wochen dauerndes Übungsprogramm ausweiten (www.didgeridoobreath.com). Folgt man weiter der Market Street, erreicht man nach wenigen Schritten das Zentrum der historischen Hafenstadt mit seinen herrlich restaurierten Gebäuden im Kolonialstil. Fremantle wirkt angenehm beschaulich, hervorzuheben sind etwa die vielen Second-Hand-Buchläden, die Floh- und Gemüsemärkte oder die Gastromeile am Fischereihafen. Der 1829 von Kapitän Charles Howe Fremantle gegründete Ort und Perth sind zu einem ungleichen Ehepaar zusammengewachsen. Die schönen Strände dazwischen, wie der Cottesloe Beach, besiegeln den Bund.

FLIPPER-FEELING

Nach zwei Stunden Fahrt an der Küstenstraße ist Bunbury erreicht. Die Stadt ist in erster Linie bekannt dafür, dass sie ungeheuer anziehend auf Delfine wirkt. Nicht selten zeigen sich Eclipse, Cracker und Cookie – drei besonders stattliche Exemplare, die nach Aussage des Parkführers im Dolphin Discovery Centre von Zeit zu Zeit fast jeden Morgen in dieser Bucht am Koombana Drive ihre Runde drehen. Für Ende 2018 ist die Eröffnung eines neuen multimedialen, Millionen Dollar teuren Besucherzentrums vorgesehen (www.dolphindiscovery.com.au).

Surfer zieht es derweilen nach Yallingup, dessen weite Strände auch beim übrigen Publikum zu den beliebtesten im Südwesten gehören. Eine gute Übernachtungsadresse ist dort der Yallingup Beach Holiday Park, nur ein paar Schritte vom türkisfarbenen Meer entfernt. Ein exquisites Speiseerlebnis bei Kerzenlicht beschert das Little Fish Restaurant im wenige Kilometer entfernten Gunyulgup Valley mit Aussicht auf einen See, der bei Sonnenuntergang zusätzliche stimmungsvolle Momente verheißt (www.littlefish.net.au). Ebenfalls für seine vorzügliche Küche bekannt ist das Weingut Voyager Estate, das 1996 im südafrikanischen Villenstil mit strahlend weißen Fassaden in den Hügeln um die Stadt Margaret River angelegt wurde. Der Wine Room Manager Adam Elton schwärmt von den nahezu idealen Wachstumsbedingungen in der Region, berichtet aber auch, dass der heftige Regen den empfindlichen Beeren eher geschadet als genutzt habe. Eine regelrechte Plage seien zudem die Kängurus, die traubennaschend zwischen den Reben umherstolzieren. Sie und die landesweit typischen, großen Vogelscharen im eleganten Formationsflug sind auch der Grund für die weißen Netze, die die Weinstöcke über weite Teile überspannen (www.voyagerestate.com.au).

RIESENBÄUME UND RIESENDÜNEN

Die Leidenschaft für die Natur ist dem Ehepaar Dearle geradezu ins Gesicht geschrieben. Toni und ihr Mann Graeme, die bis zum Jahr 2000 einen »normalen« Beruf ausübten, bieten in der Provinzstadt Pemberton spannende Ausflüge mit Geländewagen an. Diese sind das einzig zugelassene Verkehrsmittel im Karri-Forest mit seinen Sandpisten, wo neben den Karris die ebenso riesigen Marri-Bäume in den Himmel ragen und die Sonne durch die lichten Wipfel blinzelt. Die größten Exemplare werden 90 Meter hoch und bis zu 500 Jahre alt. Wegen des roten Harzes, das austritt, wenn die Rinde verletzt ist, nennt man die Marris auch Bloodwoods, »Bluthölzer«. Marri ist übrigens das Wort für Blut in der Sprache der eingangs erwähnten Noongar, die das Harz als heilend betrachten und zum Beispiel auch als Schnupfenmittel verwenden.

STRECKENPLANUNG

Dass die Entfernungen im Riesenstaat Westaustralien deutlich größer ausfallen als in der Heimat, kann man besonders im Hinblick auf eine Camperreise nicht oft genug betonen. Zwar sind die Fernstrecken wenig befahren, aber bis zu 53,5 Meter lange Road Trains erfordern höchste Konzentration auf den schmalen Fahrbahnen.
Eine Durchschnittsgeschwindigkeit von fast 100 Stundenkilometern, die das Navi fälschlich zu Grunde legt, sind vor allem mit großen Wohnmobilen unrealistisch.
Nicht zu unterschätzen sind auch die vielen Gravel Roads, wellige Schotterpisten, die sich nicht immer vermeiden lassen. Die Camper-Vermieter erlauben darauf oft nur eine Geschwindigkeit von 12 km/h. Hält man sich daran, wird die Abzweigung zum Campingplatz zu einer Tagesreise.

Links: Arbeitsintensiver Anbau im Weingut Voyager Estate (Margaret River)

Rechts oben: Gut behütet – Mutter und Kind im Quaalup Homestead Wilderness Retreat

Rechts unten: Immer geradeaus auf dem South Coast Highway

Graeme und der Jeep bringen Sie sicher zum Warren National Park mit den fast schneeweißen, unvorstellbar riesigen Yeagarup-Sanddünen, durch deren Mitte sich die hellbraunen, wellenschlagenden Fluten des Warren-Flusses ins blaue Meer ergießen. Ein weiterer Höhepunkt ist dann das abschließende Picknick unter den fast ebenso imposanten Jarrahs, einer Eukalyptus-Art, auch wenn diese Bäume »nur« 40 Meter hoch werden. Sie sind optisch einfach an der längsgestreiften Rinde auszumachen. (www.pemberton-discoverytours.com.au)

FLORA UND FAUNA

Das Valley of The Giants bei Walpole gibt eine überzeugende Antwort auf die Frage, wie es sich anfühlt, im Rhythmus der schwankenden Kronen von Baum zu Baum zu schreiten. Diese Erfahrung verdankt man einer 600 Meter langen und 40 Meter hohen, schwingenden Stahlkonstruktion mit dem Namen »Tree Top Walk«. Vielleicht ergibt sich beim Passieren der Brücke die seltene Gelegenheit, einem Kakadu in der freien Natur tief in die Augen zu blicken. Das Unterholz der vielen verschiedenen Eukalyptus-Arten bietet Beuteltieren wie Quokkas und Kurznasenbeutlern sicheren Unterschlupf. Zu sehen bekommt man diese jedoch nur bei einer Nachtwanderung.

Orcas, auch Schwertwale genannt, sind die größten Exemplare in der Familie der Delfine. Man bezeichnet sie zudem oft als Killer- oder Mörderwale, da in ihren Mägen unglaubliche Mengen an verspeisten Tieren gefunden wurden. Sie haben übrigens auch ein sehr kräftiges Gebiss mit 40 Zähnen. Doch die Killerwale töten nicht wahllos, sondern ernähren sich von Fischschwärmen und Vögeln sowie kleinen Walen und Robben. Die drei bis neun Tonnen schweren, aber blitzschnellen Schwimmer gelten darüber hinaus als die Gesundheitspolizei des Meeres, da sie auch erkrankte und verletzte Meeresbewohner fressen.

Planen Sie unbedingt einen spannenden, mehrstündigen Schiffsausflug mit Naturaliste Charters Whale Watching and Eco Tours in Dunsborough bei Bremer Bay. Selbst, wenn Sie mit dem Wetter ausnahmsweise kein allzu großes Glück haben sollten –

es kann schon einmal vorkommen, dass dicke graue Wolken über die kühlen Fluten des südlichen Ozeans ziehen und Regentropfen gegen die Scheiben prasseln, während Nebelschwaden die Sicht trüben – können Sie aber dennoch ein paar der schwarz-weißen Kolosse beim Springen erspähen. Dieser Moment ist dann nämlich in jedem Fall sehr ergreifend und entschädigt für die Schaukelei. Er ist dazu ausreichend lang, um ihn sich für immer ins Gedächtnis zu brennen (www.whales-australia.com) und wird daher ebenso fest in guter Erinnerung bleiben, wie all die anderen schönen Augenblicke auf dieser Tour mit dem Reisemobil durch die faszinierenden Urwälder im Südwesten Australiens.

TOUR-INFO KOMPAKT

KILOMETER

865

STRECKENVERLAUF

Perth – Fremantle – Bunbury – Yallingup – Margaret River – Augusta – Pemberton – Walpole – Albany – Bremer Bay

HIGHLIGHTS

Perth: Elizabeth Quay, Kathedrale, Culture Centre, Fremantle: schöner Kern, Fischereihafen, Bunbury: Dolphin Discovery Centre, Yallingup: Surf-Strände, Margaret River: Weingüter, Pemberton: Karri-Bäume, Sanddünen, Albany: National Anzac Centre, Bremer Bay: Whale Watching

FLY & RENT

Täglich Flüge Frankfurt–Perth mit Etihad Airways oder Quantas.
Mietmobile: www.keacampers.com, www.maui-rentals.com, www.britz.com, www.letsgomotorhomes.com

CAMPING- UND STELLPLÄTZE

Yallingup Beach Holiday Park, 186 Beach Road, Yallingup, WA 6282, Tel.0061/8/97 55 21 64, www.yallingupbeach.com.au
GPS S33°38'24" E115°01'33"
Wiesengelände mit Bäumen, Picknickzone mit Sitzgarnituren und Meerblick, zum Strand 200 m.

Rest Point Holiday Village, 1 Rest Point Road, Walpole WA 6398, Tel. 0061/8/98 40 10 32, www.restpoint.com.au
GPS S34°59'16" E116°43'15"
Wiesenareal an Meeresarm, vereinzelt hohe Bäume, kleiner Laden.

BIG4 Middleton Beach Holiday Park, 28 Flinders Parade, Albany, WA 6330, Tel. 0061/8/98 41 35 93, www.holidayalbany.com.au
GPS S35°01'21" E117°54'55"
Wiesen-Terrain mit Betonflächen am Strand, kaum Schatten, gute Ausstattung, Freibad.

Quaalup Homestead Wilderness Retreat, 1 Gairdner Road, Bremer Bay, WA 6338, Tel. 0061/8/98 37 41 24, www.whalesandwildflowers.com.au
GPS S34°15'42" E119°24'34"
Natur-Camp in Reservat am West Mount Barren, deutsche Leitung, botanischer Lehrpfad.

TOURIST-INFO

WA Visitor Centre, 55 William Street, Perth 6000, Tel. 0061/8/94 83 11 11, www.wavisitorcentre.com.au

Tourism WA, c/o The Conjoint Marketing Group GmbH, Fraunhoferstraße 8, 82152 Martinsried, Tel. 089/219 09 65 16, www.westernaustralia.com

15 WESTAUSTRALIEN – DIE SÜDKÜSTE UND MINE SITE

Von Esperance zum Wave Rock

Buchten wie die Lucky Bay bei Esperance am Southern Ocean zählen zu den schönsten weltweit. Der Archipel davor besticht zudem mit großartiger Fauna. Nördlich beginnt das Outback mit verlassenen Goldfeldern und teils immer noch profitablen Minen. Der Felsen Wave Rock ist von einzigartiger Schönheit. Auch die Aborigines liebten ihn, bis Mulkas Geist sie vertrieb.

Mächtige, oft über 100 Jahre alte Norfolktannen säumen die Strandpromenade in Esperance. Esperance ist mit rund 10 600 Einwohnern eine zwar kleine, aber dennoch bedeutsame Stadt an der Südküste des Bundesstaates Westaustralien. Sie ist Ausgangspunkt für diese Tour mit dem Miet-Camper zu den legendären Goldfields im Norden der Region Kalgoorlie-Boulder – und wieder zurück in südwestliche Richtung zum Naturwunder Wave Rock. Die vielen landschaftlichen Höhepunkte, die Esperance berühmt machen, erstrecken sich alle ein wenig außerhalb, wie zum Beispiel die Rundstrecke Great Ocean Drive im Westen mit dem Eleven Mile Beach und weiteren zauberhaften, von Granitfelsen umrahmten Stränden in der Twilight Bay. Landeinwärts leuchtet – zeitweise zumindest – rosafarben der Pink Lake, verursacht durch die Dunaliella salina, einer salzresistenten Alge.

RECHERCHE-ARCHIPEL UND CAP LE GRAND NATIONAL PARK

Der vorgelagerte Recherche-Archipel, bestehend aus 105 Inseln und annähernd 1800 Klippen, besticht durch seine vielfältige Tierwelt. Wer einen Eindruck von ihr gewinnen möchte, nimmt am besten an einer der Bootstouren teil, die von November bis Februar regelmäßig am Hafendamm Taylor Street starten. Der Anbieter ist Woody Island Eco Tours. Auf dem Weg zur gleichnamigen Insel passieren die Schiffe zwei Seelöwenkolonien. Mit Glück können Sie sogar eine

Wave Rock – von Wind und Wasser geformtes Naturwunder

Links: Glückliche Stunden in der Lucky Bay

Rechts: Naturführerin auf Woody Island zeigt jungen Australischen Dickschwanzgecko.

Seelöwen-Mutter mit Kind beim Sonnenbaden auf einem Felsen sichten. Hauptprogrammpunkt ist eine geführte Wanderung rund um Woody Island, wobei Begegnungen mit dem Australischen Dickschwanzgecko und dem Heiligen Eisvogel fast hundertprozentig garantiert sind. Abschließend bleibt noch freie Zeit, um etwa im türkisfarbenen Ozean zu baden oder schnorchelnd die Unterwasserwelt zu erkunden.

Eine märchenhaft schöne Küste mit blendend weißen, sichelförmigen Sandstränden, umrahmt von graubraunen Granitblöcken und grüner Heide zeichnet die östlich der Inseln gelegene Landzunge aus. Diese umfasst etwa die Hälfte des 321 Quadratkilometer großen Cape Le Grand National Parks. Als die beeindruckendsten Buchten gelten die drei mittleren: Hellfire Bay, Thistle Cove und Lucky Bay. Sie laden zu ausgedehnten Wanderungen ein. Es gibt einige beachtenswerte Felsen zu bestaunen, wie zum Beispiel den nach innen geformten Whistling Rock in der Thistle Cove.

Ein 15 Kilometer langer Wanderweg begleitet die Küste. Die auffälligste Pflanze im Heidegestrüpp ist der Westaustralische Weihnachtsbaum aus der Familie der Mistelgewächse mit goldgelber Blütenpracht zur Weihnachtszeit. In der Dämmerung sieht man bisweilen den Honigbeutler durch die verbreiteten Banksia-Büsche flitzen: Das nur sieben Zentimeter lange Tier trägt mit seiner spitzen Schnauze und seinem Fell dazu bei, dass die anhaftenden Pollen von Blüte zu Blüte gelangen. 160 Vogelarten sind hier ebenfalls beheimatet. Einen schönen Blick über den National Park genießt man vom Gipfel des bizarren Kegelbergs Frenchmen Peak (262 Meter), dessen Aushöhlung unter der Spitze einen idealen Rastplatz im Schatten darstellt. Die Zufahrt zum Park ist gebührenpflichtig und die Zahl der Camping-Stellplätze beschränkt. Die notwendige Erlaubnis ist im Ranger Office am Eingang erhältlich. Leider sind die beiden örtlichen Campgrounds im Sommer häufig belegt und eine Reservierung ist nicht möglich.

WIND, WETTER, GOLD UND EIN GLÜCKSGAUL

In dieser Küstenregion herrscht mediterranes Klima, gekennzeichnet durch warme und trockene Sommer

sowie kühle und feuchte Winter. Zwischen Oktober und März liegt die durchschnittliche Tageshöchsttemperatur bei etwa 25 Grad Celsius, doch können heißtrockene Nordwinde, die bis hierher vorstoßen, weitaus höhere Temperaturen bescheren. Die stets kühle Brandung macht dies aber erträglich. Manchmal fegt ein heftiger Wind namens Esperance Doctor übers Land und lässt die Dünen bis zu 50 Meter hoch anwachsen.

Der Ort erhielt angeblich seinen Namen durch französische Seefahrer: Sie suchten im Jahr 1792 mit ihrem Schiff L'Espérance (auf Deutsch Hoffnung) an der Stelle der heutigen Stadt Zuflucht vor einem Sturm. Die ersten Europäer, die hier vorbeisegelten, waren um 1627 vermutlich holländische Entdecker an Bord der Gulde Zeepaard. Dies beweist eine Karte von der Südküste Australiens, die nach der Heimkehr des Schiffes gedruckt wurde: Auf ihr sind bereits viele Recherche-Inseln verzeichnet. Viel später, etwa ab 1820, kamen die Walfänger und Robbenjäger und erst dann die Glückssucher, die die Küstenstadt 1893 gründeten – angelockt vom Goldrausch in Kalgoorlie, wohin sie auch weiterzogen. Die erste Blütezeit von Esperance war sehr kurz: Sie fand nach nur drei Jahren ein jähes Ende, nachdem die Eisenbahntrasse von Perth nach Kalgoorlie fertiggestellt worden war und die meisten Goldsucher daraufhin die bequeme Anreise per Zug aus dem Westen bevorzugten. Der Weg führt Sie weiter nach Norseman, einem ebenfalls früher sehr reichen Ort. Dieser hat seine Gründung einem Pferd zu verdanken. Es hieß Hardy Norseman und gehörte Lawrence Sinclair, der lange vergeblich nach dem Edelmetall gesucht hatte. Auf dem Ritt zurück nach Esperance im Juli 1894 scharrte das Pferd am Nachtlager eine Goldader frei. Diese barg eines der größten bislang gefundenen Vorkommen in Westaustralien – bis Ende des 20. Jahrhunderts wurden dort über 100 Tonnen Gold gefördert. Heute ist die Ortschaft nur noch eine Versorgungsstation für Durchreisende.

Die 1989 zusammengelegte Zwillingsstadt Kalgoorlie-Boulder ist das einzig verbliebene, bedeutende Zeugnis des Goldrausches. Während alle anderen Orte in der Umgebung entweder stark geschrumpft oder gänzlich verschwunden sind, steigt dort nach mehreren Rückgängen die Bevölkerungszahl wieder. Die alten Prachtbauten in der Hannan Street, Kalgoorlies Hauptstraße, darunter das 1908 erbaute Rathaus und das York Hotel von 1901, erstrahlen schöner denn je. Zwar wirkt Boulders Gegenstück, die Burt Street, im Auftritt bescheidener, doch die ehemaligen Wohnhäuschen der Goldgräber haben ihren eigenen Charme. Das Museum of the Goldfields und das Western Australia School of Mines Mineral Museum schil-

ALLRAD-FAHRZEUGE

Bevor man ein Fahrzeug bucht, muss man wissen, welche Anforderungen es erfüllen soll. Dazu kommt, dass in Westaustralien – abgesehen von der Gegend um Perth – Schotterpisten (Gravel Roads) verbreitet sind. Es gibt auch Touristenrouten, z. B. das Burra Rock Nature Reserve, wo Allrad-Fahrzeuge empfehlenswert oder gar vorgeschrieben sind. Wer gerne fernab der Hauptstrecken unterwegs ist, sollte daher ein 4WD-Fahrzeug reservieren. Diese sind aber oft recht teuer und manchmal schon 12 Monate vorher ausgebucht. Es empfiehlt sich, immer möglichst früh zu buchen, da die Nachfrage nach preiswerten und hochwertigen Autos stets hoch ist und man nicht auf Last-Minute-Angebote setzen kann. Im Gegenteil: Je näher der Reisetermin rückt, umso teurer wird es (www.camperdays.de).

dern die aufregende Vergangenheit. Alles begann mit Paddy Hannan, der 1893 an diesem Ort das erste Gold fand.

MAN GRÄBT UND GRÄBT

Nicht weit davon entfernt liegt die noch betriebene Super Pit, die viertgrößte Goldmine der Welt. Das Riesenloch ist 3,5 Kilometer lang, eineinhalb Kilometer breit und 350 Meter tief – und es wächst weiter. Doch es werden keine Nuggets mehr aus engen Gängen gekratzt, sondern tonnenschwere Felsen abgetragen, die zerkleinert und mit Hilfe von Hitze und Chemikalien verflüssigt werden. Immer noch kommen so bis zu 28 Tonnen Gold jährlich zusammen, die in Perth zu Barren gegossen werden. Die Mine soll voraussichtlich bis 2029 in Betrieb bleiben.

Von Kalgoorlie aus starten Sie dann an einem anderen Tag weiter gen Norden. Der Goldfields Highway führt in Richtung Leonora. Andere Fahrzeuge sieht man kaum und Camper sind hier Exoten. Die nächste Etappe heißt Menzies, 131 Kilometer nördlich von Kalgoorlie. Etliche Goldgräber suchten dort einst ihr Glück abseits der großen Stadt, jeder wollte es Paddy Hannan nachmachen. Einem Mann gelang es 1894: Er hieß Menzies. Fünf Jahre später kam die Eisenbahn und schon 1900 hatte der Ort 10 000 Einwohner. Doch bald war alles wieder vorbei. Heute besitzt Menzies nur wenig mehr als eine renovierte Town Hall mit einem Uhrenturm im italienischen Stil – dazu ein paar Relikte, wie zum Beispiel vom Rost zerfressene Minenroller.

Gut 40 Kilometer hinter Menzies zweigt eine Straße in Richtung Niagara Dam ab. Gebaut wurde das Reservoir ursprünglich, um Kühlwasser für die Lokomotiven zu stauen. Das Vorhaben scheiterte jedoch, da man kurze Zeit nach der Fertigstellung große unterirdische Mengen Wasser im nahe gelegenen Kookynie entdeckte und somit der Damm nicht mehr gebraucht wurde. Beim Bau kamen 400 Kamele zum Einsatz, die unter anderem den Zement über hunderte Kilometer heranschafften.

Oben: Seelöwen-Mama mit Baby auf einer der 105 Recherche-Inseln

Linke Seite oben: Traumstrände säumen den Cap Le Grand Nationalpark.

Linke Seite unten: Outback-Nest Menzies, benannt nach einem berühmten Goldgräber

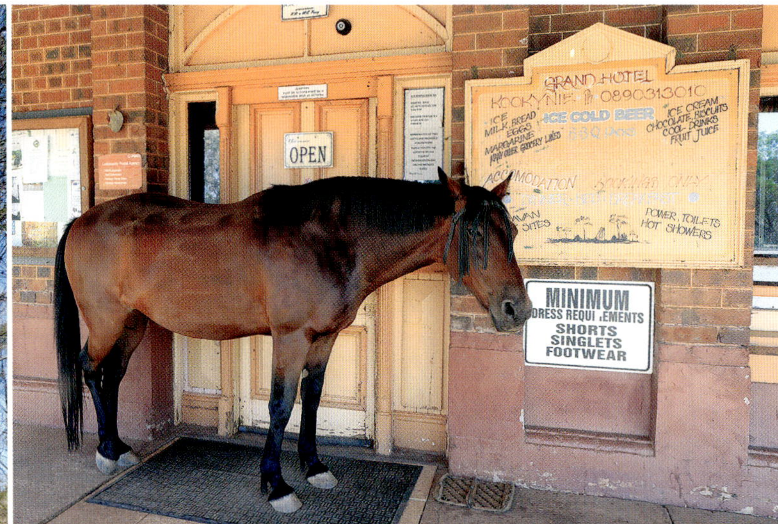

Links: Schöne Steine markieren den Eingang von Mulka's Cave.

Rechts oben: Portier Willy im Grand Hotel in Kookynie

Rechts unten: Western-Atmosphäre in Kalgoorlie – Ausblick vom Balkon des Restaurants Balcony.

Rechte Seite: Gute Basis mit Pool – Discovery Holiday Parks

EIN PFERD ALS TÜRSTEHER

Kookynies Einwohnerzahl wird momentan mit 13 angegeben. Sehr bemerkenswert ist, dass sich das bekannte Grand Hotel im Ort halten konnte – inklusive dem besten Outback Pub in der Goldfields-Region. Kevin und Margaret Pusey betreiben das Haus mit angeschlossenem Caravan Park seit vielen Jahrzehnten mit Herzblut, was die zahllosen alten Fotografien an den Wänden belegen. Kürzlich ist mit dem Pferd Willy noch ein tüchtiger Mitarbeiter hinzugekommen. Das Tier wurde von seinem früheren Besitzer vernachlässigt und scheint fast glücklich, sich jetzt »nützlich machen« zu können: Es wacht unter anderem über die Tanksäule und die Eingangstür. Zur Glanzzeit, etwa um 1906, hatte Kookynie viel zu bieten, darunter das erste Freibad in den Goldfields für 3500 Einwohner und elf Gastbetriebe. Dazu kamen die üblichen Handwerker wie Bäcker und Metzger – des Weiteren Liebesdienerinnen und fünf General Stores. Polizei, Arztpraxis, Schule, Post und Telegrafenamt waren ebenfalls vorhanden. Immerhin verkehrten vier Züge pro Tag zwischen Kalgoorlie und Kookynie.

Im Jahr 1896 erfasste der Goldrausch auch das Gebiet von Leonora, die letzte Etappe in der Mine Site. Der Ort wurde nie ganz aufgegeben, da er ein wichtiges Verwaltungszentrum für die umliegenden Farmen blieb. 1969 fand man zudem Nickel und kleine Minen wurden wieder eröffnet, als der Goldpreis stieg. Leonora ist ein typisches Outback-Nest, wo man in erster Linie den Camper mit neuen Vorräten belädt. Denn der Weg ist schließlich weit zum Wave Rock (690 Kilometer), einem bunt gestreiften, ca. 2,8 Milliarden Jahre alten Granitfelsen, der durch Erosion und Witterung zu einer beeindruckenden Welle geformt wurde. Er ist etwa 15 Meter hoch und 110 Meter lang. Das Gelände mit Besucherzentrum und Campground ist über Asphaltstraßen zu erreichen. Felszeichnungen weisen darauf hin, dass die Gegend in der Vergangenheit von Aborigines bewohnt war. Doch Mulkas Geist vertrieb der Überlieferung nach die Urbevölkerung. Mulka, ein schielender Tyrann, fraß kleine Kinder und tötete seine Mutter. Der Geächtete floh aus seiner Höhle, wurde aber aufgespürt und erdolcht. Manche Ureinwohner sind davon überzeugt, dass der Geist Mulkas noch immer in dieser nahe gelegenen Höhle lebt. Angelegte Wanderpfade sollen dabei helfen, der Legende nachzuspüren.

TOUR-INFO KOMPAKT

KILOMETER
1410

STRECKENVERLAUF
Esperance – Cap Le Grand National Park – Norseman – Kalgoorlie-Boulder – Menzies – Kookynie – Leonora – Coolgardie – Southern Cross – Merredin – Kondinin – Hyden

HIGHLIGHTS
Esperance: Woody Island, Cap Le Grand National Park, Kalgoorlie-Boulder: historisches Stadtbild, Bergwerkmuseen, Kookynie: Grand Hotel, Leonora: Gwalia Ghost Town, Hyden: Wave Rock, Mulka's Cave

FLY & RENT
Täglich Flüge Frankfurt–Perth mit Etihad Airways oder Quantas.

Mietmobile: www.keacampers.com
www.maui-rentals.com, www.britz.com
www.letsgomotorhomes.com

CAMPING- UND STELLPLÄTZE
Esperance Seafront Caravan Park, Goldfields Road, Esperance, WA 6450, Tel.0061/8/90 71 12 51, www.esperanceseafront.com
GPS: S33°50'45" E121°54'08"
Wiesengelände mit Bäumen etwas außerhalb vom Zentrum an der Strandpromenade, kleiner Laden.

Lucky Bay Campground, Lucky Bay, Cape Le Grand National Park, Tel. 0061/8/90 83 21 00, https://parks.dpaw.wa.gov.au
GPS: S33°59'29" E122°13'09"
Schön angelegte Terrassenplätze mit Blick auf die Bucht, Duschen, aber kein Strom.

Discovery Holiday Parks, 286 Burt Street, Kalgoorlie-Boulder, WA 6432, Tel. 0061/8/90 39 48 00, www.discoveryholidayparks.com.au
GPS: S30°46'55" E121°28'12"
Wiesen-Terrain mit Betonflächen am Stadtrand, kaum Schatten, gute Ausstattung, Schwimmbad.

Wave Rock Cabins & Caravan Park, Wave Rock Road, Hyden, WA 6359, Tel. 0061/8/98 80 50 22, www.waverock.com.au
GPS: S32°26'31" E118°53'52"
Kreisförmig angelegtes Camp, Freibad, zum Felsen 400 m über einen Fußweg.

TOURIST-INFO
WA Visitor Centre, 55 William Street, Perth 6000, Tel. 0061/8/94 83 11 11, www.wavisitorcentre.com.au

Tourism WA, c/o The Conjoint Marketing Group GmbH, Fraunhoferstraße 8, 82152 Martinsried, Tel. 089/219 09 65 16, www.westernaustralia.com

ASIEN

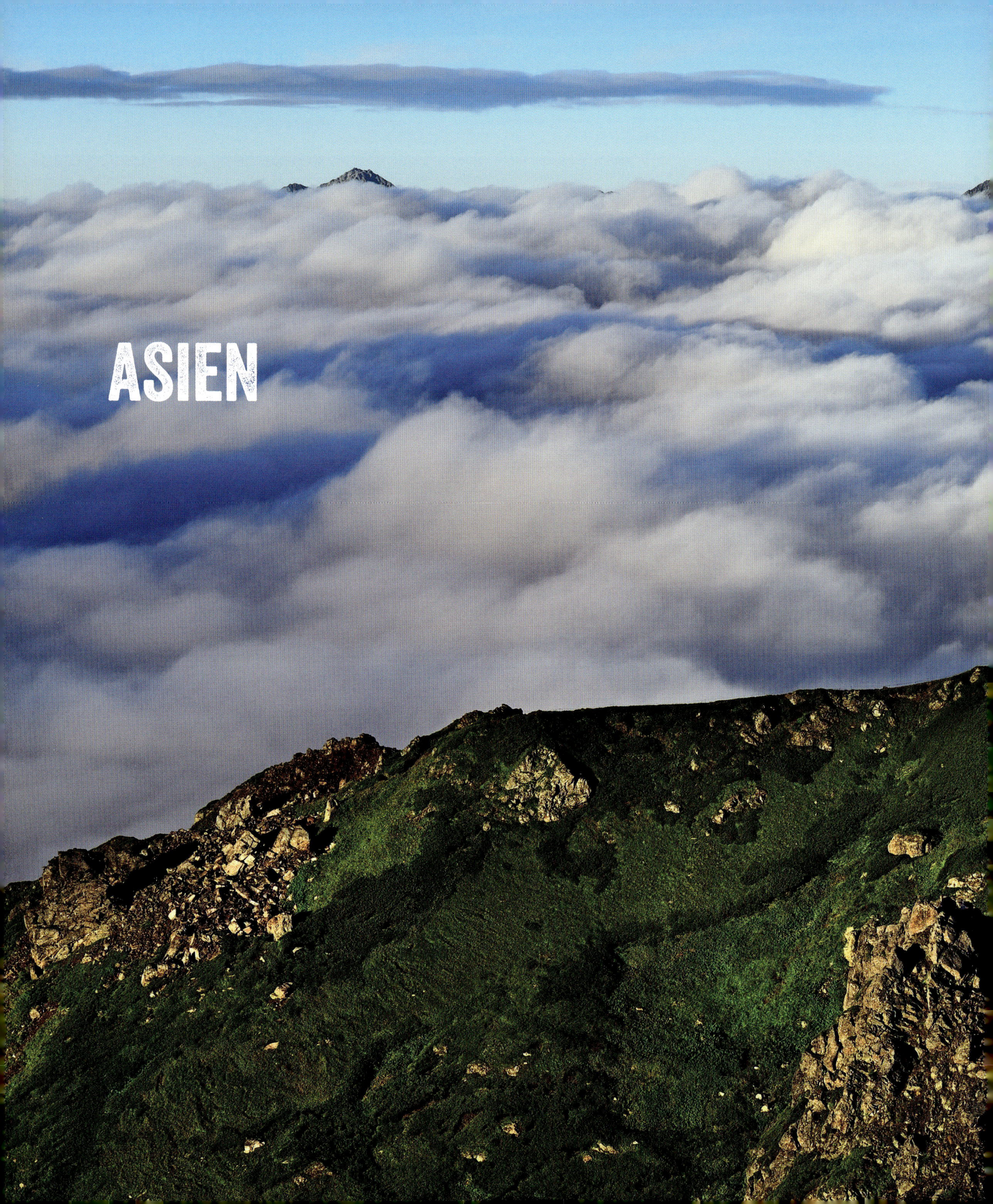

Links: Japanische Alpen – Blick vom Shirouma auf das Wolkenmeer über Hakuba
Rechts oben: Die Strände sind neben den Shopping-Malls das Besucher-Mekka der östlichen arabischen Halbinsel.
Rechts unten: Ob Schafhirte, Bauer oder Wanderarbeiter – In den ländlichen Teilen Chinas scheint die Zeit stehen geblieben zu sein.

Weite Flächen der iranischen Wüsten, hier ein ehemaliger Vulkankrater, werden aus Brunnen künstlich bewässert und landwirtschaftlich genutzt.

16 IRAN, DUBAI UND OMAN

Kaspisches Meer, Persischer Golf, Halbinsel Musandam

Der Iran glänzt mit großer Kultur, unberührter Natur und gastfreundlichen Menschen. Einen Sprung über den Persischen Golf – und Dubai erstrahlt mit seinen Wolkenkratzern, Shopping Malls und künstlichen Welten. An den Traumstränden des Oman, beim Baden im glasklaren Ozean, bleibt dann genug Muße, um die Vielfalt islamischer Kultur Revue passieren zu lassen.

Eine wertvolle Reiseinformation vorweg: Im Iran sind alle Verkehrsschilder zweifach beschriftet, in Persisch und in unserer lateinischen Schrift. Das gestaltet das motorisierte Reisen und die Orientierung im Land natürlich sehr viel einfacher. Für diese zweisprachige Beschriftung war tatsächlich der höchst umstrittene Schah Mohammad Reza Pahlavi verantwortlich, der von 1941 bis 1979 regierte und bei manchen Zeitgenossen als weltoffener und toleranter Staatschef galt.

URLAUB IM LAND DER MULLAHS

Bei der Einreise in den Iran über den Grenzübergang Gürbulak Border Crossing im Osten der Türkei, gegenüber der iranischen Stadt Bazargan, wird man äußerst freundlich und zuvorkommend begrüßt. Hinter dem Schlagbaum werden die Reisenden von sehr hilfsbereiten Mitarbeitern des iranischen Zolls empfangen. Diese erläutern, problemlos auch auf Englisch, alle Schritte der Grenz-Formalitäten, versehen die Touristen gerne mit Bergen von Hochglanz-Infomaterial und begleiten sie zur Bank zum Geldwechseln. Gerne helfen die Beamten auch dabei und überprüfen für Sie den korrekten Wechselkurs oder assistieren bei dem Abschluss der Kfz-Versicherung. Pässe, Carnet de Passages und Fahrzeugkontrolle sind daher flugs erledigt.

Jetzt steht Ihrer Entdeckung des Iran vom Kaspischen Meer bis zum Persischen Golf nichts mehr im Wege. Auf gut ausgebauten Straßen führt der Weg vorbei an graubraunen Bergketten mit einsamen Lehmdörfern. Nicht nur die Ansiedlungen mit ihrer aserbaidschanisch geprägten Bevölkerung laden zu einem (Foto-) Stopp ein. Auch der sagenhafte Diesel-Preis von 0,09 Euro (richtig gelesen: 9 Cent) pro Liter zwingt förmlich zu einem Tankhalt. Auch an einer Raststätte, Teehaus oder einem Drive-In können Sie entlang der Straße den iranischen Lifestyle nicht nur kulinarisch aufsaugen. Weiter geht es immer auf der A 2 Richtung Teheran.

Bei Qazvin biegen Sie dann nach Norden ab und überqueren auf der A1 das über 5600 Meter hohe Elburs-Gebirge. Lassen Sie das trockene Kalksteinmassiv hinter sich und tauchen Sie ein in die faszinierende grüne, subtropische Waldlandschaft auf der Regenseite des Gebirges. Das Ziel ist danach die Hafenstadt Bandar Anzali am Kaspischen Meer. Auf der Küstenstraße von Bandar Anzali bis Tschalus trifft man – je nach Jahreszeit – entweder nur auf ein paar dick eingepackte, einsame Fischer oder aber sehr viele Sommerfrischler, die Strand, Meer und Erholung vom Alltag suchen.

SCHILLERNDE HAUPTSTADT UND EINE WÜSTE UNTER STERNEN

Der Pass zurück über den Elburs führt direkt nach Teheran. Moderne Wohn- und Geschäftshäuser ra-gen in den Himmel, auf mehrspurigen Straßen wälzt sich der Verkehr. Zwischen acht und 15 Millionen Menschen leben in der iranischen Hauptstadt – die Schätzungen gehen dabei offensichtlich weit auseinander. Zu sehen gibt es hier natürlich unglaublich viel. Vorislamische und islamische Geschichte können Sie im Nationalmuseum erleben. Die Teppich-Sektion im Großen Bazar ist grandios! Teherans Museum of Contemporary Art mit der edelsten und umfangreichsten Ausstellung moderner Kunst außerhalb Europas und den USA ist wahrhaftig ebenso beeindruckend: Zur Sammlung gehören Werke von Jackson Pollock, Francis Bacon, Andy Warhol, Edvard Munch, René Magritte und Mark Rothko. Zum Abschluss laden der Blick vom Milad Tower über die Stadt sowie dutzende weiterer Museen, Basare und vieles mehr ein.

Links: Die Scheich-Lotfollah- und Imam-Moscheen auf dem Imam-Platz von Isfahan ziehen zu jeder Tages- und Nachtstunde Einheimische und Touristen an.

Rechts: Isfahan gilt als eine der Perlen persischer Kunst und Architektur, seine Bazare, Plätze und Gassen lohnen einen längeren Aufenthalt.

Viele Stunden dauert es – zur Rush Hour noch viele mehr –, um Teheran in Richtung der großen Wüsten des Landes zu verlassen. Richtung Südosten liegt die Dascht-e Kawir, die Große Salzwüste. Wegen der lebensfeindlichen Bedingungen in diesen Salztonebenen ist die Kawir unbesiedelt. Vorab sollten Sie unbedingt für genügend Trinkwasser und Treibstoff gesorgt haben. Dann können Sie sorgenfrei diese spektakuläre Wüste, ihre Weite, Ruhe und den sagenhaften Sternenhimmel bei einem guten Glas Wein (oder Tee) vor dem Wohnmobil genießen.

TRADITIONSREICHE ARCHITEKTUR UND FASZINIERENDE NATUR

Über Hoseinan gelangen Sie dann weiter nach Isfahan, die wirklich als eine der schönsten Städte der Welt bezeichnet werden kann. Mittelpunkt und UNESCO-Weltkulturerbe ist der große Imam-Platz, auch Meidan-e Emam oder Naqsh-e Jahan genannt, flankiert von Juwelen iranischer Architektur: der Lotfollah-Moschee und der Imam-Moschee. Ein mehrtägiger Aufenthalt lohnt sich hier auf jeden Fall, um all die Schönheiten und Wohlgerüche in sich aufzusaugen.

Als etwas längerer Abstecher ist Persepolis zu empfehlen. Persepolis (Tacht-e Dschamschid) war die Hauptstadt des antiken Achämeniden-Reiches und ist eine beeindruckende Ausgrabungsstätte. Wer den Umweg nicht scheut, sollte vorbei schauen.

Auf der Weiterfahrt Richtung Kerman kann die Bafq Protected Area besucht werden, ein Schutzgebiet verschiedener, seltener Tierarten wie Leopard, Gazelle, Karakal, Persisches Sandhuhn und vieler Pflanzen. Vor Kerman touchieren Sie die Dascht-e Lut, das Leere Plateau, die größte Wüste Irans. Mit Oberflächentemperaturen von bis zu 70 Grad Celsius im Sommer ist sie einer der heißesten Orte der Erde. Östlich von Kerman beginnt dann das Herrschaftsgebiet der Belutschen, die hauptsächlich in Pakistan, aber auch in Afghanistan und im Iran beheimatet sind. Hier ist etwas Vorsicht geboten, denn das Gebiet der Belutschen kann wegen Drogen- und Waffenhandels teilweise recht gefährlich sein. Reisende sollten die Linie Kerman–Bam nicht nach Osten überschreiten, sondern vor Bam in Richtung der Hafenstadt Bandar Abbas nach Süden abbiegen. Von Bandar Abbas gibt es zwei Fähren über die Straße von Hormus in die Vereinigten Arabischen Emirate (VAE). Die 55 Kilometer breite Meerenge überwinden RoRo-Fähren nach Dubai oder Schardscha. Als Wohnmobilist sollte man immer auch viel Zeit und Geduld einpacken für die bürokratischen Abwicklungen der Überfahrt.

PISTENSPASS IM IRAN

Einmalig ist der Besuch der Skigebiete Dizin und Schemschak, zwei Stunden von Teheran entfernt. Sie liegen im Elburs-Gebirge nahe dem 5604 Meter hohen Vulkan Damavand. Dizin gibt es seit 1969 – so alt und abenteuerlich sind auch die Liftanlagen. Die Schneequalität ist sehr gut, was vor allem an der Geografie liegt: die Hänge liegen gen Norden. Auch in den Sommermonaten werden die Pisten genutzt: man fährt Gras-Ski. Es wird immer kontrolliert, dass Frauen und Männer nicht gemeinsam am Lift anstehen und in getrennten Gondeln fahren. Eine Nikolausmütze wird übrigens bei Damen als islamisch-korrekte Kopfbedeckung akzeptiert. Die Herren trinken auf der Hütte gerne Red Bull und man kann Strudel bestellen. Ein außergewöhnliches Wintervergnügen!

VON DUBAI ZUR HALBINSEL MUSANDAM

In Dubai angekommen, fühlt man sich, als hätte man den Sprung auf einen anderen Planeten gewagt: Neben dem Kopftuch spaziert mit absoluter Selbstverständlichkeit der Minirock einher und steigt gewandt in seinen roten Ferrari. Orient und Okzident leben in Dubai parallel, einhellig neben- und miteinander.

Über Dubai mit seinen Wolkenkratzern, Malls und klimatisierten, künstlichen Welten gibt es mittlerweile schier endlos viele Reise-Infos. Zu den touristischen Attraktionen wie der spektakulären, modernen Architektur, den riesigen Shopping-Malls, Restaurants, den künstlichen Palmeninseln und noblen Hotels gehört sicherlich auch noch eine Stadtrundfahrt auf dem Dach eines Doppeldecker-Busses.

In Dubai kann man mittlerweile zum Glück direkt vor Ort sein eigenes »Motorhome« ausleihen. Damit steht auch jenen, die wenig Zeit für Vorbereitung, Bürokratie und Anreise zur Verfügung haben, der Weg ins moderne arabische Märchen offen.

NORWEGEN AUF ARABISCH: BERGE, FJORDE UND MEER

Von Dubai über Ra's al-Chaima erstrecken sich schnurgerade Autobahnen in Richtung der Halbinsel Musandam. Der Lenker des Fahrzeugs muss nur auf wandernde Sanddünen achten, die gerne mal ein Stück Autobahn »fressen«. Musandam ist vom restlichen Staatsgebiet des Sultanats Oman getrennt. An der Straße von Hormus gelegen, fallen hier die Felswände des Hadschar-Gebirges steil ins Meer. Seiner wild zerklüfteten Fjordlandschaft verdankt dieser Landesteil auch die Bezeichnung »Norwegen des Mittleren Osten«. Viele Einwohner Musandams leben noch heute als Halbnomaden. Bedingt durch das extrem heiße, trockene Klima leben sie im Winter an der Küste und im Sommer in den Bergen.

Keine Region im Oman ist so ursprünglich wie diese zerklüftete Bergwelt der Halbinsel. Das Kalksteingebirge türmt sich bis zu einer Höhe von 2087 Metern auf. Steil ragen die Bergflanken aus dem

Oben: Das Museum in der restaurierten Festung der Portugiesen von Khasab strahlt große Ruhe aus und vermittelt einen guten Eindruck vom alten Leben zwischen Wüste und Meer.

Linke Seite oben: Das Skigebiet von Dizin nahe Teheran gilt als Freeride-Geheimtipp, coole Skilehrer und Strudel auf der »Hütt'n« inklusive.

Linke Seite unten: Wer mit seinem Wohnmobil die Pisten der Wüste »Dascht-e Kawir« unter die Hufe nimmt, sollte ausreichend Wasser und Ausrüstung für sandiges Gelände mit sich führen – die Strecken von Oase zu Oase sind einsam.

Links: Der Autor Norbert Blank mit seinem historischem Mercedes 1113 B »Rundhauber« Expeditions Allrad Womo vor dem Luxus Hotel Dubais, dem Burj al-Arab.

Rechts oben: Der Mount Damavand – Das Aufeinanderprallen der krassen Klimazonen zwischen Kaspischem Meer und den Wüsten des Iran sorgt gerne für spektakuläre Gewitter.

Rechts unten: Im siebten Himmel der Nomaden – Die Halbinsel Musandam bietet dem Wohnmobilisten viele spektakuläre Übernachtungsplätze. Einfach stehen bleiben und genießen.

leuchtenden, türkisblauen Wasser empor. Derzeit leben nur etwa 40 000 Menschen in dieser Felsenburg, die meisten davon in der Regionalhauptstadt Khasab, die dann das nächste Ziel sein wird.

Khasab glänzt dabei mit der restaurierten Festung der Portugiesen (hier gibt es auch ein Museum) aus dem 15. Jahrhundert und ist darüber hinaus ein beliebtes Ausflugsziel für Bootsfahrten in die Fjorde. Der Fjord Khor Shamm ist dabei mit 16 Kilometern der längste. Seine eindrucksvollen, bis zu 1000 Meter hohen Felswände, die kleinen Inseln und Halbinseln, Korallenriffe und Dörfer kann man nur auf dem Seeweg erkunden – wie die meisten anderen Fjorde der Halbinsel ebenfalls.

Zur Erkundung der Traumstrände und Berge von Khasab über den Berg Jebel al Harim nach Dibba empfiehlt sich ein wendiger Truckcamper mit ausreichend Wasser, Nahrung und Kraftstoff. Damit kann man völlig unabhängig an einem der malerischen Strände oder in kühler Höhe stehen bleiben und übernachten, wo es einem gerade gefällt. Für alle, die die Hauptroute Khasab–Dibba verlassen wollen, empfiehlt sich jedoch Offroad-Erfahrung. Am Ende der Route steht fest: Musandam ist ein außergewöhnliches Reiseziel, das Besuchern aus der (westlichen) Welt der Hektik eine Chance gibt, sich wieder auf das Menschsein und die Schönheit der Welt zu besinnen – und dabei auch die Wahrnehmung zu schärfen. Darüber hinaus ist es ein guter Platz, um die so widersprüchlichen Eindrücke einer derart außergewöhnlichen Reise Revue passieren zu lassen, direkt am Arabischen Meer mit Blick in Richtung Indischer Ozean.

Das Meer Musandams hat im Sommer echte Badewannentemperatur.

TOUR-INFO KOMPAKT

KILOMETER
3760

STRECKENVERLAUF
Bazargan – Täbris – Bandar Anzali – Kaspisches Meer – Tschalus – Teheran – Hoseinan – Isfahan – Yazd – Abstecher nach Persepolis – Bafq Protected Area – Kerman – Bandar Abbas – Dubai – Khasab – Fjord Khor Shamm – Hadschar-Gebirge – Jebel al Harim – Dibba – (Dubai)

HIGHLIGHTS
Kaspisches Meer, Museum of Contemporary Art, in Teheran, die iranischen Skigebiete Dizin und Schemschak, der Imam-Platz in Isfahan, die Wüsten Dascht-e Lut und Kawir, Dubai, Festung und Museum in Khasab, die Fjorde und Strände Musandams

CAMPING- UND STELLPLÄTZE
Wichtig: Klassische Camping- oder Wohnmobil-Stellplätze sind auf der beschriebenen Route untypisch. Im Iran empfiehlt es sich, auf dem Gelände größerer Hotels zu nächtigen. Dort ist man immer sehr willkommen.
Die grundlegenden Informationen zu Hotels im Iran sind jedoch einem zu schnellen Wandel unterworfen und könnten daher bei Drucklegung dieses Bandes bereits überholt sein, weshalb an dieser Stelle darauf verzichtet werden soll. Daher ist die Empfehlung, sich immer aktuell ganz unmittelbar vor der Reise bezüglich der Unterkunft zu informieren.
Die Herren Dubais und des Oman waren und sind im Herzen immer noch Nomaden. Übernachtet wird dort, wo das Kamel oder der moderne Zugwagen müde wird. Sprich: der Wohnmobilist kann weitgehend frei an den schönsten Plätzen übernachten.

TOURIST-INFO
Allgemeine Informationen
www.auswaertiges-amt.de
www.visitdubai.com
www.omantourism.de
www.itto.org

An- und Abreise, Wohnmobil-Vermietung, Fähren
Iran: Anreise auf dem Landweg über die Türkei

Dubai: die Wohnmobil-Vermietung Golf Coast RVs Dubai bietet z. B. vom Motorhome bis zum geländegängigen Truckcamper Fahrzeuge an, www.gulfcoastrvs.com

Fähre Iran/VAE: http://kiss-the-world.com/verschiffung-von-bandar-abbas-iran-nach-dubai-v-a-e/

Einreise, Visa, Fahrzeug-Dokumente
Vor einer Autoreise in den Iran bitte zwingend bei der iranischen Auslandsvertretung über aktuelle Vorschriften informieren. Der Wohnmobilist benötigt ein »Carnet de Passages«: https://campingfuehrer.adac.de

Die Einreise oder die Beantragung eines Visums mit einem Pass, der einen israelischen Einreisestempel enthält, kann übrigens verweigert werden. Achten Sie stets darauf.
Aktuelle Infos: www.auswaertiges-amt.de

Sicherheit
Im Iran ist für Frauen das Tragen des Kopftuches (Chador), für Frauen und Männer lange Kleidung Pflicht. Bitte beachten Sie das stets, auch als Tourist.

17 DUBAI, SAUDI-ARABIEN UND JORDANIEN

Von den Emiraten quer durch die arabische Halbinsel

Die Vereinigten Arabischen Emirate haben fast alles an Attraktionen: Von Wasserwelten über Achterbahnen, Museen und Moscheen, Shopping Malls und Kamelrennen, Traumstränden und Bergen bis hin zu den Wüstenoasen von Liwa – der Wohnmobilist schwebt im Siebten Himmel. Den verlässt man nur, um Saudi-Arabien zu durchqueren und sich in Jordanien wieder gelassen den Natur-Schönheiten der arabischen Welt hinzugeben.

Dubai, durch unvorstellbar teure, prestigeträchtige Bauprojekte in der Weltpresse, ist sicher das bekannteste der Vereinigten Arabischen Emirate (VAE). Diese sind eine Föderation von sieben Emiraten im Südosten der arabischen Halbinsel: Abu Dhabi, Adschman, Dubai, Fudschaira, Ra's al-Chaima, Schardscha und Umm al-Qaiwain. Die Hauptstadt der VAE ist Abu Dhabi, eine der fünf großen Städte des Landes, zu denen sich auch die Metropole Dubai zählen darf. Diese Gegend der arabischen Halbinsel war von Nomaden bewohnt und wurde durch Einnahmen aus der Erdölgewinnung zu einer hypermodernen, vollklimatisierten und künstlich bewässerten Glitzerwelt ausgebaut.

WOHNMOBIL AUSLEIHEN – UND AB IN DIE DAUNENJACKE

Vor allem dank der Möglichkeit, ein Fahrzeug vor Ort zu leihen, werden die Emirate und der nahe gelegene Oman zum interessanten Wohnmobil-Reiseziel. Günstige Flüge nach Dubai und Abu Dhabi sowie Miet-Wohnmobile vom geländegängigen Pick-up bis hin zum Luxus-Motorhome bieten für jeden Geldbeutel die passende Lösung.

Ein Abstecher von den Emiraten in den Nachbarstaat Oman verlockt mit kinderleichtem Grenzübertritt. Ein Ausflug auf die omanische Halbinsel Musandam ist ebenfalls empfehlenswert (siehe Tour 16) – eine tolle Kombination, um die Eindrücke aus dem arabischen Märchen noch unvergesslicher zu machen.

Wer die gängigen Highlights von Dubai »abgeklappert« hat, sollte sich in seine Daunenjacke werfen, um die Indoor-Skihalle kennen zu lernen. Die Anlage ist Bestandteil der Mall of the Emirates, eines der größten Einkaufszentren des Mittleren Ostens. Hier gibt es ganze fünf Abfahrten, der Snow Park ist mit Schlitten- und Bob-Bahnen auch für Kinder geeignet. Das Ganze ist natürlich absolut absurd, aber die Kühle tut zugegebenermaßen gut.

Dubai mit seine Wolkenkratzern, Hotels und Wasserstraßen hat sich zu einer internationalen Drehscheibe zwischen Asien, Afrika und Europa entwickelt.

Auf gut ausgebauten Autobahnen führt der Weg dann von der »Skihütte« nach Nordosten, hin zu etwas ruhigeren Gefilden. Zwischen Wüste und Meer liegt der Dreamland Aquapark und lädt zum Entspannen ein. Das Wasser der Pools und die Rutschen sind im Winter beheizt, im Sommer gekühlt, und es ist ein gut geeigneter Übernachtungsplatz.

ZWISCHEN SANDVERWEHUNGEN UND HIGHWAY

Den teuren Allrad-Nobel-Geländewagen vieler wohlhabender Scheichs machen die hier oftmals auf die Straßen wandernden Sanddünen natürlich wenig aus. Mit dem großen Wohnmobil sollten Sie dabei aufpassen und möglichst um die Sandverwehungen herum fahren. So geht es – gegen Ende recht langsam im niedrigen Gang – in den nördlichsten Zipfel der VAE, hinauf auf den Jebel Jais. Der Berg ist mit 1910 Metern der höchste Gipfel der Emirate. Ein »Mountain-Picnic« bei Sonnenuntergang ist ein traumhaftes Erlebnis.

Der Sheikh Khalifa Highway bringt Touristen auf der Suche nach dem Ursprünglichen aus Dubai direkt in das weniger beachtete Emirat Fudschaira, das Sonne, Sandstrände, Tauchspots, Oasen, Gastfreundschaft und historische Vergangenheit bietet. Aber auch der Weg vom Jebel Jais führt über kurvenreichere Straßen an die Küste des Arabischen Meeres zu den Stränden Fudschairas, um einen Tauch- oder Schnorchel-Ausflug zu unternehmen, das Al-Bithnah Fort (erbaut 1670) und die Al-Badija-Moschee (die älteste Moschee der Emirate, 15. Jahrhundert) zu besuchen.

Richtung Süden, auf der Grenze zwischen den VAE und dem Oman, liegen die Hatta-Pools. Das Naturwunder aus steil eingeschnittenen Canyons mit glasklarem Wasser scheint völlig unwirklich. Vom Park-Eingang aus kann man das Gelände erkunden, baden, picknicken und bleibt gerne über Nacht, um am Morgen nochmal durch den Park zu schlendern.

Ebenso unwirklich und absolut künstlich ist der Wadi Adventure Park in al-Ain, der dem Besucher beim Panoramablick vom Berg Jebel Hafeet auffällt. Beim Näherkommen sieht man Surfer, Kajakfahrer, Kletterer und Rafter auf drei Wildwasserstrecken und einer künstlich erzeugten Surfwelle.

MODERNES NEBENEINANDER: FERRARI UND MOSCHEEN

Auf dem Weiterweg, wieder auf besten Autobahnen, geht es von al-Ain zurück nach Dubai. Beim Drink in der Skyview Bar im 27. Stock des Luxus-Hotels Burj al-Arab schweift der Blick über die mittlerweile welt-

Links: Die Hatta-Pools lohnen alleine schon den Besuch wegen des herrlich kühlen Bades in den natürlichen Felsbecken.

Rechts: Hohe Berge, weite Ebenen und viel Sand fordern eine häufige Wartung des Luftfilters des Wohnmobils, um nachlassende Motorleistung oder Schäden am Motor zu vermeiden.

Links: Eine spektakuläre Szene in einem der Indiana-Jones-Filmen wurde vor dem Schatzhaus des UNESCO-Weltkulturerbes Petra gedreht.

Rechts: Das riesige Gebiet rund um »Wadi Rum« ist ebenso spektakulär wie der von Touristen heimgesuchte Kern des Nationalparks – und kaum besucht. Allrad-Antrieb ist allerdings zwingend erforderlich!

berühmte Stadtsilhouette in Richtung Abu Dhabi. Dort gehen Puls und Adrenalinpegel schlagartig hoch: Die Ferrari World bietet die schnellste Achterbahn der Welt, direkt nebenan liegt die Formel-1-Rennstrecke Yas Marina Circuit. Beim Anblick der Scheich-Zayid-Moschee in Abu Dhabi, der größten Moschee der Emirate, muss die Sonnenbrille auf die Nase, so sehr blendet das prachtvolle weiße Gebäude bei klarem Himmel und Sonnenschein.

Aus dem Trubel der Großstadt führen kerzengerade Straßen an die Ausläufer der Wüste Rub al-Chali (auch »Leeres Viertel« genannt). In den Liwa-Oasen befinden Sie sich am Rand der größten Sandwüste der Erde und bei bis zu 300 Meter hohen Dünen. Die magische Stille wird nur unterbrochen vom Flüstern der Palmen und dem Rauschen des Sandes. Eine Ausnahme gibt es: In der Moreeb Dune Area, nahe den Liwa-Oasen, erproben sich Dünenbuggy- und Geländewagen-Fahrer mit röhrenden Motoren beim Erklimmen der mächtigen Sanddüne.

DURCH SAUDI-ARABIEN NACH JORDANIEN

Von Sila aus führt eine große Transit- und Handelsroute durch Saudi-Arabien nach Jordanien. Viele Lkws donnern entlang der Grenzen zu Kuwait, Bahrain und dem Irak in Richtung Westen. Es sind 2000 endlose Kilometer schier unerträglicher Hitze und Staub, die mit einem 72-Stunden-Transitvisum am Lenkrad des Wohnmobils durch Saudi-Arabien »heruntergerissen« werden müssen. Die Staatsreligion der Saudis ist der hanbalitische Islam in seiner wahhabitischen Prägung, eine extrem strenggläubige Auslegung des Islam. Ungläubige werden nicht gerne gesehen auf dieser Route. Vor der Einreise sollte aus dem Fahrzeug penibel alles religiöse, politische und vielleicht für die arabischen Verhältnisse zu anzügliche Material entfernt werden: Zeitschriften, die in Deutschland primär als Nachrichtenmagazine gelten, fallen wegen vieler Bilder darin darunter, ebenso wie – wenig überraschend – Hochglanzmagazine für Mode oder ähnliches. Bitte unbedingt darauf achten! Die Strafen bei Nichtbeachtung sind massiv. Wer diesen wirklich harten, manchmal sogar feindlich wirkenden 72-Stunden-Marathon überstanden hat, ist meist unglaublich erleichtert, auf dem Boden des charmanten Königreichs Jordanien angekommen zu sein.

Leider ist durch die schlimmen kriegerischen Auseinandersetzungen der schöne Landweg aus Europa über die Türkei und Syrien nach Jordanien versperrt. Auch Fährverbindungen ans östliche Mittelmeer und Wohnmobil-Verleiher in Jordanien sucht man aktuell (Stand Juli 2017) vergeblich. Trotzdem, oder gerade deshalb, sollten Sie das unglaublich schöne, vielfältige Wohnmobil-Reiseziel Jordanien mit seinen gastfreundlichen, herzlichen Menschen unbedingt auf Ihrer Route haben. Der Besuch dieses toleranten, weltoffenen Staates, der in aller Stille Millionen syrischer und irakischer Geflüchteter aufgenommen hat, verdient nicht zuletzt deshalb Erwähnung. Auf einer beeindruckenden Rundreise von der jordanischen Hauptstadt Amman über Petra und das Wadi Rum nach Akaba zum Roten Meer und dann zurück über das Tote Meer nach Amman kann man nicht anders und verliebt sich, falls nicht ohnehin schon geschehen, endgültig in die Wüste.

TOUR-INFO KOMPAKT

KILOMETER

4250

STRECKENVERLAUF

Dubai – Umm al-Qaiwain – Ra'❛s al-Chaima – Fudschaira – Hatta – al-Ain – Dubai – Abu Dhabi – Liwa-Oasen – Sila (Grenze zu Saudi Arabien) – Hofuf – Hafar Al-Batin – Arar – Haditha (Grenze zu Jordanien) – Amman – Petra – Wadi Rum – Akaba/Rotes Meer – Totes Meer – Amman

HIGHLIGHTS

Skihalle in der Mall of the Emirates, Dreamland Aquapark, Mountain-Picnic auf dem Gipfel des Jebel Jais, Tauch- oder Schnorchel-Ausflug, Strände und die Al-Badija-Moschee in Fudschaira, Naturspektakel Hatta Pools, Wadi Adventure Park, Skyview Bar im Hotel Burj al-Arab, Ferrari World und Formel-1-Rennstrecke, Scheich-Zayid-Moschee, Dünenwelt der Liwa-Oasen/Rub al-Chali, Wadi Rum, Petra, Rotes und Totes Meer

CAMPING- UND STELLPLÄTZE

Fujairah Beach Camping,
GPS: N25°29'36.528" E56°21'41.547"
Beliebter wilder Campingplatz ohne Infrastruktur, am Wochenende sehr frequentiert, auch ohne 4x4-Antrieb gut erreichbar.

Bedouin Oasis Camp, Ras al-Chaima,
Tel. 00971/502 27 43 19,
https://de-de.facebook.com/bedouinoasis
GPS: N25°33'12.02" E55°49'37.39"
Wüstencamp mit typischen Beduninen-Zelten, Abendessen, Frühstück, Kamelritt und Feuerstelle.

Moreeb Dune Area, Liwa-Oase, Tal Moreeb,
GPS: N22°58'28.272" E53°46'35.443"
Das Tal Moreeb ist Zentrum der wüstentypischen Motorsportarten. Am Wochenende sehr beliebtes Ziel der »Bike and Dune«-Racing Fans mit entsprechendem Schallpegel.

Hatta Pools Parking,
GPS: N24°42'44.852" E56°11'13.398"

Übernachtungsmöglichkeit am Parkeingang ohne Infrastruktur für das Wohnmobil.

Bei folgenden Freizeit-Anlagen kann man – nach Einholung der Erlaubnis – auf dem Parkplatz stehen:

Wadi Adventure Park, Jebel Hafeet, al-Ain, Abu Dhabi,
Tel. 00971/37 81 84 22, www.wadiadventure.ae
GPS: N24°5'36.222" E55°44'18.398"

Dreamland Aquapark, Umm al-Qaiwain,
Tel. 00971/67 68 18 88, www.dreamlanduae.com
GPS: N25°35'18.388" E55°39'39.981"

Darüber hinaus ist man mit seinem Wohnmobil fast immer auf dem Gelände großer Hotels, Aquaparks oder Ferienresorts willkommen. Gegen Gebühr können dort auch meist Hotelpool und Infrastruktur (Tauchstationen, Bootsausflüge, etc.) mitgenutzt werden.

TOURIST-INFO

Allgemeine Hinweise
www.auswaertiges-amt.de
www.visitdubai.com
www.sauditourism.sa
www.visitjordan.com

Wohnmobil-Vermietung vor Ort
In Dubai bietet z. B. die Wohnmobil-Vermietung Golf Coast RVs Dubai vom Motorhome bis zum geländegängigen Truckcamper Fahrzeuge an:
www.gulfcoastrvs.com

Einreise/Visa/Fahrzeug/Dokumente
Für die Vereinigten Arabischen Emirate und Jordanien genügen ein gültiger Reisepass und der Führerschein. Für Saudi-Arabien wird ein spezielles, 72 Stunden gültiges Transitvisum benötigt, dessen Beantragung sehr zeitaufwendig und an viele Auflagen geknüpft ist. Die Einreise oder die Beantragung eines Visums mit einem Pass, der einen israelischen Einreisestempel enthält, kann grundsätzlich verweigert werden.
Aktuelle Infos: www.auswaertiges-amt.de

Sicherheit
Für Saudi-Arabien wird dringend frühzeitig vorab Kontaktaufnahme mit der Deutschen Botschaft in Riad empfohlen.

Der Baikalsee, das sibirische Meer –
Viel besungen, heiß geliebt, eiskalt im Winter.

18 MOSKAU, SIBIRIEN UND BAIKALSEE

Ins Herz der russischen Seele

Moskau, Russlands reiche, prächtige und strahlende Hauptstadt, ist der Ausgangspunkt für diese Wohnmobilreise von Europa nach Asien. Über die mächtigen Ströme Sibiriens, durch schier endlose Birkenwälder, über weite Felder und durch mehrere Zeitzonen erleben Sie »Mütterchen Russland« in all ihren Schattierungen bis zum Tourenziel: dem Naturwunder Baikalsee.

Bevor Sie sich auf diese transkontinentale Reise begeben, verdient die Metropole Moskau einige Tage Aufmerksamkeit. Viele Sehenswürdigkeiten warten auf einen Besuch: allen voran die historische Altstadt mit dem Roten Platz samt Kreml, Lenin-Mausoleum und Basilius-Kathedrale, das Kaufhaus GUM, die Einkaufsstraße Arbat, das Bolschoi-Theater, die Christ-Erlöser-Kathedrale und vieles mehr. Die Moskauer Metro ist aufgrund ihrer wunderschönen Architektur und Verzierungen jeden Rubel für eine Fahrt wert.

AUF DER M7 WOLGA NACH OSTEN

Über den Moskauer Autobahnring und die M7 Wolga (russisch »Волга«) verlassen Sie dann die Millionenstadt. Diese Fernstraße ist der Beginn der transkontinentalen Straße bis ins ferne Wladiwostok am Pazifik. Mit der M7 und ihrer Fortsetzungen befahren Sie eine der berühmtesten Fernstraßen weltweit (neben der Panamericana von Alaska nach Feuerland): Die große Trasse führt immer in östlicher Richtung, zunächst über Nischni Nowgorod nach Kasan.

Die Straßenbrücke über den Fluss Wolga bei Kasan wurde erst 1989 fertig gestellt. Viele Brücken auf dieser Route zum Baikalsee wurden noch viel später errichtet – und erst damit wurde diese zentrale Verbindung ganzjährig befahrbar. Vorher konnten die Flüsse nur im Sommer mit Fähren oder im Winter über eine dicke, geschlossene Eisdecke überquert werden. In den Übergangszeiten waren viele Flüsse dieser Europa-Asien-Strecke für motorisierte Fahrzeuge unpassierbar.

Lange Zeit sorgten dann nicht die Flüsse, sondern die russische Polizei für unangenehme Verzögerungen. Die Weiterfahrt nach angeblichen Verkehrsregel-Überschreitungen, wegen nicht gültigen Fahrzeug-Papieren etc. konnte nur durch einige »Rubelchen« erkauft werden (ohne Quittung versteht sich). Zum

Glück hat sich diesbezüglich in der Russischen Föderation viel gebessert und der Wohnmobilist »cruist« heute weitgehend unbehelligt Richtung Osten.

AN DER GRENZE ZWISCHEN EUROPA UND ASIEN

Kasan, achtgrößte Stadt Russlands und Hauptstadt der Republik Tatarstan, kann man aufgrund ihrer zahlreichen fantastischen Bauwerke ohne Übertreibung als wahres Architektur-Meisterwerk bezeichnen. Die tausend Jahre alte Geschichte sieht man der malerischen Stadt nicht an: 2005, zur Jahrtausendfeier der ersten Erwähnung der Stadt, wurden der Kasaner Kreml (UNESCO-Weltkulturerbe) und viele andere historische Gebäude wie der Gouverneurs-Palast oder die Schlosskirche renoviert. Die Stadt an der Wolga ist auch ein Zentrum des Islam in Russland und ein wichtiger Kultur-, Wissenschafts- und Wirtschafts-Standort – da findet sich für jeden das passende Objekt für eine ausgedehnte Besichtigung.

Über die Stadt Ufa gelangt man an die Grenze zwischen Europa und Asien: den Ural. Dieses Gebirge erreicht fast 2000 Meter Höhe und erstreckt sich auf circa 2400 Kilometern Länge in Nord-Süd-Richtung durch den Westen Russlands. Sie können jetzt gerne eine gute Flasche Wein öffnen oder die ersten 100 Gramm Wodka eliminieren: Hier stehen Sie am Tor zu Sibirien.

SIBIRIEN: EINFACH RIESIG UND EXTREM

Sibirien, der nordasiatische Teil der Russischen Föderation, erstreckt sich über mehrere Zeitzonen und reicht vom Ural bis zum Arktischen Ozean, vom Pazifik bis zu den Grenzen Chinas, der Mongolei und Kasachstans. Heiße Sommer mit Temperaturen bis zu

Links: Die berühmte Basilius-Kathedrale in Moskau

Rechts: Neben dem sommerlichen Baden mit großem Picknick ist die Jagd ein großes Freizeit-Vergnügen in Sibirien.

40 Grad Celsius und sehr kalte Winter mit bis zu minus 60 Grad prägen das Klima. Die dünn besiedelte, unwirtliche Region bietet beim Blick aus dem Fenster vor allem endlose Birkenwälder, Felder und sumpfige Wiesen, über die in der Abenddämmerung unzählige Stechmücken herfallen und dem Camper das Leben schwer machen können. Hier kann man allen Ernstes empfehlen, Imkerhüte für das sommerliche Outdoor-Leben mitzuführen.

Umso krasser ist der Sprung aus der Natur in die Zivilisation. Sie erreichen die Stadt Tscheljabinsk, die mit allen Auswüchsen moderner und teilweise sehr alter und maroder Industrieanlagen »glänzt«. Hier befinden Sie sich im Zentrum des Panzer- und Traktorbaus. Die Innenstadt wurde im letzten Jahrzehnt mit einer Fußgängerzone sowie vielen Pracht- und Glasbauten verschönert. Dieser postsowjetische Industrie-Charme und auch die hier leider recht weit verbreitete Armut prägen große Teile Sibiriens und werden Ihnen immer wieder begegnen. Diese Stadt mit dem Spitznamen »Tankograd« (Panzerstadt) und die abgelegenen Gebiete Sibiriens waren schon zur Zeit der Zaren beliebt, um politische Gegner und Straftäter in die Verbannung zu schicken. Schreckliche Berühmtheit erlangten die »Besserungs-Arbeitslager« Stalins sowie die Kriegsgefangenenlager des Zweiten Weltkrieges. Erst mit dem Niedergang der Sowjetunion wurden die Abschiebungen nach Sibirien beendet. Das erklärt die vielen europäisch geprägten Gesichtszüge bis tief ins russische Asien hinein.

GROSSE ENTFERNUNGEN ÜBERWINDEN

Tanken sie immer frühzeitig voll, denn die Länge der einzelnen Strecken überrascht eventuell. Am besten tanken sie an keiner der älteren Tankstellen, deren marode Kraftstofflager oft viel Wasser und Schmutzstoffe enthalten, was die Filter und das Einspritzsystem Ihres Wohnmobiles schnell lahm legen kann. Ab jetzt heißt es: fahren, fahren, fahren – und fast meditativ die Weite und Menschenleere genießen. So gelangen Sie über viele kilometerlange Geraden nach Omsk, das als Zentrum der Erdöl-Industrie des rohstoffreichen Sibiriens bekannt ist (die wichtigsten Bodenschätze Sibiriens sind Erdgas und -öl, Holz, Kohle, Uran, Gold und Diamanten). Fahren Sie auf der Route, vor allem auf den wenig abwechslungsreichen

DAS KALASCHNIKOW-MUSEUM IN ISCHEWSK, UDMURTISCHE REPUBLIK

Man muss kein Waffennarr oder Kriegstreiber sein, um das Museum von Michail Timofejewitsch Kalaschnikow und des von ihm entwickelten Sturmgewehrs zu besichtigen. Die AK-47 (Awtomat Kalaschnikow) ist die berühmteste Waffe der Welt. Das vollautomatische Gewehr mit etwa 100 Millionen gebauten Exemplaren ist eine der meist produzierten Waffen. Die Aufmachung des Museumskomplexes ist modern, viele Ausstellungsmodule sind interaktiv. Die Entwicklung der Waffentechnik wird vor dem Hintergrund anderer Erfindungen der Menschheit gezeigt und fügt sich als ein Bestandteil weltweiter Technikkultur ein. Michail Kalaschnikow verfügte über 35 Patente auf dem Gebiet der Handfeuerwaffen, er starb als »Held der sozialistischen Arbeit« in Bescheidenheit und ohne Reichtümer.

Strecken außerhalb der Städte, weiter defensiv und planen Sie Fahrfehler, Unachtsamkeit und Müdigkeit anderer Fahrer immer mit ein. Nach vielen weiteren Stunden am Lenkrad erreichen Sie dann Nowosibirsk. Die größte Stadt Sibiriens verdankt ihre Gründung dem Bau der Brücke der Transsibirischen Eisenbahn über den Fluss Ob im Jahre 1893. Erst seit wenigen Jahren gibt es mehr oder weniger parallel zu dem 9288 Kilometer langen Gleis von Moskau nach Wladiwostok auch eine Straße, die diese Bezeichnung verdient. Mit dem Ob überqueren Sie auf der imposanten Brücke den nächsten mächtigen Strom Sibiriens, der hier fast einen Kilometer breit ist.

Flusskreuzfahrten auf Wolga, Ob, Jenissei und Lena bieten eine erfreuliche Abwechslung zum Asphalt-Alltag des Wohnmobilisten. Die Schiffe haben eine gehobene Ausstattung und bieten alle Annehmlichkeiten. Die Buchung erfolgt am besten vorab vom Reisebüro zuhause aus.

Die russische Fernstraße R255 Sibir geht als Teil der transkontinentalen Straßenverbindung in östlicher Richtung weiter. Sie wird auch als AH6 im Asiatischen Fernstraßennetz gelistet und führt zu den Industriegiganten von Krasnojarsk. Die Auswucherungen der Aluminium-, Chemie- und metallverarbeitenden Industrie sind überall sichtbar und gehören neben all dem Schönen und Ursprünglichen immer auch mit zum Bild Russlands und Sibiriens. Seit Moskau haben Sie jetzt schon über 4000 Kilometer zurückgelegt und sich den Besuch eines der größten Schiffshebewerke der Welt am Fluss Jenissei verdient: ein imposantes technisches Schauspiel.

IRKUTSK AN DER TRANSSIBIRISCHEN EISENBAHN

Weiter und weiter führt Sie die Straße in Richtung der Universitätsstadt Irkutsk, die an der Strecke der Transsibirischen Eisenbahn liegt. Die Stadtmitte lädt zum Flanieren ein. An der Uferpromenade des Flusses Angara stolzieren viele Einwohnerinnen in ihren hochhackigen Schuhen an den Restaurants und Cafés entlang. Viele Holzhäuser in der Stadt sind gut erhalten und werden liebevoll gepflegt, neue Häuser werden im alten Stil erbaut. Irkutsk war lange Zeit Handelsstadt zwischen Russland und China. Pelze, Seide, Tee und viele andere wertvolle Güter wurden hier umgeschlagen. Die Stadt hat Atmosphäre und lohnt einen Aufenthalt. Irkutsk hat im Vergleich zu den

Oben: Die großen Industriestädte Sibiriens wurden von der ehemaligen Sowjetunion aus dem sumpfigen Boden gestampft.

Linke Seite oben: Um kargen Verdienst oder dürftige Renten aufzubessern, wird am Straßenrand viel Frisches verkauft.

Linke Seite unten: So schön die typischen bunten Holzhäuser Sibiriens erstrahlen – Schlecht isoliert trotzen sie mühsam den eisig kalten Wintern.

Links: Auf der langen West-Ost-Traverse von Moskau Richtung Wladiwostok finden sich Fahrzeuge aller Art – mit oft übernächtigten Fahrern.

Rechts oben: Russlands endlose Weiten – Wälder und Felder soweit das Auge reicht, tagelang.

Rechts unten: Nachkommen der zu Sowjetzeiten nach Sibirien Verbannten verkaufen am Baikalsee den typischen leckeren Trockenfisch.

Rechte Seite: Meister der Improvisation – Reparieren mit Nichts und aus dem Nichts ein Auto bauen.

Mega-Industrie-Städten der letzten Tage echten Wohlfühl-Charakter. Hier können Sie sich von den vielen gefahrenen Kilometern endlich einmal so richtig erholen.

Das interessante Freilichtmuseum Talzy, das auch als Architektur- und ethnographisches Museum bezeichnet wird, liegt weiter südöstlich von Irkutsk, genauer gesagt: bei Kilometer 47 auf der Straße zwischen Irkutsk und dem kleinen Ort Listwjanka. Viele historische Bauten wie Kirchen und sogar ein Teil einer Holzfestung sind hier zu bestaunen. Wie viele andere Freilichtmuseen auch, gibt dieses Museum einen sehr schönen Einblick in das traditionelle Leben der Menschen in dieser Gegend im 19. und 20. Jahrhundert, die von Russen, Burjaten und Ewenken bewohnt war, und lohnt den Besuch auf jeden Fall.

DER BAIKAL – DAS HEILIGE MEER SIBIRIENS

Am Ziel der Träume angelangt, kommt nun von der Berghöhe aus das UNESCO-Weltnaturerbe Baikalsee in Sicht. Das zweitgrößte Süßwasser-Reservoir der Erde (nach dem Amazonas) ist als Reiseziel und als Quell des Leben spendenden Wassers begehrt. Asiatisch wie europäisch geprägte Russen und Russinnen verkaufen am Straßenrand geräucherten Fisch, getrocknete Pilze und lokale Spezialitäten. Die ideale Reisezeit ist von Mitte Juni bis Mitte August. Die Lufttemperaturen sind dann sommerlich, das klare Wasser des Baikalsees erreicht die höchsten Temperaturen: 14 bis 16 Grad Celsius, in einigen flachen Buchten vielleicht etwas mehr – genug für ein erfrischendes Bad.

Doch auch der strenge Winter hat seinen Reiz. Im Januar beträgt die Durchschnittstemperatur minus 22 Grad. Das Eis des Sees ist teilweise absolut durchsichtig und durch die Eisblöcke kann man wie durch Glas hindurchsehen. Viele Einheimische fahren gerne mit dem Auto zum Fischen auf den See, bohren Löcher ins Eis und wärmen sich, mit Wodka in 100-Gramm-Dosen!

Zum Abschluss fahren Sie am besten noch ins Dorf Listwjanka, von wo aus auch ein Schiffsausflug auf den Baikalsee organisiert werden kann. Die Gegend hier ist touristisch gut erschlossen und konnte schon in sowjetischen Zeiten von ausländischen Touristen besucht werden. Neben den Bootstouren und dem Besuch von heißen Quellen stehen auch Wanderungen in der einzigartigen Naturlandschaft rund um den Baikalsee ganz oben auf der Beliebtheitsskala. Ein weiterer Erholungsort, an den auch die Irkutsker gerne fahren, ist die Bucht Pestchannaja mit ihrem Sandstrand. Das Wasser ist wärmer als an anderen Teilen des Sees. Wenn die Wassertemperatur in Listwjanka 14 Grad Celsius beträgt, so ist es hier um die 20 Grad warm.

Bei gutem Wetter, das Ihnen hoffentlich zum Ende dieser einmaligen, transkontinentalen Reise beschert ist, darf ein Abendessen am Seeufer, ein Baikal-Picknick, vor der prächtigen Naturkulisse nicht fehlen. Das ist sicherlich eine schöne Möglichkeit, die unvergesslichen Erlebnisse ausklingen zu lassen.

TOUR-INFO KOMPAKT

KILOMETER
5500

STRECKENVERLAUF
Moskau – Kasan – Ischewsk – Ufa – Ural – Tschelijabinsk – Omsk – Nowosibirsk – Krasnojarsk – Irkutsk – Listwjanka/Baikalsee

HIGHLIGHTS
Sightseeing in Moskau, UNESCO-Weltkulturerbe in Kasan, Wandern im Ural, Kalaschnikow-Museum in Ischewsk, Flusskreuzfahrt auf Wolga, Ob oder Jenissei, Fahrt mit der Transsibirischen Eisenbahn, Schiffshebewerk am Fluss Jenissei, Uferpromenade von Irkutsk, Freilichtmuseum Talzy, Listwjanka und eine Bootstour auf dem Baikalsee, Baden in der Bucht Pestchannaja

CAMPING- UND STELLPLÄTZE
Camping Sokolniki, 5-y Luchevoy prosek, 107014 Moskau, Tel. 007/98 57 70 27 62, www.park.sokolniki.com
GPS: N55°49'01.524" E37°40'39.431"
Einziger Stellplatz Moskaus nahe der Stadt, ruhig gelegen und sauber, von hier aus hat man eine gute Anbindung mit Bus, Tram und Metro ins Zentrum.

Camping Baikal, ulitsa Gudina 35, Listwjanka, Tel. 007/90 21 75 16 27,
GPS: N51°50'51.824" E104°52'44.638"
Einfacher, aber gut gelegener Campground mit wenig Infrastruktur, nur wenige Gehminuten zum Strand, Gratis-WLAN, Fahrradverleih.

Darüber hinaus sind klassische Camping- oder Wohnmobil-Stellplätze auf der beschriebenen Route untypisch. Es empfiehlt es sich, auf dem Gelände größerer Hotels zu nächtigen – oder in der Weite Sibiriens.

TOURIST-INFO
Allgemeine Informationen
www.russiatourism.ru
www.auswaertiges-amt.de

An-/Abreise
Rückreise vom Baikalsee mit der Transsibirischen Eisenbahn, Informationen: www.rzd.ru, www.dbschenker.de

Für deutsche Staatsangehörige besteht Visumpflicht bei Ein- und Ausreise sowie bei Transitreisen. Die Internationale Grüne Versicherungskarte als internationaler Nachweis der Haftpflichtversicherung wird auch in der Russischen Föderation anerkannt. Hinweis: Es gibt in der Russischen Födera-tion eine Vielzahl von Gemeinden und Gebieten, die nur mit einer besonderen Erlaubnis der zuständigen staatlichen Organe betreten werden dürfen. Bei Abweichungen von der Hauptroute empfiehlt es sich, vorab genaue Informationen einzuholen.

19 MONGOLEI – CHINA – TIBET

Von den Nomaden zum Reich der Mitte aufs Dach der Welt

Kontrastreicher kann eine Wohnmobilreise kaum sein. Aus der Ruhe und Weite der mongolischen Steppe geht es ins quirlige China. Wie Perlen an einer Schnur reihen sich von Beijing bis Chengdu die Sehenswürdigkeiten auf. Durch Tibet stockt Mensch und Maschine der Atem – bewegende Eindrücke in dünner Himalaya-Luft: Vom grenzenlosen Wirtschaftswachstum zu buddhistischer Verlangsamung.

Den Wohnmobilisten erwartet eine sagenhaft schöne und unglaublich abwechslungsreiche, aber abenteuerliche Tour durch die Weite Asiens. Alleine schon Planung, Vorbereitung sowie An- und Abreise erfordern Zeit, Geduld und Organisationstalent. Entschädigt wird man mit ganz unglaublichen und einmaligen Eindrücken und Bildern.

STARTPUNKT ULAANBAATAR, HAUPTSTADT DER MONGOLEI

Die widersprüchliche Millionenstadt Ulaanbaatar (auch Ulan Bator) ist sicher nicht das Bilderbuch-Reiseziel derer, die bei der Mongolei von wilden Pferden zwischen malerischen Jurten in grüner, wogender Steppe träumen. Doch Ulaanbaatar ist der ideale Startpunkt für den Weg mitten hinein in diese alte und doch lebendige Nomadenkultur – und weiter in die absolute Stille der Wüste Gobi. Man muss den Kontrast gesehen, erlebt, im wahrsten Sinne des Wortes erfahren haben, um ihn zu verstehen. Und das »Erfahren« ist zäh, denn die Wege sind, mit wenigen Ausnahmen, schlicht und ergreifend schlecht.

So verlassen Sie die Stadt, in der fast die Hälfte aller Mongolen lebt, auf einer der wenigen asphaltierten Straßen des Landes in Richtung des Dorfes Terenj, dem Tor zum Gorchi-Tereldsch-Nationalpark. Hier darf des Nachts in Jurten geträumt, tags das Glück auf dem Rücken der kleinen, zähen mongolischen Pferde gesucht und die wogende grüne Step-

Das kleine, zähe Pferd ist ein wichtiges Verkehrsmittel in dem weiten Land mit den wenigen geteerten Straßen.

pe in sich aufgesogen werden. Immer wüstenartiger wird die Landschaft, je näher Sie der Stadt Sainschand kommen. Der Versuch, die mongolischen Nomaden hier in einer künstlichen Großbatterie von Hochhäusern in der Mitte des Nichts anzusiedeln, scheiterte völlig. Absurd wirken die weitgehend leer stehenden Plattenbauten und der einsame Bahnübergang der Transmongolischen Eisenbahn, einer Nebenstrecke der Transsibirischen Eisenbahn.

Der Grenzübergang Zamiin-Uud/Eren Hot von der Mongolei in die Volksrepublik China ist einer der wenigen Grenzübergänge für Kraftfahrzeuge. Ihr Wohnmobil bekommt chinesische Nummernschilder und Fahrzeugpapiere, Sie einen chinesischen Führerschein und den staatlich verordneten, regimetreuen Begleiter. Wie ein Dinosaurier wirkt der chinesische Kontrollapparat auf viele Europäer und – da sind sie dann tatsächlich, die Dinosaurier, überall präsent und riesengroß, als Statue, als Modell oder als Wahrzeichen. In dieser Region wurden die ersten Dinosaurierüberreste in Asien gefunden. Man ist stolz darauf und hat dem auch ein Museum in der Stadt Eren Hot gewidmet.

WEITER ZUR CHINESISCHEN MAUER UND PEKING

Nicht wie zu Dinos Zeiten kommt man sich dagegen auf den chinesischen Autobahnen vor. Auf besten Straßen, Mautstationen inklusive, fahren Sie über Ulanqab in Richtung Peking (Beijing), der rund 21 Millionen Einwohner zählenden Hauptstadt der Volksrepublik China. Vor der Einfahrt in den Großraum Peking lohnt sich ein Halt an einem äußerst geschichtsträchtigen Highlight: Bei Badaling liegt einer der bekanntesten und besterhaltensten Teile der berühmten Chinesischen Mauer. In Peking selbst empfiehlt es sich, mit dem Wohnmobil an oder vielleicht sogar in einem der großen Hotels zu verweilen und von dort aus die vielen Sehenswürdigkeiten, allen voran die Verbotene Stadt, mittels Taxitransfers zu erkunden. Kaum in China angekommen, haben Sie damit schon zwei Highlights »abgehakt«.

Links: Wer das Leben der Mongolen besser kennen lernen will, sollte eine Nacht in einer Jurte übernachten.

Rechts: Schulausflug an der chinesischen Mauer – ein Vorgeschmack auf die vielen Menschen und das bunte Treiben Chinas.

Wer es denn in seinem Fahrzeug ohne Nervenzusammenbruch aus dem Großraum Peking heraus geschafft hat (am besten ganz früh am Morgen vor der Rush Hour starten), kann direkt die dritte »Perle« dieser Kette an Sehenswürdigkeiten im Reich der Mitte ansteuern: Im Heng-Shan-Gebirge in der nordchinesischen Provinz Shanxi hängt das Kloster Xuankong Si (chinesisch für »Hängendes Kloster«) regelrecht an den Felswänden. Diese Attraktion in der Gemeinde Dongfangcheng stammt aus dem sechsten Jahrhundert. Wer nicht schwindelfrei ist, sollte sich lieber in den vielen kleinen Räumen und Hallen aufhalten und auf den Verbindungswegen zwischen ihnen nicht hinabblicken.

Es ist sehr empfehlenswert, immer mit Navigationssystem zu fahren, damit Sie sich die Orientierung trotz der für die meisten sehr fremden Sprache und vor allem Schriftzeichen so einfach wie möglich machen können. So kommen Sie entspannt im Kreis Yingxian in der Provinz Shanxi an und parken in der Nähe der ältesten Holz-Pagode der Welt, der Sakyamuni-Pagode. Die knapp 1000 Jahre alte Konstruktion steht vor der Haupthalle des Fogong-Tempels und ist ein Wahrzeichen buddhistischer Kunst und Architektur: Dieses Bauwerk wurde ohne einen einzigen Nagel oder Schrauben errichtet.

Ebenfalls in der Provinz Shangxi finden Sie eine der schönsten, traditionellen Städte des Reiches der Mitte, die Altstadt von Pingyao, erbaut während der Han-Dynastie im 14. Jahrhundert (UNESCO-Weltkulturerbe). Besonders bei Regen oder Nebel herrscht hier eine unvergleichliche Stimmung. Auf der Karte sieht die nahe Pingyao gelegene Stadt Jinzhong dagegen zunächst recht übersichtlich aus, eher klein und ideal zum Übernachten – und dann hat dieses »Städtchen« auf dem chinesischen Land doch wieder ein paar Millionen Einwohner. So ist das eben in China.

DIE BERÜHMTE »TERRAKOTTA-ARMEE«

In den Außenbezirken der nächsten »Kleinstadt« namens Xi'an (knapp neun Millionen Einwohner und ca. 600 Kilometer weiter entlang der »Perlenschnur«) liegt eine der Top-Ausgrabungsstätten der Welt, das landläufig unter dem Namen »Terrakotta-Armee« bekannte Mausoleum Qín Shǐhuángdì s, die Grabanlage des gleichnamigen chinesischen Kaisers aus dem Jahr 221 v. Chr. Diese einmalige, unvorstellbar große und natürlich ebenfalls UNESCO-geschützte Grabanlage dürfen Sie auf keinen Fall verpassen.

Bevor Sie in Chengdu, der Hauptstadt der Provinz Sichuan, eine Pause von diesem Sightseeing-Marathon einlegen, besuchen Sie noch den Großen Buddha von Leshan – mit einer Höhe von 71 Metern

EIN HOTELIER IN TIBET

Das 1998 erstmals erschienene Buch »Das Hotel auf dem Dach der Welt: Meine Jahre in Lhasa« von Alec Le Sueur beschreibt witzig und sehr unterhaltsam die Tätigkeit des Autors als Manager im ehemaligen Holiday-Inn-Hotel in Lhasa. Die Lektüre gibt tiefe Einblicke in Kultur, Verständnis und Mentalität der Tibeter und Chinesen sowie die Lebenssituation bei der gegebenen politischen Lage in der Autonomen Provinz. Aufgrund der schwerwiegenden Verletzungen der Menschenrechte in Tibet durch die chinesische Regierung zog sich die Holiday-Inn-Hotelkette – allerdings erst nach einigen Protesten – aus Lhasa zurück. Wer sich den Ort der Beschreibungen aus dem Buch selbst ansehen will, kann das Kaiyuan Lhasa Hotel Vip Building aufsuchen – so heißt das Hotel heute.

(sitzend, wohlbemerkt) ist dies die weltweit größte, steinerne Buddha-Statue. Aber auch hier kann es recht voll werden. Wenn Sie nicht zu Fuß hingehen möchten, geht es auch per Boot auf dem Fluss, der zu den Füßen des Buddhas vorbeifließt.

Die Sichuan-Küche in Chengdu ist nichts für schwache Gemüter: Schärfer als scharf muss es sein, schuld daran ist der bekannte Sichuan-Pfeffer. Testen Sie ihn ruhig einmal in einem der vielen typischen Restaurants. Stärken Sie sich ausreichend mit den leckeren Spezialitäten, denn vor Ihnen liegt nun ein spektakulärer Abschnitt der Reise: der Weg in den Himalaya, das höchste Gebirge der Erde.

ENDSTATION TIBET

Sie verlassen Chengdu Richtung Osten nach Ya'an. Von hier aus folgt die Route der G 318, der längsten Fernstraße in China, die auch den Namen »Sichuan-Tibet-Highway« trägt. Das Autonome Gebiet Tibet wurde von China gewaltsam annektiert. Viel Han-Chinesen wurden und werden in der Provinz zwangsangesiedelt, um die tibetische Kultur und das tibetische Volk zu unterwandern. Menschenrechte, Freiheit und Gleichheit nach westlichen Maßstäben sucht man vergeblich. Umso beeindruckender sind die tiefe Zufriedenheit und Friedlichkeit, die viele Tibeter dennoch auszustrahlen scheinen. Die Bewunderung für sie übertrifft noch bei weitem die Höhe der Berge, die nun voraus liegen.

An der Grenze zu Tibet ist es eine schöne Idee, traditionelle Gebetsfahnen am Fahrzeug zu befestigen, um Glück für die kommende Reise nach Lhasa zu erbeten. Denn das wird eine ordentliche Berg- und Talfahrt: Von den tiefen Flusstälern der Oberläufe der größten asiatischen Ströme, die hier nach Süden entwässern, führen vier steile Pässe hinauf bis auf ca. 5000 Meter über dem Meeresspiegel. Sie überqueren die Oberläufe von Yangtse, Mekong und Brahmaputra (in Tibet heißt er Tsangpo), um kurz darauf den höchsten Gipfeln der Welt nahe zu sein. Und wieder geht es hinunter – und wieder hoch. Die Straßen

Oben: Der Weg aus dem chinesischen Tiefland nach Tibet gleicht einer endlosen Berg- und Talfahrt – meist ohne Leitplanken.

Linke Seite oben: Der Potala-Palast in Lhasa, Ziel buddhistischer Pilger, verlassener Sitz des in Verbannung lebenden Dalia Lamas

Linke Seite unten: Für einen Besuch der Kloster Xuankong Si sollte man gut zu Fuß und schwindelfrei sein.

Der letzte Punkt der Reise ist letztendlich Lhasa, die Hauptstadt des Autonomen Gebietes Tibet. Nicht nur die viel gerühmte, mit mehreren Weltrekorden glänzende Bahnstrecke aus dem chinesischen Tiefland endet hier - auch das Ende der tibetischen Kultur

Oben: Die berühmte Terrakotta-Armee hat unter einer überdimensionalen Halle ihre neue Ruhestätte gefunden.

Unten: Gebetsmühlen und Mantras, Mönche und Klöster überall - Spiritualität und Zufriedenheit spiegelt sich in den Gesichtern der Tibeter.

schlängeln sich in wilden Serpentinen und Kurven durch das Land, Leitplanken und Wegbegrenzungen gehören dabei allerdings nicht überall zur Standardausstattung im Straßenbau. Defekte Fahrzeuge und Lkws stehen oft wochenlang am Wegesrand und werden von ihrer Besatzung - nach Beschaffung der nötigen Ersatzteile in fernen Städten - vor Ort am Straßenrand mit Bordmitteln instand gesetzt.

DAS »DACH DER WELT«

Auf dem »Dach der Welt« bestimmt der buddhistische Glaube den Alltag. Weite Teile des Landes waren für Ausländer lange Zeit nicht zugänglich. Umso intensiver sind die Begegnungen mit den Menschen hier. Je näher Sie Lhasa, jener magischen Hauptstadt Tibets, kommen, desto tiefer spüren Sie bestimmt auch die immense Spiritualität. Pilger auf dem Weg zu den heiligen Stätten Lhasas begegnen Ihnen hier oft am Wegesrand: Sie legen viele Hundert Kilometer zurück, indem sie sich zu Boden werfen, aufstehen, wieder zu Boden werfen und wiederum aufstehen. Sie benötigen Monate für ihren dornenreichen Pilgerweg zum Potala-Palast in Lhasa, dem Zentrum des tibetischen Buddhismus und Sitz des heute im Exil in Indien lebenden Dalai Lamas, dem geistlichen Oberhaupt der Tibeter.

TOUR-INFO KOMPAKT

KILOMETER
5700

STRECKENVERLAUF
Ulaanbaatar – Gorchi Tereldsch Nationalpark – Sainschand – Grenzübergang Zamiin-Uud/Eren Hot – Ulanqab – Badaling/Chinesische Mauer – Peking – Klöster von Xuankong Si – Sakyamuni-Pagode – Historische Stadt Pingyao – Terrakotta-Armee – Buddha von Leshan – Chengdu – Sichuan-Tibet-Highway – Lhasa

HIGHLIGHTS
Gorchi-Tereldsch-Nationalpark, Reiten in der mongolischen Steppe, Dinosaurier-Museum in Eren Hot, Chinesische Mauer bei Badaling, Peking mit Verbotener Stadt, Kloster Xuankong Si, Sakyamuni-Pagode mit Fogong-Tempel, Altstadt von Pingyao, Terrakotta-Armee/Mausoleum Qín Shǐhuángdìs, Großer Buddha von Leshan, Tibet mit dem Potala-Palast in Lhasa

CAMPING- UND STELLPLÄTZE
Klassische Camping- oder Wohnmobil-Stellplätze sind auf der beschriebenen Route untypisch. Es empfiehlt sich, auf dem Gelände größerer Hotels zu nächtigen.

Kempinski Hotel Khan Palace Ulaanbaatar, East Cross Road, Ulaanbaatar, Mongolei, Tel. 00976/11 46 34 63, www.kempinski.com GPS: N47°55'11.003" E106°56'38.367"
Da Ulaanbaatar nicht der sicherste Platz der Welt ist, empfiehlt es sich die Infrastruktur und aktuellen Informationen eines der renommierten Hotels der Stadt zu nutzen. Das Kempinski glänzt durch Top-Lage im Zentrum.

Kempinski Hotel Peking City, 50 Liangmaqiao Rd, Chaoyang Qu, Beijing Shi, China 100001, Tel. 0086/10 64 65 33 88, www.kempinski.com GPS: N39°54'16.164" E116°23'29.292"
Toller Hotelpool über den Dächern von Peking. Wegen der Verständigungsprobleme nennen die

scheint durch die traurigen Beschlüsse der chinesischen Regierung fast besiegelt: Klöster werden geschlossen, Menschen verschwinden, unvorstellbare Kulturschätze werden vernichtet. Bulldozer machen in Lhasa rücksichtslos Platz für Hotels, Busparkplätze und chinesische Vorstellung von Wachstum. Das, was es noch zu besichtigen gibt, beeindruckt trotzdem tief. Diese spektakuläre Tour geht hier zu Ende – vielleicht mit einem lachenden, aber auch einem zutiefst traurigen, weinenden Auge.

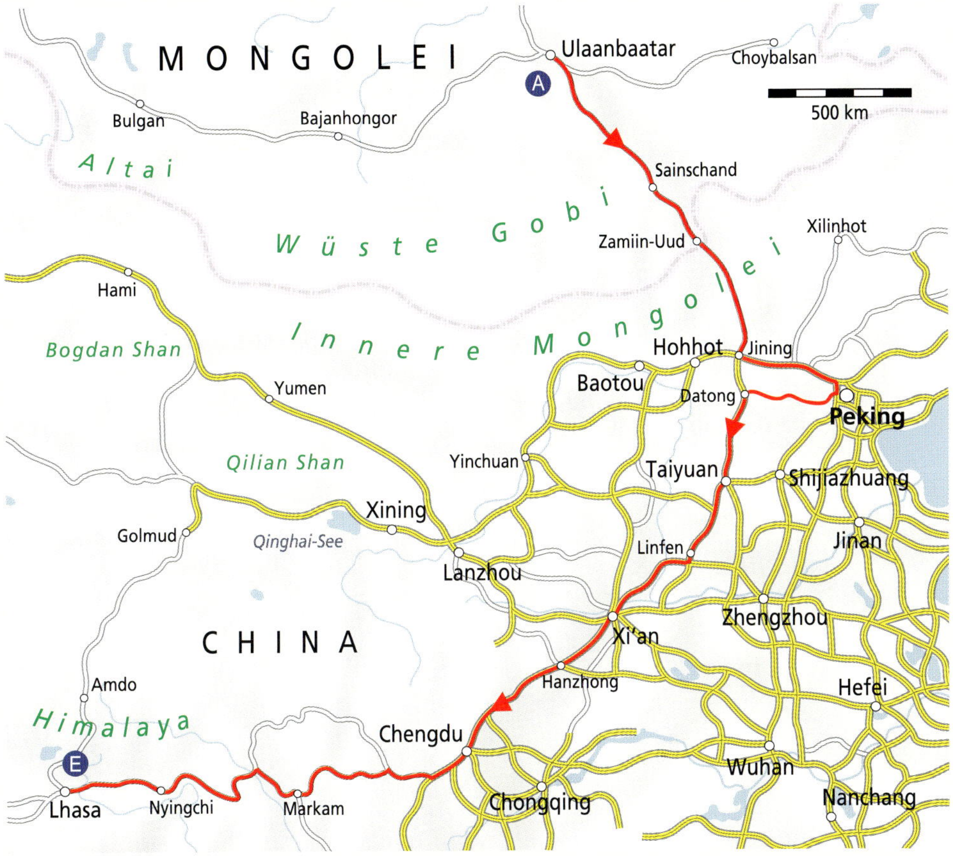

Hotelangestellten dem Taxifahrer ihr Ausflugsziel und notieren die Taxinummer: Sie kommen sicher und schnell an ihr Ziel und für den Fall von Unstimmigkeiten »kennt man« den Chauffeur. Zurück: dem Taxifahrer einfach die Visitenkarte des Hotels in die Hand drücken.

Kempinski Hotel Chengdu, 42 Ren Min Nan Lu Si Duan, TongZiLin, Wuhou Qu, Chengdu Shi, Sichuan Sheng, China, Tel. 0086/28 85 26 99 99, www.kempinski.com
GPS: N30°37'07.097" E104°03'58.553"
Idealer, zentraler Standort für die Erkundung Chengdus, Fortbewegung mit Taxis: siehe Kempinski Peking.

Four Points By Sheraton Lhasa, 10 Bolinka Rd, Chengguan, Lasa Shi, Xizang Zizhiqu, China, Tel. 0086/89 16 34 88 88, www.starwoodhotels.com
GPS: N29°38'46.824" E91°08'05.928"

Shangri La Hotel Lhasa, 19 Luobulinka Rd, Chengguan, Lasa Shi, Xizang Zizhiqu, China, Tel. 0086/89 16 55 88 88, www.shangri-la.com
GPS: N29°39'08.348" E91°06'00.899"

Beide Hotels glänzen durch die zentrale Lage mitten in Lhasa. Nach Schließung des legendären Holiday Inn Lhasa sind diese beiden Hotels zwei der wenigen Alternativen. In Sachen Komfort, Hilfsbereitschaft und Sprachkenntnissen des Personals etc. müssen aber trotzdem Abstriche gemacht werden. Das Shangri La verfügt über eine Sauerstoff-Lounge, was bei Höhenkrankheit hilfreich sein kann.

TOURIST-INFO

Allgemeine Informationen
www.china-tourism.de
www.auswaertiges-amt.de

An-/Abreise
An- und Abreise sind mit der Transsibirischen und Transmongolischen Eisenbahn möglich (via Moskau und Irkutsk nach Ulaanbaatar und China). Informationen hierzu: www.dbschenker.de und www.rzd.ru, Transport des Wohnmobils mittels internationaler Spedition möglich.

Wohnmobil-Vermietung vor Ort
Über die aktuellen Möglichkeiten, Wohnmobile in Peking zu mieten (teilweise mit Fahrer), gibt die Website »Motorhome China«
Auskunft: www.rv-china.com.

Fahrzeug/Straßen/Sicherheit/Dokumente
Während in China die Straßen gut bis sehr gut sind und auch mit einem großen Wohnmobil gutes Vorankommen möglich ist, sind in der Mongolei die meisten Verkehrswege nicht asphaltiert. In Tibet winden sich kurvenreiche Bergstraßen aus Flusstälern bis hinauf auf 5000 Meter hohe Pässe. Für die Mongolei und Tibet muss das Wohnmobil kompakt sein, ausreichend Bodenfreiheit haben und für die Anstiege gut motorisiert sein. Wer von der Hauptroute abweichen will, braucht zwingend Allrad-Antrieb. Fahrer und Fahrzeug sollten den lokalen Herausforderungen – auch im Hinblick auf den chaotischen Verkehr in den Millionenstädten Chinas – gewachsen sein. In China und Tibet müssen die Routen im Vorfeld von den Behörden genehmigt werden. Von diesen Routen darf nicht abgewichen werden. Eine chinesische Begleitung ist Pflicht. Wenn Sie die Reise über einen Reiseveranstalter organisieren, erübrigt sich ein Guide, da der Vertreter des Reisebüros den Job übernimmt. Das Reisebüro kann auch alle benötigten Dokumente organisieren.

20 JAPAN MIT DEM WOHNMOBIL

Tradition und Hyper-Moderne im Shintoismus

Die Hauptstadt Tokio ist Pflichtprogramm. Danach geht es für Camper in die Berge. Die hohen Gipfel der Hauptinsel Honshu, der Fuji und die Japanischen Alpen garantieren Abkühlung und ein spirituelles Erlebnis. Reinigung und Erleuchtung beschert auch der Kumano Kodō – die japanische Variante des Jakobswegs. Für all diese Ziele eignet sich ein Wohnmobil kongenial.

Hand aufs Herz: Tokio ist eigentlich keine Stadt für Sightseeing mit dem Wohnmobil. Der Stau beim weltberühmten Shibuja Crossing hat aber höchsten Unterhaltungswert. In der Rush Hour wechseln bei einer Ampelphase bis zu 3000 Personen die Straßenseite. Flankiert wird das Spektakel von leuchtenden Neon-Reklamen und dem zusätzlichen Blitzlichtgewitter der Touristen, die sich auf den extrabreiten Zebrastreifen mit Selfies verewigen.

VON DER MEGA-CITY IN BERAUSCHENDE NATUR

Während des äußerst spannenden Pflichtprogramms in Tokio parken Sie ihr Wohnmobil lieber auf einem Parkplatz an einer der »Michi no Eki«-Raststätten und nutzen das moderne, auch für Touristen gut zu verstehende U-Bahn-System. Der 634 Meter hohe Skytree mit seiner postmodernen, luftigen Stahlstruktur und der rot-weiß lackierte Tokyo Tower mit seinen 333 Metern Höhe eignen sich hervorragend, um sich einen Überblick über die riesige Stadt zu verschaffen. Von dort ist es nur ein Katzensprung über die Brücke zu einem weiteren architektonischen Ereignis: Gleich über dem Sumida-Fluss hat Japans größte Brauerei Asahi für ihre Asahi Beer Hall keinen geringeren als Philippe Starck engagiert. Besonders markant ist die »Asahi Flame«, ein organisch geformter, goldener Schweif auf einem schwarzen, kubusförmigen Gebäude. Wer es gern traditioneller mag, besucht den Kaiserpalast aus der Edo-Zeit. Ein etwas versteckter Geheimtipp sind die schmalen Gassen von Omoide Yokocho (»Memory Lane«) gleich hinter dem Shinju-

Der Bezirk Shinjuku in Tokyo – hektisch, grell, laut und mittendrin auch noch Godzilla

ku-Bahnhof, einem der größten der Welt. Dort werden in beschaulicher Kneipenatmosphäre typisch japanische Grillspezialitäten und Fassbier angeboten – für Businessleute ein beliebter After-Work-Treff.

Nach dieser ausgiebigen Citytour schwingen Sie sich wieder ins Wohnmobil und verlassen dank eines englischsprachigen Navis und einer an den neuralgischen Stellen auch englischsprachigen Beschilderung ohne gröbere Schnitzer die Metropolregion Tokio-Yokohama – immerhin ein Konglomerat mit über 38 Millionen Menschen. Steuern Sie direkt zum Shojiko Camping Ground, wo sich der Fuji bereits südöstlich im See spiegelt. Von dort fährt der Bus zur sogenannten »fünften Station« des Fuji auf 2305 Metern. Der Fuji darf offiziell nur in der schneefreien Zeit von Anfang Juni bis Ende August bestiegen werden, ansonsten ist es viel zu gefährlich. Fuji-Wasser in einer vulkankegelförmigen Flasche, Fuji-Kuchen mit Puderzucker besprenkelt, Fuji-Postkarten mit kunstvollen Kalligraphien – die fünfte Station quillt über vor Souvenirs in allen erdenklichen Formen.

Der Yoshida Trail, die klassische Aufstiegsroute auf den Fuji, quert zunächst gemächlich ansteigend den dichten Wald der nördlichen Hangflanke und erreicht bei knapp 2600 Metern Seehöhe die Baumgrenze. Im Zickzack-Kurs führt er auf schwarzer Lava-Asche steil bergauf, häufig gestützt von massiven, nur begrenzt ansehnlichen Verbauungen. Insgesamt 15 Hütten mit jeweils bis zu 200 Schlafplätzen markieren eine regelrechte Himmelsleiter hoch zum Fuji. Viele Pilger erwerben bereits an der fünften Station einen Wanderstab und lassen sich auf jeder Hütte einen Kami, eine Art göttliches Fabelwesen, in das Holz einbrennen – bei einem Preis von 300 bis 600 Yen (ca. 3,50 bis 7,00 Euro) pro Stempel ein einträgliches Geschäft für die Hüttenwirte. Ab 20 Uhr werden in der gemütlichen Ganso-Muro-Hütte die Tische in Schichten gedeckt und die Bergsteiger essen Reis und Curry aus dem Wegwerf-Plastikteller mit grünem Tee. Punkt 22 Uhr ist dann die Zeit für die Hüttenruhe. Die Schlafplätze im Matratzenlager sind dabei übrigens enorm schmal.

Links: Auf der »fünften Station« gibt es den heiligen Berg Fuji auch in Kuchenform

Rechts: Postmodern – Skytree und Philippe Starcks »Spirit« über der Brauerei Asahi

Oben: Der Gipfel des Shirouma eröffnet einen phänomenalen Rundblick über Hakuba und Nagano.

Rechte Seite oben: Japans Camper sind klein und funktionell. Die Stellplätze am Kumano Kodo bieten erstaunlich viel Platz.

Rechte Seite unten: Auf dem Gipfel des Fuji.

HINAUF ZUM KRATER DES FUJI

Es scheint fast so, also würde sich ein gigantischer, elektrifizierter Tausendfüßler eine Lichtschneise durch den Himmel fräsen: Erst bei der Taishi-Kan-Hütte auf bald 3100 Metern brechen die gut 4000 Stirnlampen der Bergsteiger, Hobbywanderer und Pilger durch die zähe Wattepackung der tiefliegenden Wolken. Unter den Torii-Bögen, die ab der 3000-Höhenmeter-Marke den Yoshida Trail überspannen, gerät man immer wieder ins Stocken. Pilger verbeugen sich ehrfürchtig und quetschen kleine Geldstücke als Opfergaben in die Ritzen der Holzbalken. Als die Sonne dem kompakten Wolkenmeer entsteigt, kommt die feierlich-friedliche Prozession für ein paar Minuten zum Erliegen. Die Lichtkegel der Stirnlampen wenden sich um 180 Grad und scheinen der Sonne zu huldigen. Der Shintoismus vergöttert die Natur, und dieser Moment ist Shintō pur: der ebenmäßige Bergkegel des Fuji, der höchste Berg Japans und aktiver Vulkan, dazu die aufgehende Sonne, das Symbol der Japanischen Flagge und zugleich Amaterasu, die Sonnengöttin und Ahnherrin des Shintō-Glaubens – alles gebündelt in einem überwältigenden Wolkenschauspiel.

Etwas später stehen Sie unter dem knallroten, obersten Torii-Bogen, wenige Meter vor dem Kraterrand des Fuji. Auf dem Berg steppt der Bär, doch die positive Energie der glückseligen, vom Shintoismus geprägten Menschen wird durch die Masse der Leute kein bisschen getrübt, sondern geradezu gesteigert. Selbst an den wenigen Steilstufen, wo ungeübte Fuji-Besteiger manchmal ins Straucheln geraten und etwas länger brauchen, gibt es kein Gedränge, kein böses Wort, kein Ellbogengehabe.

Die Besteigung des Fuji ist dabei vielleicht keine sagenhaft spektakuläre Bergtour und rein technisch gesehen eher eine harmlose Wanderung – allerdings auf Großglockner-Niveau mit dementsprechend dünner Luft –, sie ist vielmehr ein einmaliges spirituelles, soziokulturelles Erlebnis shintoistischer Prägung und geht unter die Haut.

KYOTO UND DER JAPANISCHE JAKOBSWEG

Durch die Präfektur Shizuoka geht es über Hanamatsu weiter Richtung Nagoya und Kyoto. Kyoto ist mit 1,5 Millionen Einwohnern wesentlich überschaubarer und gilt wegen seiner über tausendjährigen Geschichte als das kulturelle Herz Japans. Für einen ausgedehnten Rundgang, den alten Kaiserpalast und den Besuch einer kulturellen Vorführung im Gion Corner sollten Sie zwei bis drei Tage einplanen.

Wenig weiter südlich wartet schon das erheblich größere, unübersichtliche und insgesamt moderner wirkende Osaka. Empfehlenswert ist eine Bootstour auf den zahlreichen Kanälen der Wasserstadt.

Verlassen Sie Osaka südwärts in Richtung Präfektur Wakayama. Folgen Sie nach Kii-Tanabe der Straße 311 hinauf in die verwunschene Bergwelt nach Takijiri-oji (das ist ein Ort, Tempel und Busparkplatz) zum Startpunkt des wichtigsten japanischen Pilgerweges, des Kumano Kodō. Gemeinsam mit seinem »Schwesterpfad«, dem europäischen Jakobsweg, wurde er unlängst in die Liste des UNESCO-Weltkulturerbes aufgenommen. Die Tourismusbüros in Tanabe und Santiago de Compostela arbeiten mustergültig zusammen, bewahren die spirituelle Kultur von Asiens fernem Osten und Europas äußerstem Westen und erhalten somit die großen Pilgerwege der aufgehenden und untergehenden Sonne. Es gibt sogar einen gemeinsamen Pilgerausweis.

Gestartet wird bei Takahara im Takijiri-oji. Die Tempelanlage quillt über vor shintoistischen und buddhistischen Elementen und gilt als spirituelles Eintrittstor in die heiligen Berge der Kii-Halbinsel. Pilger reinigen nach einem feststehenden Ritus Unterarme und Mund mit einer Schöpfkelle. Samtweiche Waldpfade und mit grobem Steinwerk gepflasterte Steilanstiege schrauben sich auf nebelverhangene Berge, passieren Teeplantagen, mächtige Kampferbäume und tausendjährige Zedern. Im Gegensatz zum Fuji ist man hier meist mutterseelenallein und trifft nur in den Tempeln auf weitere Pilger. Auch die Akklimatisierung ist kein Thema, denn man schrammt gerade an die 800-Meter-Seehöhe-Marke heran. Dafür setzt die feucht-schwüle Hitze bei 35 Grad schon etwas zu. Durch die vielen Waschungen, zahlreichen Opfergaben und Andachten, die Sie in den Schreinen, Tempeln und beim Durchschreiten der unzähligen Torii-Bögen ablegen, erfüllen Sie ein klassisches Passage-Ritual. Das spirituelle Zentrum ist der große Schrein von Hongu Taisha, den man nach zwei strammen Tagesetappen von jeweils knapp 20 Kilometern erreicht. Zedern, die in den Himmel ragen, gewaltige, 30 Meter hohe Torii-Bögen und ein Meer aus im Wind flatternden Flaggen kündigen den op-

MICHI NO EKI

In Japan gibt es für Wohnmobilisten zahllose, unkomplizierte Gratis-Stellplätze, die »Michi no Eki«, frei übersetzt »Station an der Straße«. Das System wurde bereits vor 20 Jahren ins Leben gerufen, um ein sicheres und komfortables Umfeld für Reisende im öffentlichen Straßenverkehr zu schaffen. Es sind einzigartige, lebendige Treffs, die sich auch mit den jeweiligen Sehenswürdigkeiten und Vorzügen der Region auseinandersetzen und mit Displays, Schaukästen und Landkarten darüber informieren. Nahe den Großstädten sind häufig gute Schnell-restaurants angeschlossen. Auf mittlerweile 1117 Stationen können Sie umsonst übernachten. Über die Website lassen sich die Stationen sehr einfach finden und für die eigene Reiseroute aneinanderreihen: www.michi-no-eki.jp/about/english

Links: Nachisan Seiganto-Ji-Tempel und Nachi-Wasserfall am Kumano Kodō

Rechts oben: Hongu Taisha – jede Reinigung sorgt für spirituelle Erleuchtung

Rechts unten: Hakuba, die olympische Skisprunganlage der Winterspiele 1998

tisch und spirituell beeindruckenden Tempelkomplex an. Auch Yatagarasu, die legendäre, dreibeinige Krähe, ist allgegenwärtig. Der Götterbote und übernatürliche Weggefährte der Pilger gilt als Symbol für die gesamte Region des Kumanos. Kurios: Im Schrein gibt es eine richtige Fußballabteilung. Die Kicker der japanischen Nationalmannschaft holten sich exakt hier für die Weltmeisterschaft 2014 in Brasilien spirituellen Beistand.

Viele Pilger sind über zwei Wochen auf dem mehrere Hundert Kilometer umfassenden Wegenetz des Kumano Kodō unterwegs. Tipp: Entspannen Sie Ihre müden Beine in einem Onsen, den heißen Quellen. Besonders zu empfehlen ist die Anlage von Kawayu.

SCHNEE IN DEN JAPANISCHEN ALPEN

Shuttle-Dienste bringen Sie zurück zum Camper. Über die Japan National Route 42 vollenden Sie den Kreis auf der Kii-Halbinsel. Nach Nagoya geht es über die Straße 19 in die Bergwelt von Hakuba-Nagano. Das Wintersport-Mekka wurde vor allem durch die Winter-Olympiade 1998 bekannt. 135 Pistenkilometer, Pulverschnee und viele »Backcountry«-Varianten ziehen Fans aus aller Welt in diesen nördlichen Teil der Japanischen Alpen.

Der 2932 Meter hohe Shiroumadake ist der höchste Gipfel aller umliegenden Fast-Dreitausender. Shintoistisch betrachtet gilt er als Leichtgewicht, wobei die hohen Berge natürlich auch hier als Sitz der Götter gelten. »Shirouma« bedeutet weißes Pferd: Wenn der Schnee im Gipfelhang so weit abgeschmolzen ist, dass die Umrisse ein weißes Pferd skizzieren, bestellen die Bauern im Hakuba Valley die Felder und Bergsteiger müssen keine Lawinen mehr fürchten. Der Weg führt zunächst durch überwältigend schöne Blumenwiesen, später über steile Altschneefelder bergauf und wird immer wieder mit Seilen markiert. Nach gut vier Stunden erblicken Sie die monströse Sanso-Hütte auf 2832 Metern. Sie hat vier Empfangsschalter und Platz für 1500 Bergsteiger.

Starten Sie den Gipfelaufstieg am besten um vier Uhr morgens. Dann ragen nur die hohen Gipfel aus dem elegischen Weiß der Wolken auf und nehmen allmählich das warme Rot der aufgehenden Sonne an. Auf dem Gipfel gibt es keinen Torii-Bogen, nur eine Reliefplakette. Dennoch huldigen hier viele Japaner der berauschenden Schönheit der Natur und stapeln darauf kleine Münzen als Opfergaben. Shintoismus, Buddhismus, Christentum, egal - die traumhaften Gipfel Japans bescheren selbst Konfessionslosen eine ehrfurchtsvolle Gänsehaut. Auf den Straßen 18 und 19 vollenden Sie dann Richtung Südosten die Tour durch Japans Hauptinsel Honshu.

TOUR-INFO KOMPAKT

KILOMETER

2050

STRECKENVERLAUF

Tokio – Fuji – Shizuoka – Hamamatsu – Nagoya – Kyoto – Osaka – Wakayama – Takahara (Start des Kumano Kodō, Shuttle-Bus dahin zurück nach der Wanderung) – Shirahama – Tsu – Nagoya – Nakatsugawa – Ina – Hakuba – Nagano – Takasaki – Tokio

HIGHLIGHTS

Tokio, Besteigung des Fuji, Kyoto, Osaka, Pilgerpfad Kumano Kodō, Hakuba/Besteigung des Shiroumadake, Nagano

CAMPING- UND STELLPLÄTZE

Wer schon in Tokio im Wohnmobil schlafen möchte (eine durchaus zu bedenkende Alternative sind drei Nächte im Hotel und danach erst die Wohnmobilrunde zu starten):

Stellplatz an der Road Station Hachioji Takiyama, 1 Chome-592-2 Takiyamamachi, Hachiōji-shi, Tōkyō-to 192-0011, Tel. 0081/426 96 12 01, www.michinoeki-hachioji.net
GPS: N35°41'11.3" E139°20'27.3"
Etwas laut und typisch tokiotisch-urban.

Shojiko Camping Ground, 401-0336 Yamanashiken, Minamitsuru-gun, Fujikawaguchiko-machi, Shōji, 496, Tel. 0081/555 87 20 05, www.shojiko.jp
GPS: N35°29'28.8" E138°36'15.7"
Nahe des Fuji, direkt am See mit herrlicher Spiegelung des Berges, von dort geht es mit dem Bus zur fünften Station am Fuji.

Galleria Kameoka Rest Area, 621-0806 Kyotō-fu, Kameoka-shi, Amarubechō, Takarakubo-1-1, Kyoto, Tel. 0081/771 29 27 00, www.kkr.mlit.go.jp
GPS: N35°00'54.1" E135°33'58.2"
Für Kyoto und Osaka, unweit der Autobahn, optisch wenig Charme, postmodern.

Kumano Kodō Nakahechi, 2474-1, Nakahechichō Chikatsuyu, Tanabe-shi, Wakayama-ken 646-1402, Tel. 0081/739 65 06 71, www.michi-no-eki.jp
GPS: N33°48'43.1" E135°35'41.6"
Für den Kumano Kodō auf der Wakayama-Halbinsel, guter Platz für den Einstieg in diverse Touren auf dem Kumano.

Hakuba Rest Area, 21462-1, Kamishiro, Kitaazumi-gun, Hakuba-mura, Nagano 399-9211, Tel. 0081/261 75 38 80, www.hakubakousha.com
GPS: N36°39'13.5" E137°50'49.5"
Nicht gerade schmuckvoll, aber schön zentral für Besucher der Olympia-Schanzen, Bergtouren mit oder ohne Nutzung der Gondel, Radtouren, Rafting etc.

Weitere Unterkunftsmöglichkeiten
Ryokans sind Hotels in japanischem Stil. Ihre Atmosphäre ist weitaus familiärer als in Hotels westlicher Art. Die Räume sind mit Strohmatten (Tatami) ausgelegt und durch Schiebewände unterteilt. Die Mahlzeiten werden im Zimmer serviert. Zur Schlafenszeit breitet das Personal Futons auf den Tatami aus.

Wer die Exotik eines Ryokan scheut, mietet sich in einem Mittelklasse- oder Businesshotel ein. Die Zimmer sind in der Regel klein und nach westlichem Standard eingerichtet. Wer eine günstigere Bleibe sucht, bucht ein Minshuku, eine traditionelle japanische Pension. Für den großen Geldbeutel bestimmt sind Luxushotels, die vor allem wegen des perfekten Service Weltruf genießen. Ein Verbund von kleinen Unterkünften mit englischsprachigem Personal sind die Welcome Inns.
Infos unter: www.itcj.or.jp/en/index.html

TOURIST-INFO

Japanische Fremdenverkehrszentrale, Kaiserstraße 11, 60311 Frankfurt, Tel. 069/203 53, www.jnto.de
Tourist Information Center (TIC) gibt es am Bahnhof von Tokio, sowie am Narita und Kansai International Airport. Infos unter: www.jnto.go.jp/eng/arrange/travel/guide/tic.html

Straßen, Verkehr und Wohnmobil-Vermietung
In den Großstädten kommt man am besten mit dem gut ausgebauten U-Bahn-Netz zum Ziel. Meiden sollte man die Züge und Bahnhöfe nur zur Rush Hour. Über Land reisen Japan-Besucher am besten mit dem Zug. Berühmt sind die japanischen Hochgeschwindigkeitszüge Shinkansen. Diese verbinden die wichtigsten japanischen Großstädte im 15-Minuten-Takt. Es empfiehlt sich, vor der Abreise aus Deutschland einen Japan Rail Pass zu kaufen. Öffentliche Verkehrsmittel übertreffen unsere oft an Sauberkeit, Pünktlichkeit und Zuverlässigkeit.

Japan Campers bietet eine Auswahl an Campern verschiedener Größe, 4F Aoyama Building, Nishi Sugamo 4-31-4, Toshima-ku, Tokio, 170-0001 Japan, Tel. 0081/3/68 02 72 80, www.japancampers.com

Einreise, Visa, Impfungen
Bis zu 90 Tagen Aufenthalt benötigen Deutsche, Österreicher und Schweizer nur einen gültigen Reisepass. Seit 20. November 2007 nimmt man bei der Einreise von allen Besuchern Fingerabdrücke und ein Foto.

Für Japan sind keine Impfungen erforderlich, das Gesundheitswesen ist auf westlichem Niveau.

EUROPA

Links: Island – idyllische Ruhe am Laugarvatn
Rechts oben: Prächtiger Oleander auf Sardinien
Rechts unten: Historischer Einöd-Hof im Allgäu

Bucht an Bucht – Centro Vacanze Isuledda

21 SARDINIEN – AUF INS INSELPARADIES!

Vom Süden über den Osten nach Norden

Sardinien, dieser Kontinent im Kleinen, wie man das faszinierende Felsenreich im Mittelmeer oft nennt, wartet mit Traumbuchten und großartigen Gebirgslandschaften auf. Darüber hinaus ist die italienische Insel noch gespickt mit Zeugnissen einer jahrtausendealten Geschichte. Genug gute Gründe, weshalb man die mehrstündige Passage dorthin gerne auf sich nimmt.

Am Rezeptionstresen von Camping Tonnara stapeln sich die neuausgepackten Prospekte. Sie sollen Lust machen auf den noch weitgehend unbekannten Südwesten Sardiniens einschließlich der vorgelagerten Isola Sant'Antioco, auf der diese Tour startet. Die großformatigen Abbildungen zeigen unter anderem antike Stelen in urwüchsiger, mediterraner Landschaft, dazu blumenübersäte Hänge, knorrige Rebstöcke sowie einsame, von bizarren Felsen umrahmte, tiefblaue Buchten. Und tatsächlich präsentiert sich die kleine Insel genauso, wie es die bunten Hochglanzbroschüren verheißen.

MITUNTER MENSCHENLEER

Zwar ist das Eiland seit punischen Zeiten durch einen Damm mit der Hauptinsel verbunden, doch die großen Verkehrsströme verlaufen zum Glück woanders. Dies gilt insbesondere für die Küstenstraße im Westen, wo nur hier und da eine quietschbunte Vespa den Weg kreuzt oder ein knatternder Dreiradlaster, bis unter das Dach mit Obst und Gemüse beladen. Mehr Betrieb herrscht gewöhnlich nur an »Ferragosto«, jenen superheißen Tagen um den 15. August, an denen Einheimische und Gäste die Strände bevölkern, wie etwa in der fjordartigen Cala Lunga im Westen Sant'Antiocos. Neben dem mit einem hübschen Pool bestückten Campingplatz, der sich in der benachbarten Cala Sapone erstreckt, gibt es weit und breit keine weiteren touristischen Zentren – ja, es existieren noch nicht einmal Orte, die aus mehr als drei Häuser bestehen.

Vergleichsweise dicht besiedelt ist hingegen die Nordküste. Dort liegen zum einen die freundliche

Hafenstadt Calasetta, das einst savoyische Könige am Reißbrett entwarfen, zum anderen der rege Hauptort Sant'Antioco. Er besaß schon vor unserer Zeitrechnung unter dem phönizischen Namen Sulki (römisch Sulkis) einen wichtigen Ausfuhrhafen für Eisenerze, der auch heute noch als solcher betrieben wird. Zahlreiche unterirdische Grabkammern und eine Brandopferstätte der Phönizier sind die Hauptattraktionen der rund 12000 Einwohner zählenden Gemeinde. Man fand die Überreste an einem Hügel nahe der Altstadt. Die Besichtigung ist nur geführt möglich. Danach empfiehlt sich ein Streifzug durch den von Laubkronen überspannten Corso Vittorio Emanuele mit guten Einkaufsmöglichkeiten. Auf der Suche nach hochwertigen Produkten aus der Region führt auch hier der Weg wie so oft in die Feinkostläden, wo es etwa »Fregola sarda«, winzige, wohlschmeckende Nudeln aus Hartweizengries, zu kaufen gibt, oder den bekannten Pecorino, einen wunderbar würzigen Käse aus Schafs- oder Ziegenmilch.

HIER UND NICHT WEITER

Sie sehnen sich nach einer Portion Karibik? Dann kommt der Strand von Tuerredda im Süden Sardiniens diesem Wunsch sehr nahe. Sein weißglitzernder, weicher Sand, das glasklare, in allen Blautönen schimmernde Wasser und der weite Ausblick über den Golf von Teulada machen ihn ohne Zweifel zu einem der attraktivsten Mittelmeerstrände. Ein Stück östlich zweigt ein schöner Wanderweg zum Capo Spartivento ab. Die Landspitze mit ihrem ehemaligen Leuchtturm aus dem 19. Jahrhundert – er wurde zu einem Luxushotel umgebaut – ist der südlichste Inselpunkt, den man als Zivilist betreten darf. Denn das westlich davon gelegene, weiter ins Meer ragende Capo Teulada ist Militärsperrgebiet.

Nach Tagen mit ausgiebigem Sonnenbaden, genüsslichem Plantschen und Schnorcheln im Meer bietet sich Ihnen bei Pula erneut die Gelegenheit, mehr über die oft im Dunkeln liegende Vergangenheit Sar-

Links: Sant'Antioco, betriebsamer Flecken mit antiken Schätzen

Rechts: Blumenpracht auf Sardinien

diniens zu erfahren. Südlich des Ortes sind die teils 3000 Jahre alten Ruinen der antiken Stadt Nora zu bestaunen, des ältesten Stützpunkts der Phönizier. Vieles wurde jedoch von den Römern überbaut. Gut erhalten sind ein Amphitheater und einige wunderschöne Fußbodenmosaike.

MODERNE, MARMOR UND MUSEEN

Kurz darauf erreichen Sie die Inselhauptstadt Cagliari. Auch sie wurde vermutlich von den Phöniziern unter dem Namen Karalis gegründet. Überhaupt nicht selbstverständlich und daher bemerkenswert ist der große Reisemobilstellplatz direkt im Zentrum. Steile Hügel mit Befestigungsanlagen umgeben die zunächst sehr modern erscheinende Metropole. Das Altstadtviertel Castello jedoch, das sich ebenfalls auf einem Kalksteinrücken erstreckt, besticht mit einer Vielzahl an beschaulichen Ecken wie etwa von prächtigen Palazzi gesäumte Plätze. In den altehrwürdigen Gebäuden residierten bis ins 19. Jahrhundert hinein weltliche und geistliche Größen. Der Aufstieg zu einem Machtzentrum begann im 13. Jahrhundert mit dem Bau der Kathedrale Santa Maria. Von ihrem ursprünglich pisano-romanischen Stil zeugen nur noch der Campanile und die Seitenschiff-Portale. Das barocke Innere glänzt mit kostbaren Kunstwerken, darunter dem Silbertabernakel auf dem Hochaltar. Größtes Prunkstück ist die Marmorkanzel, die der Künstler Guglielmo um 1160 schuf. Unter den vielen Museen der Stadt ist das Museo Archeologico Nazionale das bedeutendste. Es zeigt unter anderem fast 3000 Jahre alte, nuraghische Bronzefiguren: eindrucksvolle Darstellungen von Stammesfürsten, Kriegern und gewöhnlichen Menschen. Fundstücke aus der Frühzeit sind auf Sardinien ein immer wiederkehrendes Thema, so auch in der Ortschaft Villasimius im äußersten Südosten. Das Archäologische Museum präsentiert dort in vier Sälen zum Beispiel aus dem Meer geborgene Amphoren, Vasen oder Münzen. Hauptattraktion ist ein spanisches Schiffswrack. Südlich der kleinen Stadt erhebt sich auf einem Felsen die Fortezza Vecchia, ein mächtiges Bollwerk aus dem 14. Jahrhundert zur Abwehr von Piraten. Den Seeräubern gewidmet ist auch eine anschaulich aufbereitete Ausstellung im Inneren, die besonders Kinder begeistert.

Weißer Sand und Wacholderdünen bestimmen das Bild der nachfolgenden Costa Rei, der Königsküste. Sie begleitet ein fast zehn Kilometer langer Strand, nur selten unterbrochen von meerumspülten Felsen, die flach ins Wasser abfallen. Es gibt hier einige Campingplätze, die wegen ihrer tollen Lage bereits im Juni sehr voll sind.

MEEROCHSEN-HÖHLE

Nördlich von Arbatax bei Cala Gonone prangen auf Meereshöhe zwei riesige, mit Barken befahrbare Öffnungen in der Steilküste – die Eingänge zur Grotta del Bue Marino. Ihren Namen hat die Höhle von den Mönchsrobben, auch Meerochsen genannt, die hier bis in die 1980er-Jahre lebten. Auch Einritzungen von Menschenhand aus der Jungsteinzeit wurden an den Wänden entdeckt. Ein unterirdischer Fluss hat den Kalkstein in Jahrmillionen ausgespült. Tropfsteine jeglicher Form flankieren den weiterführenden Fußweg. Bei Schneeschmelze gibt es auch einen Wasserfall zu bestaunen. Auf der Oberfläche eines Sees spiegelt sich die zerklüftete Höhlendecke wider. Nach einem Kilometer ist mit dem Orgelsaal das Ende des für Besucher zugänglichen Teils erreicht.

VIELGESTALTIG UND FARBIG

Ein weiterer landschaftlicher Höhepunkt an der Ostküste sind die zerklüfteten roten Felsen von Arbatax. In ihrer Nähe liegt Camping Telis. Zu den Besonderheiten dieses Platzes gehört zum Beispiel, dass auf die Trennung von Toiletten, Duschen und Einzelwaschkabinen verzichtet wurde. Man hat alles in leuchtend bunt gestalteten, abschließbaren Badezimmern vereint. Wechselnde Farben prägen auch die umgebende Natur: Von Anthrazit bis Hellbeige schimmern die großen glatten Steine, die den feinsandigen, platzeigenen Strand einrahmen. Das Meer funkelt Türkis. Die Terrassenplätze breiten sich unter Bäumen an den Hängen eines Hügels in der Portu Frailis aus, zu Deutsch »Bucht der Blumen«. Die besagten bizarren Klippen lassen sich am besten vom Aussichtspunkt beim Leuchtturm am Capo Bellavista bewundern. Den Besuch der zauberhaften Bucht Cala Luna und die Teilnahme an einer geführten Bootstour zur Grotta del Bue Marino, der wohl spektakulärsten Inselgrotte, sollte man sich ebenfalls nicht entgehen lassen.

Beeindruckende Bergmassive mit dichten Wäldern und steil aufragenden Felsformationen prägen die Insel westlich der Stadt Tortoli. Die erste Station ist dort häufig Lanusei, die Kreishauptstadt der Gebirgsregion Ogliastra. Häuser mit mehreren Stockwerken, die am Hang kleben, prägen hier vornehmlich das Ortsbild. Über den Dächern beginnt dann der Bosco Selene, ein schattiger Steineichenwald, der zu erholsamen Spaziergängen einlädt. Vereinzelt sprudeln hier Quellen, dazu gibt es ein paar Picknickstellen. Auch ein Nuraghierdorf aus dem 15. Jahrhundert vor Christus kann man hier besichtigen. In Lanusei beginnt des Weiteren ein besonders kurvenreicher Streckenabschnitt, der vorbeiführt an tiefen Schluchten und abgelegenen Dörfern in Richtung Jerzu. Wichtigstes Etappenziel ist das Bergdorf Ulássai, wo sich die sehenswerte Tropfsteinhöhle Su Marmuri befindet, die vor allem durch ihre unterirdischen Seen besticht.

Oben: Farbenfrohe Piazza Umberto in Sant'Antioco

Linke Seite oben: Schroff und schön – Steilküste nahe Calasetta

Linke Seite unten: Camping Telis, traumhaft gelegene Terrassenanlage

Links: Überall sauberes Wasser und verlockende Buchten

Rechts oben: Großzügig – Freibad auf Camping Tonnara

Rechts unten: Hinreißend schöne Abendstimmung auf dem Stellplatz in Valledoria

Rechte Seite: Ausgangspunkt der Tour – Camping Tonnara

RÄTSELHAFTER UNTERGANG

In Olbia, der schnell gewachsenen Hafenstadt an der Nordostküste, trifft man trotz ihrer langen Geschichte auf nur wenige alte Bauwerke. Für die Römer war sie ein wichtiger Umschlagplatz. Einzige Relikte aus jener Epoche sind die elf gesunkenen Handelsschiffe (5. Jahrhundert), die man 1999 bei einem Tunnelbau am Hafen entdeckte. Warum sie untergingen, weiß man nicht. Womöglich vernichteten die Römer ihre Flotte selbst, damit diese nicht den Vandalen in die Hände fiel. Die Wracks und weitere Funde von der Jungsteinzeit bis zum Mittelalter zeigt das neue Museum auf der Isola di Peddone. Wichtigstes Baudenkmal der Stadt ist die Kirche San Simplicio, errichtet im 11. Jahrhundert. Das romanische Gotteshaus zeigt lombardische und toskanische Stilelemente. Für einen längeren Badeurlaub bestens geeignet ist beispielsweise Camping Isuledda. Dessen Areal erstreckt sich überaus reizvoll auf einer Halbinsel im Golf von Arzachena weiter im Norden. Kleine feinsandige Badebuchten zeichnen den Platz aus, darüber hinaus gibt es ein täglich wechselndes Sport- und Unterhaltungsprogramm für Kinder. Ein nahe gelegenes Ausflugsziel ist die Costa Smeralda, die legendäre, in aller Welt bekannte Smaragdküste. Deren Hauptort ist Porto Cervo am nördlichen Ende des 50 Kilometer langen Küstenstreifens. Sein Yachthafen mit über 500 Liegeplätzen zählt zu den größten am Mittelmeer.

WENN DIE ROTE SONNE …

Von Santa Terasa di Gallura an der Nordspitze führt eine Küstenstraße mit zauberhaften Aussichten nach Castelsardo, der vorletzten Station dieser Sardinien-Reise. Castelsardo erhebt sich malerisch auf einem

Felssporn vulkanischen Ursprungs. Das Dorf wurde 1102 unter dem Namen Castel Genovese von Genuesen als Festung gegründet. Sehenswert ist vor allem der freistehende Glockenturm der Kathedrale Sant'Antonio Abate, den ein farbenfrohes Majolika-Dach schmückt. Der Kirchenraum ist reich mit Gold verziert. Bekannt ist der Ort vor allem durch sein traditionelles Flechthandwerk. Viele Einwohner im alten Kern fertigen Körbe aus Riedgras und Zwergpalmfasern und bieten sie zum Kauf an. Ein Museum, das sich ausführlich diesem Thema widmet, ist im Castello untergebracht, dem beherrschendsten Bauwerk – auf der Spitze des besagten Vulkanfelsens. Castelsardo ist zudem bekannt für seine feierliche Lunissanti-Prozession an Ostern, bestehend aus einem Meer aus Fackeln. Diese Tour endet schließlich auf dem Stellplatz im nahen Valledoria, in exklusiver Lage über der Steilküste vor prächtiger Sonnenuntergangskulisse.

TOUR-INFO KOMPAKT

KILOMETER
630

STRECKENVERLAUF
Sant'Antioco – Costa del Sud – Pula – Cagliari – Villasimius – Costa Rei – Arbatax – Lanusei – Ulassai – Cala Gonone – Olbia – Arzachena – Santa Teresa – Castelsardo

HIGHLIGHTS
Sant'Antioco: punische Nekropole, Costa del Sud: Tueredda-Strand, Pula: Ausgrabungsstätte Nora, Cagliari: Nationales Archäologisches Museum, Cala Gonone: Grotta del Bue Marino, Olbia: Archäologisches Museum, Arzachena: Costa Smeralda, Castelsardo: Altstadt und Kathedrale

FÄHRVERBINDUNGEN
Oft mehrmals pro Woche ab Genua, Livorno und Piombino nach Olbia mit Moby Lines, ab Civitavecchia nach Porto Torres mit Grimaldi Lines

CAMPING- UND STELLPLÄTZE
Camping Tonnara, Loc. Cala Sapone, 09017 Sant'Antioco, Tel. 0039/07 81 80 90 58, www.camping-tonnara.it
GPS N39°00'24" E08°23'15"
Mehrere Geländestufen in abgelegener Felsenbucht, Freibad, Restaurant und Laden.

Camping Telis, Loc. Baia di Porto Frailis, 08048 Arbatax-Tortolì, Tel. 0039/07 82 66 71 40, www.campingtelis.com
GPS N39°55'30" E09°42'25"
Auf Terrassen unter Eukalyptusbäumen und Pinien an der Felsenküste, komfortable Ausstattung, u. a. mit Pool.

Centro Vacanze Isuledda, Loc. La Conia, 07021 Cannigione di Arzachena, Tel. 0039/078 98 60 03, www.isuledda.it
GPS N41°07'54" E09°26'26"
Naturbelassenes Terrain auf einer Halbinsel mit feinsandigen Buchten. Restaurant und Veranstaltungsbühne.

Area Camper Punto Maragnani, Via Cristoforo Colombo, 07039 Valledoria, Tel. 0039/34 96 12 46 75, http://web.tiscali.it
GPS N40°55'05" E08°47'05"
Großer Stellplatz direkt über der Steilküste auf Wiese und Schotter, Strom, Wasser, Entsorgung und Dusche.

TOURIST-INFO
Italienische Zentrale für Tourismus ENIT, Barckhausstraße 10, 60325 Frankfurt, Tel. 069/23 74 34, www.enit.de, www.sardinien.com

22 DIE DEUTSCHE ALPENSTRASSE

Vom Bodensee bis ins Berchtesgadener Land

Im Gegensatz zum Meeresrauschen mit sanften, wogenden Wellen üben hohe Berge mit ihren weißen, schneebedeckten Gipfeln, abfallenden, saftig grünen Wiesen und frischen, grünblauen Seen, die im Sonnenschein funkeln, eine ganz andere Faszination auf uns aus. Sie bieten wahnsinnig viel Abwechslung und vermitteln dabei ein ganz besonderes Gefühl von Freiheit und Abenteuer!

Welche Landschaft in Deutschland sollte all diese traumhaften Eigenschaften besser in sich vereinen können als der abwechslungsreiche Verlauf der Deutschen Alpenstraße? Von den Ufern des Bodensees führt uns diese Straße über 450 Kilometer in die Gipfel der heimischen Berge. Die Deutsche Alpenstraße ist die älteste Ferienstraße Deutschlands, denn der historische Routenverlauf stimmt bereits mit einem Reisebericht des bayerischen Königs Maximilian von 1858 mit dem heutigen Verlauf – die meisten Sehenswürdigkeiten entlang der Strecke sogar schon miteingeschlossen – überein! Der heute nicht mehr existente »Deutsche Touring-Club« ließ 1932 die frühesten Pläne ausarbeiten, und bereits 1939 war der erste Bauabschnitt mit einer Länge von 275 Kilometern befahrbar. 1960 waren dann die gesamten 450 Kilometer als durchgängige Verbindung hergestellt. Die Deutsche Alpenstraße kann getrost als die Route der »bayerischen Originale« bezeichnet werden, denn ein kulturelles Highlight folgt hier auf das andere: 25 ehrwürdige Burgen, Klöster und Schlösser kann man entlang des Weges besichtigen, darunter solche Hochkaräter wie die international bekannten Königsschlösser Neuschwanstein und Herrenchiemsee, die Wieskirche sowie die Klöster Ettal und Benediktbeuern mit dem hier zu höchster Vollendung gelangten Barockbaustil. Das Ganze wird in die grandiose Bergkulisse der Bayerischen Alpen eingebettet, wo sich historische Städte und urige Bauerndörfer die Klinke in die Hand geben. Das Besondere an dieser Strecke: Es handelt sich um eine echte Ganzjahrestour, jede Jahreszeit hat ihren Reiz.

Blick über den Bodensee

BODENSEE UND WESTALLGÄUER BERGE

Die Tour startet unweit von Lindau am Wohnmobilstellplatz Dorfkrug, der sich inmitten von Apfelbaumplantagen direkt am Bodensee-Radweg befindet. Die schöne Altstadt von Lindau lädt noch zu einem gemütlichen Bummel ein, bevor es richtig losgeht. In sieben Kehren führt die Strecke über den Rohrach Anstieg 400 Höhenmeter nach oben, vorbei an den Scheidegger Wasserfällen. Dieses Geotop gehört definitiv zu den schönsten, die Bayern zu bieten hat, und bietet mit Deutschlands höchstem Moorbadesee, dem Waldsee, einen wahrhaft malerischen Abstecher. Um die grandiose Aussicht auch bestmöglich auszunutzen, gibt es einige Kilometer weiter eine Parkbucht, an der es sich lohnt, kurz Halt zu machen und ein Panoramafoto zu schießen. Genießen Sie den fantastischen Ausblick auf die Nagelfluhkette und Voralberger Berge. Bei klarem Wetter reicht die Sicht sogar bis in das Schweizer Säntis-Massiv – was für ein Beginn!

ÜBER DAS OBERALLGÄU ZUM GRÜNTENSEE

Das Wohnmobil wird einfach weiter entlang der B 308 geführt, und so erreichen Sie bald einen lohnenswerten kulinarischen Stopp: bayerische Weißwürste, stilecht serviert auf der Terrasse eines Golfclubs! Um dorthin zu gelangen, folgen Sie vor Oberstaufen direkt der Beschilderung »Golfclub Oberstaufen« und steuern dann den großzügigen Parkplatz an – hier ist jeder willkommen. Für nur 4,50 Euro werden Ihnen in der Porzellan-Terrine ein paar Weißwürste mit Breze und süßem Senf serviert. Alternativ bietet es sich an, nur 500 Meter weiter für fünf Euro die Mautstrasse von Steibis zur Hörmoosalpe zu nehmen. Am Ziel angekommen, befindet man sich schon inmitten des Naturparks Nagelfluhkette mit seinen hervorragend ausgeschilderten Wanderwegen. Übrigens kann man hier am Abend, auf Nachfrage beim Almwirt, auch mit dem Wohnmobil stehen bleiben und nach guter Hausmannskost die Stille der Bergnacht genießen.

Links: Almabtrieb im Herbst

Rechts: Klaus Bensmann bei der Arbeit

Nächster Haltepunkt sollte dann der Alpsee sein. Hier bietet sich ebenfalls eine Übernachtung auf dem direkt am See gelegenen Campingplatz an. Ein besonderes Familienvergnügen ist die nahegelegene Sommerrodelbahn, der »Alpsee Coaster«, und oben an der Seilbahnstation wartet nur ein Stückchen weiter der Kletterwald »Bärenfalle«, der sich rühmt, Bayerns größter Hochseilgarten zu sein.

Ob Sommer oder Winter: Das Tolle ist, dass man in dieser Gegend bequem den ganzen Familienurlaub verbringen kann, ohne auch nur einen Hauch von Langeweile aufkommen zu lassen. Es geht nun vorbei an dem alten Residenzort Immenstadt sowie Sonthofen, und wir nähern uns der kurvenreichsten Straße Deutschlands: der Oberjoch-Passstraße. Diese war bereits im Mittelalter ein wichtiger Handelsweg über das Gebirge, blickt also ebenfalls auf eine lange Tradition zurück. Bevor Sie die mehr als 50 Kurven in Angriff nehmen, sollten Sie einen Stopp im schönen Bad Hindelang einplanen. Hier gibt es am Wiesengrund einen Wohnmobilstellplatz für 30 Fahrzeuge aller Größen- und Gewichtsklassen. Hinter dem Anstieg erreichen Sie den Ort Oberjoch, bevor es dann entlang saftiger Almwiesen sanft bergab in das Tal der Wertach und zum Übernachten an den Stellplatz vor dem Campingplatz Grüntensee geht. Dieser See vermittelt zum Sonnenuntergang eine ganz besondere Stimmung, die Sie sich nicht entgehen lassen dürfen. Für Radbegeisterte warten hier 15 attraktive Rundtouren, die von der gemütlichen Strecke für Jedermann bis hin zur Tagestour für sportlich Ambitionierte reichen und so für jeden Geschmack das Passende bieten.

DURCH DAS OSTALLGÄU AN DEN CHIEMSEE

Mit Blick auf die 1575 Meter hohe Alpspitze folgen Sie, an Nesselwang vorbei, einfach dem Hinweis »Deutsche Alpenstraße« – überhaupt können Sie das Navi auf dieser Route fast beiseitelegen, denn die Strecke ist hervorragend ausgeschildert! Kurze Zeit später treffen Sie dann in Füssen ein: Hopfensee, Forggensee, Tegelberg und natürlich das Schwangau mit Schloss Hohenschwangau und Schloss Neuschwanstein, des Märchenkönigs Ludwig II. Meisterstück! Zehn Millionen Besucher jährlich – entscheiden Sie selbst, ob Sie dazu gehören wollen. Doch Vorsicht, gerade zur Ferienzeit und im Sommer sollten Sie unbedingt auf den Campingplätzen reservieren. Das Allgäu ist eines der Top-Reiseziele Deutschlands. Eine ganz tolle Szenerie wird Ihnen vom Tegelberg aus zuteil. Das Tal mit den Seen und Schlössern liegt ihnen

HANDWERKSKUNST AN DER OBEREN MÜHLE

Wenn Sie in Bad Hindelang keine Übernachtung planen sollten, können Sie nur 400 Meter entfernt vom Stellplatz eine Pause an der Oberen Mühle einlegen. Neben der historischen Mühlenanlage aus dem 15. Jahrhundert erwartet Sie ein uriger Antiquitäten-Flohmarkt, das Gasthaus Zur Oberen Mühle und die Lederwerkstatt von Klaus Bensmann. Er ist ein wahrer Künstler in der Verarbeitung von gegerbtem Hirschleder und lohgarem Rindsleder. Erleben Sie hautnah, wie aus einem Stück Leder ein kunstvolles Trachtenkleidungsstück entsteht oder wie eine Rahmentrommel mit Hirschpergament bezogen wird. Stöbern Sie nach Herzenslust in dem Sortiment und nutzen Sie die Gelegenheit, Produkte dieser Handwerkskunst als Mitbringsel für die Daheimgebliebenen zu erwerben.

zu Füßen und die Fernsicht ist bei klarem Himmel gigantisch. Die romantische Altstadt von Füssen lässt sich wunderbar zu Fuß erkunden und am Abend kann man wunderbar in den Schwangau-Thermen entspannen. Wenn Sie dann noch der Hunger plagt, sollten Sie es nicht verpassen die typischen Allgäuer »Kässpatzen« zu probieren.

Die Route auf der Alpenstraße führt Sie bei der Ausfahrt aus dem Schwangau an der Wieskirche vorbei. Es lohnt sich, für dieses Kleinod barocker Kunst eine Stunde extra einzuplanen! Dann verlässt die Deutsche Alpenstraße das Allgäu in Richtung Oberbayern. Sie kreuzen die Ammergauer Alpen, das Werdenfelser Land und die Alpenwelt Karwendel. Die Panoramatour führt dann in die Zugspitz-Region. Das historische Oberammergau, Kloster Ettal und Garmisch-Partenkirchen sind dabei immer für einen kurzen (oder auch längeren) Zwischenstopp gut. Kurz danach geht die Fahrt zwischen Walchen- und Kochelsee entlang der berühmten Kesselbergstraße. Durch das Tölzer Land fahren Sie sanft hinab. Nach einer wunderschönen Wiesenlandschaft erreichen Sie den Chiemsee und machen Rast zur Übernachtung an einem schön ausgebauten Stellplatz mit Blick in die Berge neben den Sportanlagen von Bernau. Allein entlang dieses Streckenabschnitts mit seiner einmaligen Kulturlandschaft kann man, wenn man möchte, bequem einen 14-tägigen Urlaub verbringen. Entweder, Sie erkunden die Gegend mit Ihrem Fahrrad, E-Bike oder Motorrad, oder Sie machen einfach eine Rundfahrt mit den öffentlichen Verkehrsmitteln. Diese bieten beispielsweise im Rahmen ihrer regulären Fahrpläne ab Garmisch-Partenkirchen tolle Touren an. Immer lohnenswert ist dabei der Besuch einer Alm mitsamt Käserei. Viele Informationen dazu erhält man zum Beginn der Alpenstraße in der Tourist-Information Oberstaufen.

ZIELGEBIET BERCHTESGADENER LAND

Aus dem Ort Bernau führt die B 305 als Teil der Deutschen Alpenstraße zunächst durch solch klangvolle Wintersportorte wie Reit im Winkl oder Ruhpolding. Über den 793 Meter hohen Maserer-Pass sichten Sie

Oben: Berchtesgaden mit Blick auf den Watzmann

Linke Seite oben: Idylle Wohnmobilstellplatz Bernau

Linke Seite unten: Blick auf die Oberjoch-Passstrasse

Links: Panorama Bad Hinderlanger Tal

Rechts oben: Paddler mit Hund auf dem Grüntensee

Rechts unten: Blick über die Wiesen am Hopfensee

in direkter Nachbarschaft zur Schwarzlofer den riesigen Stellplatz von Reit im Winkl, der besonders im Winter stets gut besucht ist. Überhaupt ist in der Region die Winterzeit die absolute Hochsaison. Camping im Schnee ist in den vergangenen Jahren in der Gunst der Wohnmobilisten immer mehr gestiegen, was nicht zuletzt an der technischen Entwicklung der modernen Wohnmobile liegt. Die 24 Kilometer von hier bis Ruhpolding sind ein wahres Gedicht. Eingebettet in die Chiemgauer Berge fährt man entlang der Ufer der Weit-, Mitter- und Lödenseen. Diese Seen laden mit guten Parkmöglichkeiten zum Verweilen ein. Hier kann eine Rundwanderung, ein erfrischendes Bad oder eine Angelpause geplant werden. Im kristallklaren Wasser sieht man oft zahlreiche Fische, die durch die Seen ihre Bahnen ziehen.

In der »Biathlon-Hauptstadt« Ruhpolding geht es dagegen schon ganz anders zu. Ein Bummel durch die netten Gassen, eine zünftige Mahlzeit oder in einem der Sportgeschäfte shoppen – hier ist wirklich alles da. Nicht weit entfernt erreichen Sie dann die Salinenstadt Bad Reichenhall mit ihrer jahrhundertealten Kurtradition und einem praktischen Wohnmobilhafen, der fußläufig zur Therme, Innenstadt und einer Gassi-Geh-Route am Fluss entlang liegt.

DAS ZIEL IST IN SE(E)HWEITE

Am nächsten Tag ist es dann nur noch eine kleine Etappe zum Ziel: Berchtesgaden und Schönau am Königssee warten. Um dieses Juwel von einem Gebirgssee zu Füßen des Watzmanns zu erkunden, machen Sie am besten eine kraft- und nervensparende Ausflugsfahrt mit dem Boot. Auf dem Königssee fahren übrigens ausschließlich Elektromotorboote – das erste startete bereits 1909! So lässt sich das Leben genießen.

Wohnmobilstellplatz am Camping Grüntensee

TOUR-INFO KOMPAKT

KILOMETER

450

STRECKENVERLAUF

Bodensee – Scheidegg – Oberstaufen – Alpsee – Bad Hindelang – Grüntensee – Füssen – Ettal – Tölzer Land – Chiemsee – Reit im Winkl – Ruhpolding – Bad Reichenhall – Schönau am Königssee

HIGHLIGHTS

Altstadt von Lindau, Scheidegger Wasserfälle, Nagelfluhkette, Alpsee, Oberjoch-Pass, Bad Hindelang, Schwangau mit Schloss Neuschwanstein, Tegelberg, Wieskirche, Oberammergau, Kloster Ettal, Tölzer Land, Chiemsee und Chiemgau, Königssee mit St. Bartholomä

CAMPING- UND STELLPLÄTZE

Wohnmobilstellplatz Dorfkrug, Tunau 4, 88079 Kressbronn am Bodensee, Tel. 07543/9800, www.dorfkrug.de
GPS: N47°35'23" E09°34'28"
Sehr schön inmitten von alten Obstbäumen gelegen, direkt am Bodensee-Radweg, 300 m bis zum Badestrand, Gastronomie und Biergarten, geöffnet von April bis Oktober.

Alpsee Wellness Camping, Seestraße 25, 87509 Immenstadt im Allgäu, Tel. 08323/7726, www.alpsee-camping.de
GPS: N47°34'23.50" E10°11'36.71"
Dieser Campingplatz ist am See gelegen, mit eigener Uferlinie, und bietet viele Freizeitmöglichkeiten für Familien mit Kindern. 1,5 km bis nach Immenstadt.

Wohnmobilpark Wiesengrund, Ostrachstraße 23, 87541 Bad Hindelang, Tel. 08324/2219, www.wiesengrund.com
GPS: N47°29'59" E10°22'21"
Herrlich gelegen zwischen zwei Gebirgsbächen am Wiesengrund Hotel Restaurant Bad Hindelang, Busfahrkarte in der Kurtaxe enthalten, Wander- und Radwege beginnen am Platz, Schwimmbad ist nur 300 m entfernt, besuchen Sie die Markttage in Bad Hindelang.

Wohnmobilstellplatz am Camping Grüntensee, Grüntensee 41, 87497 Wertach, Tel. 08365/375, www.camping-gruentensee.de
GPS: N47°36'36" E10°26'49"
10 Stellplätze, Nutzung der Anlagen des Campingplatzes, schön gelegen am Grüntensee mit großen Badewiesen und Gastronomie.

Wohnmobilstellplatz Füssen Camper's Stop, Abt-Hafner-Str. 9, 87629 Füssen, Tel. 08362/940104, www.wohnmobilplatz-fuessen.de
GPS: N47°34'54" E10°42'07"
Einfache, zweckmäßige Stellplätze am Rande eines Gewerbegebietes, wo man alles findet, was man braucht, abends ruhig, gut gelegen für einen Stadtbesuch, Platz teilt sich zwei Hälften.

Wohnmobilstellplatz Bernau am Chiemsee (beim Tenniszentrum Bernau am Chiemsee), Buchenstr. 17, 82233 Bernau, Tel. 08051/8822, www.tenniszentrum-bernau.de
GPS: N47°48'34.19" E12°22'55.87"
30 Wohnmobilstellplätze an einer Mehrzweckhalle, mit viel Mühe angelegter Platz samt Teich und Grünflächen,nur ca. 10 Minuten mit dem Rad zum See und 5 Minuten zur Ortsmitte.

Wohnmobilpark Reit im Winkl, Am Waldbahnhof 7, 83242 Reit im Winkl, Tel. 0160/90737578, www.wohnmobilpark-reitimwinkl.com
GPS: N47°40'13" E12°29'02"
Riesiger Platz mit 250 Stellplätzen, naturbelassenes Gelände, das gut auch mit schweren Wohnmobilen zu befahren ist, viel Hundeauslauf am Ufer der Schwarzlofer.

Wohnmobilpark An der Rupertus Therme, Hammerschmiedweg 1, 83435 Bad Reichenhall, Tel. 08651/76220, www.rupertustherme.de
GPS: N47°66'03" E12°52'33"
Am Uferweg der Saalach gegenüber der Therme und dem Kurpark stehen hier 25 Plätze zur Verfügung. Sehr schöner Fußweg zur Innenstadt, komplett befestigt auch für Wohnmobile über 7,5 t, große Spielanlagen für Kinder.

TOURIST-INFO

Tourist-Information Oberstaufen, Hugo-von-Königsegg-Str. 8, 87534 Oberstaufen, Tel. 08386/93000, www.oberstaufen.de

Tourist-Information Füssen, Kaiser-Maximilian-Platz 1, 87629 Füssen, Tel. 08362/93850, www.fuessen.de

23 ISLAND MIT DEM WOHNMOBIL

Durch die Vulkaninsel der Elfen und Trolle

Bei einer Reise mit dem Wohnmobil durch die Vulkaninsel Island eröffnet sich eine faszinierende Welt zwischen Gletschern und glühender Lava. Das wechselhafte Wetter macht die Reise nur noch spannender. Auf der berühmten Ring Road können Sie die Insel der Elfen und Trolle erkunden und Zeuge fantastischer Naturphänomene werden. Kontrastreicher geht's in Europa nicht!

Direkt am Flughafen in Keflavík können Sie Ihr Wohnmobil mieten. Es ist dabei natürlich von Vorteil, dass die Ansprechpartner dort, wie fast alle Isländer, sehr gut Englisch sprechen. Somit wird das Modell Ihrer Wahl gut verständlich erklärt. Vor allem die Funktionen der Standheizung lassen bei den isländischen Witterungsverhältnissen oftmals aufhorchen!

VOM ERBE DER WIKINGER ZUR BLAUEN LAGUNE

Die Standheizung kann sich schon bald lohnen, falls Sie ebenfalls das Pech haben sollten, dass sich der Himmel verdüstert, sobald Sie vom Flughafen zur Hauptstadt Reykjavík steuern. Heftige Böen peitschen über die Autobahn und riesige Regentropfen klatschen lautstark auf die Frontscheibe Ihres Wohnmobils. Urplötzlich, als würde Thor, der Kriegsgott, persönlich mit seinem Streithammer auf das Firmament einprügeln, kann sich dieser Spuk aber auch wieder auflösen, wenn sich die schwarzgrauen Wolken im Zeitraffer verflüchtigen und am Himmel intensives Stahlblau hinterlassen.

Spätestens, wenn Sie vor der berühmten Hallgrimskirche stehen, könnte die Sonne aber schon wieder die Oberhand gewonnen haben. Vor der nüchternen Betonkirche thront Leif Eriksson, der schon um das Jahr 1000 nach Nordamerika segelte, auf einem stilisierten Schiffsbug. Schlendern Sie hinunter zur Sæbraut, der Straße am Meer, und beenden Ihren Einführungskurs in Sachen Wikinger bei

Rimini in Reykjavik – Isländer genießen ihre Mittagspause im Freien

der Skulptur Sólfar (»Sonnenfahrt« oder »Sonnenschiff«): Aus blankem Edelstahl wurde mit wenigen Streben ein Wikingerschiff nachempfunden.

Bevor Sie Ihre große Rundtour starten, ziehen Sie am besten noch eine Extra-Schleife auf der Halbinsel Reykjanes. Das Ziel: die »Blaue Lagune«, ein Thermalfreibad, das eher zufällig beim Bau des 1978 eröffneten, geothermischen Kraftwerks entstand. Inmitten schwarzer Lavaberge und dunkelgrüner Moosteppiche sorgt das Bad mit dem milchig-blauen See für einen bizarren Kontrast.

Gut aufgewärmt können Sie jetzt die berühmte Hringvegur (»Ring Road«), die Route 1, anpeilen, die Hauptverkehrsader Islands. Sie wird für gut 1400 Kilometer Ihre neue Heimat sein. Schon von weitem können Sie dabei den Seljalandsfoss sehen. »Foss« heißt auf Isländisch Wasserfall und der bei Seljaland ist ein echter Knüller! Auf einem glitschigen Steig kann man sogar hinter den breiten Wasserschleier wandern. Der herrliche Stellplatz gleich daneben bietet einen direkten Blick auf die zahlreichen Kaskaden.

LANDSCHAFTSKINO AUF DER RING ROAD

Zurück zur Ring Road. Den Ort Vík í Mýrdal erkennen Sie schon von weitem an den gigantischen, im offenen Meer aufragenden Reynisdrangar, den Brandungspfeilern vor der Küste. Die Tankstelle gleich am Ortsbeginn ist eine echte Drehscheibe, fängt doch hier das weitaus weniger besiedelte Südost-Island an. Auf ganz Island leben übrigens nur ca. 300 000 Menschen, davon alleine 60 Prozent im Großraum Reykjavík.

Gleich nach Nupsstadur rückt der Vatnajökull, der Wassergletscher, immer näher. Er ist der größte Gletscher Europas und mit 8300 Quadratkilometern die drittgrößte Eisfläche der Welt. Zu seinen Füßen fließen tausende Bäche über die Moränen talwärts in den Skeiðarársandur. Das bedeutet für die Ring Road eine abenteuerliche, technisch schwer zu meisternde Streckenführung. Immense Sand- und Schuttflächen und sich ständig wandelnde Gletscherbäche erfordern gewiefte Brückenkonstruktionen. Vorsicht, diese sind teilweise nur einspurig befahrbar! Hier heißt es:

Links: Sólfar – stählernes Wikingerschiff bei wilder Wolkenstimmung

Rechts: Feuerwerk in den Eisbergen im August am Gletschersee Jökulsárlón

Volle Konzentration auf die Straße, nicht auf die atemberaubende Landschaft.

Die Ring Road bietet weiterhin bestes Fahrkino. Auf dem beeindruckenden Gletschersee Jökulsárlón nehmen die Eisberge dann direkten »Kontakt« mit Ihnen auf: Der Breiðamerkurjökull wälzt eine wahre Skyline aus haushohen Eisklötzen vor sich her – eine frostige Kulisse, die schon in vielen Filmen verewigt wurde. Der Stellplatz befindet sich nur wenige Meter davon entfernt. Im Schein der nicht enden wollenden Mitternachtssonne können Sie hier Ihr Camping-Dinner genießen. Zur Untermalung spielen die Gletscherzacken »Schwanensee-Ballett« auf dem Wasser. In Zeitlupe driften sie vorbei, hinaus auf das offene Meer. Wenn Sie das Glück haben, dort zu sein, wenn die Berg- und Seerettung immer Mitte August ihr jährliches Sommerfest feiert, gibt es um Mitternacht ein weiteres Spektakel, wenn die Eiswelt im dramatischen Farbenspiel eines grandiosen Feuerwerks erleuchtet wird!

DIE INSEL DER ELFEN UND TROLLE

Höfn bietet seit hunderten von Kilometern den ersten großen Hafen. Direkt am Hafenbecken gibt es einen prima Fischimbiss mit Blick auf die großen Trawler der industriellen Fangflotten. Wenn hier ein Tief festsitzt, können die tiefhängenden Wolkenschleier Sie schon einmal bis nach Egilsstaðir begleiten. Einzelne Sonnenstrahlen lassen dabei immer wieder Moose und Farne aufleuchten. Gesteinshaufen nehmen mit etwas Fantasie alle erdenklichen Gestalten an und spätestens jetzt wird klar, warum laut Umfragen immer noch 80 Prozent aller Isländer an Trolle und Elfen glauben.

Streng genommen entwickelt sich auch die nächste Etappe etwas schmucklos. Aber die Einsamkeit und Leere der Landschaft im Nordosten erfindet ihre ganz eigene Schönheit. Wären da nicht die Straße und alle halbe Stunde ein entgegenkommendes Fahrzeug, könnte man fast glauben, man wäre in einer Art Mondlandschaft gelandet.

Kurz vor Reykjahlíð sehen Sie dann zahlreiche Rauchsäulen aufsteigen. Auf der Krafla, einem 818 Meter hohen Vulkan, dampft es aus aktiven Spalten. Aus einem futuristischen Kraftwerk fließen neongelbe Schwefelbäche. Der Kratersee Víti erstrahlt in kräftigem Türkis. Etwas weiter schimmert der Mývatn, der 38 Quadratkilometer große Mückensee, der diese äußerst aktive Vulkanzone zu beruhigen scheint. Bei Skútustaðir erheben sich etliche Pseudokrater aus einer schmalen Landzunge – es sieht fast aus wie ein

HEISSE QUELLEN UND SELBSTVERSORGER

Auf Island erfährt man oft stündlich vier Jahreszeiten. Regen, Nebelfetzen und mäßige Temperaturen können auch im Sommer ein paar Tage anhalten. Perfekt für den Besuch eines Bades! Jeder noch so kleine Ort hat ein schönes Bad und für Kinder oft eine Kiste Spielzeug. Auch an den heißen Quellen lohnt eine Pause. Aber Vorsicht, das Wasser ist oft extrem heiß und kann manchmal nur gemischt mit kaltem See- oder Quellwasser als Badetümpel genutzt werden. Um Vorräte aufzustocken, ist die Bonus-Supermarktkette am günstigsten. Auf dem Land ist das Angebot häufig begrenzt und teuer. Bei der Ankunft am Flughafen Keflavík gibt es im Duty Free Shop auch für Einreisende günstige Alkoholika, die sich wunderbar als Gastgeschenk oder Schlummertrunk eignen.

Golfplatz für Riesentrolle. Camping Hraubrun am Nordost-Ufer bietet einige erhöhte Stellplätze mit sehr guter Sicht und neben einem Trampolin auch noch Bobby Car, Dreirad und andere Gefährte. Die Isländer lieben Kinder – dafür spricht auch die höchste Geburtenrate Europas mit 1,92 Kindern pro Frau.

Auf der Ring Road steuern Sie weiter gen Westen. Das Zischen und Brodeln nimmt schlagartig ab und Heidelandschaften mit lieblichen Bächen und stillen Seen beruhigen vorübergehend das Landschaftsbild. Erst am beeindruckenden Wasserfall Goðafoss rumpelt es wieder gewaltig. Exakt im Jahre 1000 statuierten politische und geistige Führer hier ein Exempel, warfen Götzenbilder und heidnische Zeugnisse in die tosenden Wassermassen des »Götterfalls« und sorgten so für eine rasche Christianisierung.

VOM WALFANG ZUM WHALE WATCHING

In Húsavík haben Sie Gelegenheit zum Whale Watching. Der Walfang ist auch heute noch ein Reizthema für die Isländer. Aber Fakt ist, dass man heutzutage wesentlich mehr Geld mit dem Beobachten der Wale verdienen kann. So wurde die Walfangflotte von einst längst in eine Beobachtungsflotte umfunktioniert. Falls Ihnen bei Ihrem Besuch das Wetter einen Strich durch die Rechnung machen sollte und das Schiff nicht auslaufen kann, bietet das Walmuseum mit seinen vielen interaktiven Stationen eine tolle Abwechslung.

Ganz am Ende des schmalen, tief eingekerbten Eyjafjörður erreichen Sie Akureyri. Die Universitätsstadt mit 16 000 Einwohnern verströmt echtes Großstadtflair. Etliche Stunden weiter westlich in Blönduós bleibt für die Lunchpause mal wieder nur eine Tankstelle. Hier bekommen Sie das »Standardessen«: Burger und Pommes. Fastfood hat an diesen entlegenen Ecken Islands die Speisekarte oft fest im Griff.

Wieder auf der Ring Road verliert die Landschaft langsam das Alpine und wandelt sich zu einem lieblichen Gedicht. Tausenderlei Grüntöne, tiefschwarze Lavafelder und mäandernde Flüsse begleiten Sie auf der kompletten Nordwestspange bis Laugarbakki. Die Ring Road ist hier sehr gut in Schuss, wird aller-

Oben: Gletschereis am Lavastrand des Jökulsárlón

Linke Seite oben: Strokkur – der aktive Geysir ist ein Touristenmagnet

Linke Seite unten: Die Halbinsel Grindavik – bizarre Spiegelung im Thermalsee

Links: Gletscher kalben am Jökulsárlón direkt neben dem Parkplatz an der Ring Road.

Rechts oben: Islandpferde sind bekannt für ihre spezielle Gangart, den Tölt.

Rechts unten: Reykjavik – Leif Eriksson thront auf einem stilisierten Schiffsbug.

dings auch stärker frequentiert. Erst bei Mosfellsbær, kurz bevor sich der Kreis in Reykjavík schließen würde, verlässt die Route die Ringstraße 1 längerfristig. Auf der Straße 36, isländisch Þingvallavegur, geht es erneut gen Osten. Im fruchtbaren Tiefland gibt es noch eine Menge kulturhistorischer und geologischer Hauptattraktionen zu bestaunen – nicht umsonst wird diese Schleife auch »Golden Circle« genannt. Der Þingvallavatn, der See bei Þingvellir, ist mit 84 Quadratkilometern – neben dem Stausee Þórisvatn – Islands größtes Binnengewässer. Am Nordrand des Sees treffen zwei tektonische Platten aufeinander: Die nordamerikanische Platte mit dem westlichen Teil des Atlantikbodens driftet gen Westen, die eurasische wandert mit dem östlichen Atlantikteil ostwärts. Dies hat zur Folge, dass sich die dazwischenliegende Almannagjá, eine ohnehin schon sieben Kilometer breite Schlucht, noch weitet und um ca. acht Millimeter jährlich absinkt. Diese Schlucht, die auf Deutsch den Namen »Allmänner-Schlucht« trägt, ist der historisch wichtigste Versammlungsort auf Island. Hier tagten schon um das Jahr 930 die Goden, eine Art Häuptlinge, und entschieden beim sogenannten Althing über die Geschicke des Landes.

ZUM UR-GEYSIR

Die Route folgt der Straße 365 nach Osten Richtung Laugarvatn. Zunächst passieren Sie einige schöne Birkenwälder, dann mutiert die Verbindungsstraße zum ausgewachsenen Passknüller mit engen Kehren und Steigungen um die 14 Prozent. Immer am Fuße des 627 Meter hohen Efstidalur-Fjell entlang, steuern Sie zunächst auf der F 37, später auf der F 35 direkt auf eines der meistbestaunten Naturwunder Islands zu – die Geysire. Der Große Geysir, dessen Name Pate stand für alle Heißwasserfontänen dieser Welt, ist mittlerweile etwas behäbig geworden. Dafür ist sein kleinerer Bruder Strokkur schwer aktiv. Alle zehn Minuten schießt er lautstark seine Fontäne bis zu 20 Meter in die Höhe. Nur wenige Kilometer weiter fällt der Fluss Hvítá in einen schmalen, 70 Meter tiefen Canyon. Den dabei entstehenden Gullfoss, übersetzt mit »Goldener Wasserfall«, ziert fast immer ein weit ausladender Regenbogen.

Jetzt geht es zurück nach Reykjavík. Hier kann es passieren, dass Sie Ihren Augen nicht trauen wollen, wenn das Quecksilber vielleicht doch zum ersten Mal über die 25-Grad-Marke klettert. Von wegen Islandpullis mit Rollkrägen, Shorts und T-Shirts sind angesagt! Sämtliche Cafés und Kneipen räumen dann das komplette Mobiliar auf die Gehwege. Machen Sie es wie die Isländer und investieren Sie in ein paar ordentliche Eisbecher und Drinks. Denn das nächste Tief ist bestimmt schon im Anflug.

TOUR-INFO KOMPAKT

KILOMETER

2150

STRECKENVERLAUF

Reykjavík – Grindavík/Blaue Lagune – Seljalandsfoss – Vík í Mýrdal – Jökulsarlon – Egilsstaðir – Reyklalid/Mývatn – Húsavík – Akureyri – Þingvellir – Laugarvatn – Gullfoss – Reykjavík

HIGHLIGHTS

Reykjavík, Blaue Lagune, Seljalandsfoss, Reynisdrangar, Jökulsarlon, Vatnajökull, Egilsstaðir, Mývatn, Goðafoss, Húsavík, Akureyri, Þingvallavegur (Golden Circle), Þingvallavatn, Gullfoss (der Goldene Wasserfall).

CAMPING- UND STELLPLÄTZE

Camping Grindavík, Austurvegur 26, Grindavík, Tel. 00354/420 11 00, www.tjalda.is
GPS: N63°50'37.3" W22°25'19.7"
Gut als Ausgangs- und/oder Endpunkt der Tour, außerhalb Reykjavíks, unweit vom Flughafen und dem Thermalfreibad »Blaue Lagune«.

Campingplatz Hamragarðar, an der Straße 249, etwas über 1 km nördlich der Ringstraße 1, Tel. 00354/866 75 32, www.tjalda.is
GPS: N63°37'15.9" W19°59'22.7"
Ein schöner Platz direkt in der Nähe der Wasserfälle Seljalandsfoss und Gljúfrabúi.

Parkplatz am See Jökulsárlón,
GPS: N64°02'53.8" W16°10'47.9"
Auch wenn an den schwimmenden Eisbergen überall Campingverbotsschilder stehen, ist der Parkplatz für gewöhnlich randvoll mit Wohnmobilen – das muss jeder selbst entscheiden.

Campingplatz im Skaftafell Nationalpark, tolle Wanderoptionen zum Svartifoss, www.tjalda.is und www.vatnajokulsthjodgardur.is
Tel. 00354/470 83 00,
GPS: N64°00'58.0" W16°58'07.8"
Campingplatz am Besucherzentrum des Nationalparks, während der Wintermonate ist er geschlossen, aber man kann auf dem Parkplatz des Besucherzentrums stehen.

Hlíð Camping & Guesthouse, Hraunbrún, 660 Mývatn, Tel. 00354/464 41 03 und 00354/899 62 03, www.myvatnaccommodation.is
GPS: N65°39'03.9" W16°55'19.5"
Am Nordufer des Mývatn (Mückensee), direkt an den Lavafeldern, Bed&Breakfast, Zeltplätze, Stellplätze, Cottages vorhanden.

TOURIST-INFO

Isländisches Fremdenverkehrsamt, Frankfurter Str. 181, 63263 Neu-Isenburg, Tel. 06102/25 44 84, www.visiticeland.com versendet kostenlos Broschüren und Kartenmaterial.

Straßen, Wohnmobil-Vermietung
Die Ringroad Nummer 1 ist mittlerweile fast durchgehend asphaltiert und mit jedem Fahrzeug problemlos befahrbar – wer ins Hochland will, benötigt allerdings ein Allrad-Mobil mit viel Bodenfreiheit und Erfahrung beim Überqueren von Flüssen. Wenn Sie vor Ort ein Wohnmobil leihen möchten, bietet www.camper.is eine große Auswahl, auch von 4x4-Fahrzeugen. Der tolle Service bedient Sie mehrsprachig.

An Tankstellen, beim Vermieter und Touristenbüros gibt es außerdem die sehr rentable Campingcard: Damit lassen sich viele Plätze gratis (es werden nur noch Strom und Dusche abkassiert) nutzen: www.campingcard.is

Anreise
Flug: Am besten nonstop ab München, Frankfurt, Hamburg, Berlin, Düsseldorf mit ICELANDAIR, www.icelandair.de, viele günstige Specials!

Auto/Zug/Fähre für Selbstfahrer: Zeitaufwändig, rechtzeitig buchen. Mit der Smyril Line über Dänemark/Hanstholm und die Faröer-Inseln nach Seydisfjördur im Osten Islands.
Tel. 0431/20 08 86, www.smyrilline.de

Beeindruckend und aus der osmanischen Zeit: Steinbrücke Ura e Katiut

24 BALKANTOUR DURCH ALBANIEN UND MAZEDONIEN

Die Seele baumeln lassen und Ursprünglichkeit entdecken

Die ersten Eindrücke von den Albanischen Alpen sind faszinierend. Ein Abend am Skutarisee inspiriert zu neuen Abenteuern. Nach einem interessanten Abstecher nach Mazedonien mit Skopje und Ohridsee geht es weiter nach Ostalbanien, in unberührte Natur und eine grandiose Bergwelt, durchzogen vom Fluss Vjosa. An der Küste klingt die Reise dann ganz gelassen aus.

Wurden Albanien und der Balkan früher als eher gewagtes Reiseziel wahrgenommen, vor allem geeignet für 4x4- und Motorradfahrer, die ja oftmals als die »wahren« Helden der Schotterpisten gelten, erschließt der zügig voranschreitende Straßenbau nun weite Teile des Landes sozusagen für Jedermann. Dadurch wird diese beeindruckende Reise in Gebiete letzter Ursprünglichkeit, atemberaubende Berglandschaften und ruhig plätschernde Seen stark vereinfacht und somit auch für alle möglich.

VON DEN ALBANISCHEN ALPEN AN DIE KÜSTE

Der albanische Teil des Skutarisees (auch Shkodrasee genannt) empfängt Sie mit einem modernen Kleinod, dem Lake Shkodra Resort. Hier treffen Wohnmobilisten, Crossmotorradfahrer mit Zelt und 4x4-Enthusiasten aufeinander – in der Reise-Art getrennt und dann doch wieder vereint und gefesselt von der Faszination Albaniens.

Der Ausflug in die nördlich liegenden Albanischen Alpen beginnt geradezu harmlos über die SH1 und endet über die SH20 mit spektakulären Ausblicken und Fotomotiven. Gut befahrbare Serpentinen begeistern auf dieser Strecke, doch auch Schafe und Ziegen begleiten den Weg. Am Zusammenfluss der oberen Cem (auch Cijevna) von Selca und der Cem von Nikç, auf rund 1000 Metern Höhe, liegt der Ort Tamara. Vielleicht hat der Krämerladen im Dorf geöffnet – ein Blick hinein lohnt sich auf jeden Fall, denn innen und außen stoßen hier Tradition und Moderne aufeinander. Nach der Rückfahrt klingt der Abend dann romantisch aus mit einem tollen Blick auf den Skutarisee.

Arm und Reich treffen dann in der nur rund 3,5 Stunden südlich gelegenen Hauptstadt Tirana genauso zusammen wie westliche und östliche Kulturmerkmale. Der Kommunismus lebt besonders im Baustil des sozialistischen Realismus weiter: Den Skanderberg-Platz, der Hauptplatz der Stadt, dominieren der Kulturpalast und die Skulptur des legendären Anführers gegen die Osmanen, Georg Kastriota, genannt Skanderberg. Edi Rama, Künstler, ehemaliger Bürgermeister Tiranas und seit 2013 Ministerpräsident, hinterließ hier ebenfalls vielfältig seine Spuren.

Die am alten Handelsweg Via Egnatia gelegene Hafenstadt Durrës lockt einerseits mit 3000 Jahren Geschichte und der Promenade mit belebtem Stadtstrand, andererseits wurde die Stadt allerdings von den Kommunisten zum Industriezentrum ausgebaut. Der (Fuß-)Weg ist aber auch hier das Ziel und so sollte man sich in der Hauptstadt Tirana sowie der Touristenhochburg Durrës sicherlich einen ausgedehnten Spaziergang gönnen. Wer jedoch die Natur liebt und sucht, wird vielleicht schnell weiterziehen wollen.

Etwas abseits, südlich von Durrës, wartet der Kamping Pa emer, eingebettet in eine idyllische Bucht. Schmackhafte Fisch- und Fleischgerichte im angrenzenden Lokal mit Meerblick, der direkte Meerzugang mit Sandstrand vor dem Wohnmobil und die überzeugende Ruhe helfen, hier die Seele baumeln zu lassen.

ABSTECHER NACH MAZEDONIEN

So gestärkt und entspannt führt der nächste Abstecher nach Mazedonien, wo der Ohridsee wartet. Dazu geht es einmal quer durch Albanien: Von West nach Ost auf gut 150 Kilometern Fahrt sieht man auf dieser Route abseits der Touristenströme das Alltagsleben in Dörfern und kleinen Städten, vorbei an maroden Industrieanlagen und viel Natur. Die überall spritzenden Wasserfontänen aus Wasserschläuchen irritieren zunächst vielleicht, die Erklärung ist jedoch

Links: Ostalbanien – Jede Kurve eröffnet neue, oft sehr fotogene Perspektiven.

Rechts: Skopje – sehenswerte Stadt im Umbruch

Oben: Faszinierende Bergpanoramen – spektakulärer Blick auf die Vjosa-Schleife

Rechte Seite oben: Südseefeeling im Lake Shkodra Resort

Rechte Seite unten: Ruhe und Idylle am Ohridsee

einfach: Es handelt sich hier um ein Angebot zur Autowäsche!

Der SH 9/E 852 folgend, ist der Grenzübergang schnell bewältigt. Beim familiär geführten Camping Rino, direkt am Ohridsee gelegen, warten ein herzlicher Empfang und für Karpfenliebhaber ein ebenso leckeres Abendessen. »Feel like home« wird hier gelebt. Der Morgen beginnt mit einem Klopfen am Wohnmobil, und ein Espresso zum Wachwerden wird serviert. Der See plätschert während des Frühstücks beruhigend, bevor die Tagestour zu den bekanntesten Wahrzeichen am Ohridsee beginnt. Nach dem Besuch von Struga und der Altstadt von Ohrid steht zudem die Besichtigung des orthodoxen Klosters Sveti Naum, in dem das Grab des Heiligen Naum verehrt wird, auf dem Programm. Auch der Ohridsee ist geteilt, in einen albanischen und einen mazedonischen Teil, und so beginnt wenige hundert Meter hinter dem Kloster wieder Albanien. Der Abend klingt entspannt bei Rino aus und am nächsten Morgen geht es früh weiter in die mazedonische Hauptstadt Skopje.

Den Ohridsee über Struga verlassend, verläuft die Strecke durch Debar und schraubt sich immer weiter und höher in den sehenswerten Nationalpark Mavrovo mit Buchenwäldern, Stausee und ruhigen Rastplätzen. Ab Gostivar lohnt es sich allerdings, die verbleibenden Kilometer bis Skopje auf die mautpflichtige Autobahn zu wechseln, denn die Landstraßen sind hier arg marode und ein Schlagloch reiht sich ans nächste.

SKOPJE ÜBERRASCHT

Die Hauptstadt Mazedoniens ist im Umbruch und Aufbruch, überall wurde bzw. wird gebaut und so wirkt die Stadt sehr lebendig und lebensfroh. Man darf gespannt sein, wie sich alles weiterentwickelt. Für einen Spaziergang in der Innenstadt ist der bewachte Parkplatz am Hotel Holiday Inn empfehlenswert. Neben prunkvollen Bauten, die den Weg am Fluss entlang begleiten, zieren geradezu überdimensionierte Figuren die Brunnen mit bunt beleuchteten Wasserspielen auf der linken Seite der großen Steinbrücke. Überall sieht man viele junge, moderne Menschen. Schaut man in Richtung Fußgängerzone, liegt nun rechts oben der Festungsberg. Und wer offenen Auges durch Stadt und Fußgängerzone läuft, kommt übrigens sicher irgendwann auch am Mutter-Teresa-Gedenkhaus vorbei, einer Erinnerungsstätte für die berühmte Tochter der Stadt.

Der einzige Wohnmobilstellplatz in und um Skopje liegt außerhalb der Stadt, direkt an der Autobahn, organisatorisch und örtlich angegliedert ans Best Western Hotel Bellevue. Inklusive sind am Wochenende oftmals das Miterleben von traditionellen mazedonischen Hochzeiten, die im Freigelände des Hotels gefeiert werden.

Zurück Richtung Ohridsee geht es nun auf dem kürzesten Weg, diesmal über Izvor. Am nächsten Tag führt die Route S H3 in die albanische Stadt Korça und danach immer weiter, mitten hinein in die aufregenden Naturschauspiele Ostalbaniens, wo es noch so unendlich viell zu entdecken gibt.

OSTALBANIEN ZUM GENIESSEN

Beeindruckend überragt die neue Kathedrale den zentralen Platz der Stadt Korça und auch ein Blick hinein, in die sie umgebenden Gassen und die gegenüberliegende Fußgängerzone lohnt. Die urbane Lebensweise ist sympathisch, die Stadt hat Charme. Ein Tipp: Die Brauerei Birra Korça braut als wohl einzige auf dem Balkan schmackhaftes, dunkles Bier und die Speisekarte im Biergarten animiert für einen stärkenden Snack. Denn der Rest dieser Tagesetappe, raus aus der fruchtbaren Ebene Korças und entlang der SH 75, hält nun »nur« Natur pur parat. Diese Schönheit hat allerdings ihren kleinen Preis: Schlaglöcher und kurze Schotterstrecken gehören bei dieser »Back to the roots«-Tour dazu. Hier ist sattes Grün soweit das Auge blicken kann, daneben begleiten unzählige Schafe den Weg und – schwupps – plötzlich ist der Asphalt weg. Trotzdem ist aber die Weiterfahrt mehr als machbar, denn eine sicherlich gut befahrbare Schotterpiste ersetzt jetzt die Teerstraße. Jede Kurve eröffnet hier neue, oft sehr fotogene Perspektiven und entschädigt für die teils maroden Straßenverhältnisse.

Doch auch das ist das heutige Albanien: Die neue, breite Straße fräst sich bereits ihren Weg durch diese wunderbare Landschaft, was mehr als verständlich und oftmals sehr willkommen ist aus der Sicht der Bewohner, Naturliebhaber hingegen schmerzt es manchmal vielleicht eher. Aber auch hier macht der Fortschritt nicht Halt.

BADEN IN NATÜRLICHER BADEWANNE

Ein Spa-Vergnügen zum Nulltarif: Einfach Badesachen und Handtuch einpacken, über die Steinbrücke Ura e Katiut aus der osmanischen Zeit laufen und eintauchen in die natürlichen Becken mit Thermalquelle! Das ist ein großes Vergnügen, das viele Albaner gerne genießen. Dieser Badespaß ist rund 14 Kilometer vom Dorf Bënje entfernt auch für Sie möglich. Die Anfahrt führt zehn Kilometer vor Përmet über eine schmale Zufahrt und öffnet sich zum vorgelagerten Parkplatz hin, am Bachbett des Lëngarica entlang. Wer Interesse hat, wandert hinter der Brücke noch zu weiteren Felsformationen. Hin und wieder stehen hier sogar auch einige Wohnmobilisten über Nacht. Und je nach Saison gibt es dazu tagsüber in der kleinen Taverne liebevoll zubereitete Speisen.

Links: Herzliche Begegnungen in Albanien

Rechts oben: Immer wieder herrliche Ausblicke auf der Fahrt

Rechts unten: Neue Kathedrale in Korça

Rechte Seite: Albanische Ruhe – Sattes Grün soweit das Auge blicken kann.

NATUR SPÜREN UND SCHMECKEN

Naturnah übernachten, ausspannen, erholen und einfach mittendrin sein: irgendwo in den Bergen Albaniens ist das möglich, auf der Farm von Toni und Nida. Schmackhaft kommt das Abendessen aus der farmeigenen Forellenzucht direkt auf den Teller, während die Schafe langsam nach Hause trotten. Nach der erholsamen Nacht gibt es zum Frühstück, das im Übernachtungspreis mitinbegriffen ist, selbstgemachte Marmelade und frischen Schafskäse.

Der landschaftlich sicherlich spektakulärste Teil der Albanienreise steht jetzt auf dem Reiseprogramm: beeindruckende Bergpanoramen in der hochgebirgigen Region, geeignet für Liebhaber ursprünglicher Natur, gekrönt von der Fahrt entlang des türkisblauen Flusses Vjosa. Also gilt es jetzt, die Kamera-Akkus aufzuladen – und los geht's! Aus ganz unterschiedlichen Gründen sollten Sie sich hier viel Zeit nehmen. Einerseits kann die Durchschnittsgeschwindigkeit beispielsweise aufgrund der Straßenverhältnisse durchaus bei nur 25 km/h liegen, andererseits aber sicherlich auch deswegen, um zu verweilen, den Augenblick immer wieder festzuhalten, sich die Gegend genau anzuschauen und sich daran zu erfreuen.

DIE RIVIERA ZUM ABSCHLUSS

Dem Fluss Vjosa folgend, geht die Fahrt aus der beschaulichen Ruhe Ostalbaniens dann über auf die Autobahn bei Tepelene. Zuerst führt die Route zügig Richtung Süden auf der gut ausgebauten Strecke, dann sollten Sie links abbiegen und zur wunderschö-

nen Riviera fahren. Das Tagesziel ist der Campingplatz Kranea von Dennis und Majola in Himarë. Vorn haben Sie hier Strand und Mittelmeer, hinten die tollen Berge. Das Wohnmobil idyllisch zwischen den Olivenbäumen abgestellt – und mit Blick in die Abendsonne klingt der Tag bei einem schmackhaften Essen im platzeigenen Restaurant wieder einmal ganz wunderbar aus.

Dieser Standort eignet sich zum Beispiel auch sehr gut für eine Weiterfahrt nach Griechenland. Davor jedoch bietet sich bei schönem Wetter noch ein Ausflug zum nördlich gelegenen Llogara-Pass an. Dazu folgen Sie einfach den langen Serpentinen und bestaunen von oben die glitzernde Küste der Riviera. Wer die Albanienroute hier beenden möchte, kann diese Küstenstraße aber genauso gut auch für die Heimreise wählen.

TOUR-INFO KOMPAKT

KILOMETER
1350

STRECKENVERLAUF
Skutarisee – Albanische Alpen – Tirana – Durrës – Ohridsee – Skopje – Ohridsee – Korca – Ostalbanien – Eerseke – Leskovik – Perat – Permet – Tepelene – Himare

HIGHLIGHTS
Skutarisee, Albanische Alpen, Ohridsee, Kloster Sveti Naum, Nationalpark Mavrovo, Skopje, Natur pur und Bergpanoramen in Ostalbanien, Fluss Vjosa, Steinbrücke Ura e Katiut und Thermalquelle, albanische Riviera

CAMPING- UND STELLPLÄTZE
Lake Shkodra Resort, Skutarisee, Rruga E Liqenit, Grile/Omaraj, Vrake, Shkoder, Albanien, Tel. 00355/692/75 03 37 und 0044/785/006 05 51, www.lakeshkodraresort.com
GPS: N42°08'18.2" E19°28'17.8"
Modernes Kleinod mitten in der Natur, 75 großzügige Stellplätze, beste Infrastruktur, Restaurant und schnelles WLAN.

Kamping Pa emer, Rrakull Karpen, Golem, 2501 Kavajë, Albanien, Tel. 00355/664 15 15 02, www.kampingpaemer.com
GPS: N41°9'17.5" E20°39'3.0"
Zur Anlage gehören 14 direkt am Meer und 5 oberhalb der Bucht gelegene Wohnmobilstellplätze, 50 Zeltplätze sowie mehrere Zimmer im Holzhaus. Der Platz liegt südlich von Durrës, eingebettet in eine Bucht, mit künstlich angelegter kleiner Insel und wurde 2007 von Elez Peposki eröffnet. Der direkte Meerzugang und die Ruhe überzeugen viele Gäste, noch ein paar Tage länger zu bleiben.

Camping Rino, Kalishta, Struga 6333, Mazedonien, Tel. 00389/72 74 32 60 und 00389/70 87 82 56, www.campingrino.com
GPS: N41°09'294" E020°39'066"
In der Nähe der Stadt Struga, familiengeführter Platz mit direkter Seelage, gutem Essen und viel Herz. »Feel like home« wird hier gelebt. Direkt an der Straße gelegen, die Plätze sind jedoch durch Restaurant und Bäume abgeschottet.

Campingplatz Best Western Hotel Bellevue, Street 32 Nr. 24, Skopje 1000, Mazedonien, Tel. 00389/2/257 38 80, www.hotel-bellevue.skopje-hotels.com
GPS: N41°59'48" E21°33'08"
Wohnmobilstellplatz rund 10 km von Skopje entfernt, direkt an der Autobahn, angegliedert ans Best Western Hotel Bellevue, ganzjährig geöffnet, die eigentliche Rezeption ist geschlossen, Anmeldungen laufen über die Hotelrezeption.

Farma Sotira, Rruga Leskovik–Erseke km 15, SH 75, Albanien, Tel. 00355/692 34 25 29, www.farmasotira.com
GPS: N40°12'51.8" E20°38'48.7"
Idyllische Farm mit 15 Stellplätzen mitten in der Natur, inkl. Strom und Frühstück, Dusche, WC, Abendessen möglich.

Camping Kranea, Rruga Livadh Beach SH 8, Himarë, 9425, Albanien, Tel. 00355/673 12 21 22, www.camping-kranea.com
GPS: N40°06'26.8" E19°43'37.6"
25 Stellplätze unter Olivenbäumen mit Restaurant, Duschen, WC und direktem Strandzugang, eröffnet 2013, Familienbetrieb mit Herz.

TOURIST-INFO
Allgemeine Informationen zu Albanien
www.albanien.ch

IMPRESSUM

Verantwortlich: Kerstin Thiele
Lektorat/Hrsg.: Charlotte von Schelling
Layout: Elke Mader
Repro: Cromika
Kartografie: Heidi Schmalfuß
Herstellung: Anna Katavic
Printed in Italy by Printer Trento

★★★★★

Sind Sie mit diesem Titel zufrieden? Dann würden wir uns über Ihre Weiterempfehlung freuen.
Erzählen Sie es im Freundeskreis, berichten Sie Ihrem Buchhändler, oder bewerten Sie bei Onlinekauf. Und wenn Sie Kritik, Korrekturen oder Aktualisierungen haben, freuen wir uns über Ihre Nachricht an den Bruckmann Verlag, Postfach 40 02 09, D-80702 München oder per E-Mail an lektorat@verlagshaus.de.

Unser komplettes Programm finden Sie unter www.bruckmann.de

Bildnachweis: Alle Bilder im Innenteil stammen von den Autoren der jeweiligen Kapitel; außer S. 22 shutterstock/John Roman Images; S. 29 rechts: shutterstock/Joseph Sohm; S. 143 shutterstock/canadastock.

Umschlagvorderseite oben: Thomas Cernak – Monument Valley
unten: Norbert Eisele-Hein, Gletscher am Jökulsárlón, Island
Umschlagrückseite: Norbert Eisele-Hein, Stellplatz in den Weiten Namibias

Die Deutsche Nationalbibliothek verzeichnet diese Publikation in der Deutschen Nationalbibliografie; detaillierte bibliografische Daten sind im Internet über http://dnb.d-nb.de abrufbar.

ISBN 978-3-7343-0101-8

Die Autoren

Torsten Berning ist Spezialist für Marketing und Organisation und seit 2012 Autor und Fotograf für Wohnmobilführer. Auch nach mehr als 250 000 Kilometern ist er vom »Virus Wohnmobil« immer noch infiziert. Ständige Begleiter sind seine Frau Sylke und Hund Henry. Im Bruckmann Verlag erschienen »Ostseeküste mit dem Wohnmobil« und »Die besten Wohnmobilstellplätze in Deutschland«.

Der Photojournalist, Weltabenteurer und Multimediareferent **Norbert Blank** mit starkem sozialen Engagement liebt authentische Bilder im radikalen Realismus. Er fotografiert aber auch gerne schön und werbewirksam Produkte und Dienstleistungen für erfolgreiches Unternehmensmarketing. Seine Wohnmobile baut sich der Maschinenbauingenieur selbst zusammen: www.bilder-botschaften.de.

Thomas Cernak, ist freier Journalist und Fotograf. Er ist Mitglied in der Vereinigung deutscher Reisejournalisten e.V. (VDRJ). Der überzeugte Wohnmobilfahrer arbeitet für promobil und CARAVANING sowie für weitere Magazine. 2008 führte ihn die »CampChallenge« in 80 Tagen um die Welt. Im Bruckmann Verlag veröffentlichte er schon erfolgreich »Kroatien mit dem Wohnmobil« und »Frankreich mit dem Wohnmobil«.

Schon sein Studium der Ethnologie, Psychologie und Literaturwissenschaft in München und London finanzierte der gelernte Kaufmann **Norbert Eisele-Hein** (Jahrgang 1966) mit Outdoor-Reportagen für namhafte Magazine wie z. B. Abenteuer & Reisen, BIKE, ALPIN. Auf seinen Reportagereisen ist er mit steigender Freude auch immer wieder mit dem Wohnmobil unterwegs und hat das Mountainbike, ein Kajak oder die Schneeschuhe mit dabei.

Das individuelle Reisen mit dem Wohnmobil ist seit vielen Jahren **Bernd Hiltmanns** Leidenschaft. Bisheriger Höhepunkt war eine dreijährige Wohnmobilreise gemeinsam mit seiner Frau und ihrem treuen Begleiter Basko, einem Golden Retriever, von Alaska bis nach Feuerland. Dabei legten sie mehr als 100 000 Kilometer zurück und bereisten 17 Länder, oftmals auch abseits der bekannten Touristenrouten. Seit 2012 veröffentlicht Bernd Hiltmann seine Erlebnisse und Reiseerfahrungen als freier Reisejournalist. Bei Bruckmann erschien sein Wohnmobilführer »Westkanada und Alaska«.

Petra Lupp gründete im Jahr 2001 ihre inhabergeführte Presseagentur und ist seit einigen Jahren insbesondere im Ausland als freie Reisejournalistin tätig. 2012 richtet sie ihre Recherchen und Reportagen verstärkt auf die Lebens- und Reisegewohnheiten der Zielgruppe 50 plus aus. Ihre authentischen Reisereportagen über das Leben im Ausland erfreuen sich großer Beliebtheit. Mehrmonatiges Arbeiten, Reisen und Leben im Wohnmobil gehören mittlerweile zu ihrem Alltag. Im Bruckmann Verlag veröffentlichte sie ihr Buch »Wohnmobil für Einsteiger«.

Wiebke Reißig-Dwenger und **Sönke Dwenger** leben jeweils mehrere Monate im Jahr in Neuseeland und in Norddeutschland. Sie kennen und lieben Neuseeland seit Jahrzehnten, haben Familie und Freunde dort. Die beiden gelernten Journalisten haben das ganze Land mehrfach bereist und die »Wohnmobil-Highlights in Neuseeland«, »Neuseeland mit dem Wohnmobil« sowie Sönke Dwenger auch »Zeit für das Beste – Neuseeland« (Fotos) im Bruckmann-Verlag veröffentlicht.

Spitzbergen
Grönland
Alaska
23
ISLAND
Färöer
NORWEGEN
SCHWEDEN
FIN
EST
LV
LITAUEN
2
KANADA
DÄNE-MARK
IRLAND
GROSS-BRITANNIEN
NIEDER-LANDE
DEUTSCH-LAND
POLEN
BELGIEN
L
CZ
Atlantischer Ozean
Ottawa
1
Paris
22
A
SK
UNGARN
FRANK-REICH
CH
SLO
HR
BIH
SRB
RUM
ITALIEN
MNE
RKS
BUL
24
MK
AL
VEREINIGTE STAATEN
3
Washington
Azoren
PORTUGAL
Madrid
Lissabon
SPANIEN
21
Tunis
GRIECHENLAND
MALTA
Rabat
Algier
TUNESIEN
Bermuda-Inseln
4
9
Tripolis
Kanarische Inseln
MAROKKO
MEXIKO
ALGERIEN
LIBYEN
BAHAMAS
SAHARA
5
KUBA
Mexiko
HAITI
DOMINIK. REPUBLIK
MAURETANIEN
ANTIGUA u. BARBUDA
KAP VERDE
Nuakschott
MALI
NIGER
GUATE-MALA
BELIZE
JAMAIKA
DOMINICA
HONDURAS
SENEGAL
EL SALVADOR
NICARAGUA
Niederl. Antillen
ST. LUCIA
BARBADOS
GRENADA
GAMBIA
BURKINA FASO
Niamey
TSCHAD
Caracas
TRINIDAD u. TOBAGO
GUINEA BISSAU
GUINEA
BENIN
TOGO
NIGERIA
COSTA RICA
VENEZUELA
GHANA
SIERRA LEONE
ELFEN-BEIN-KÜSTE
Abuja
PANAMA
Bogotá
GUYANA
SURINAME
LIBERIA
KAMERUN
ZENTRAL-AFRIKA
Franz. Guayana
KOLUMBIEN
ÄQUAT. GUINEA
Äquator
Galápagos-Inseln
SÃO TOMÉ u. PRINCIPE
ECUADOR
GABUN
KONGO
DEM. R KON
BRASILIEN
Ascension
Pazifischer Ozean
PERU
Luanda
Lima
ANGOLA
Brasília
6
BOLIVIEN
Windhuk
PARAGUAY
10
NAMIBIA
Oster-Insel
Atlantischer Ozean
ARGENTINIEN
URUGUAY
SÜD-AFRIKA
11
Santiago
7
Buenos Aires
CHILE
8
Falkland-Inseln
Südgeorgien
Bouvet-Insel
Süd-Sandwich-Insel